21 世纪高等学校
经济管理类规划教材
高校系列

U0680576

THE THEORY AND PRACTICE OF BRAND CONSTRUCTION

品牌建设理论与实务

✚ 李自琼 彭馨馨 陆玉梅 主编

ECONOMICS
AND
MANAGEMENT

人 民 邮 电 出 版 社
北 京

图书在版编目（CIP）数据

品牌建设理论与实务 / 李自琼，彭馨馨，陆玉梅主
编. -- 北京：人民邮电出版社，2014.9（2021.6重印）
21世纪高等学校经济管理类规划教材. 高校系列
ISBN 978-7-115-35986-5

Ⅰ. ①品… Ⅱ. ①李… ②彭… ③陆… Ⅲ. ①品牌战
略－高等学校－教材 Ⅳ. ①F272.3

中国版本图书馆CIP数据核字(2014)第140772号

内 容 提 要

本书广泛吸收了国内外品牌研究的最新成果，以全新的视角勾勒出品牌研究的基本框架。全书共分两部分。第一部分是品牌建设基础原理，包括第1～5章。该部分详细介绍了品牌的含义、品牌的历史、品牌的关系体系、品牌战略与决策、品牌生命周期等内容。第二部分是品牌建设实务，包括第6～11章。该部分深入分析了品牌定位与品牌个性、品牌设计、品牌价值评估与品牌资产、品牌传播、品牌延伸、品牌维护与品牌创新等内容。考虑教学需要，每章均有名言名句、重点内容、引例、小案例或资料、小结、重要概念、复习思考题、课后案例等，尤其在品牌建设实务部分，每章还增添了实训题，以增强学生的操作技能和应用能力。

本书内容新颖，条理清晰，具有很强的创新性和实用性，既可以作为本科阶段品牌学科的教材用书，也可以作为企业管理人士参考用书，还可以供其他有志于从事品牌建设事业和对品牌感兴趣的人士参考学习。

◆ 主　　编　李自琼　彭馨馨　陆玉梅
　　责任编辑　武恩玉
　　责任印制　彭志环　杨林杰

◆ 人民邮电出版社出版发行　　北京市丰台区成寿寺路11号
　　邮编　100164　电子邮件　315@ptpress.com.cn
　　网址　http://www.ptpress.com.cn
　　固安县铭成印刷有限公司印刷

◆ 开本：787×1092　1/16
　　印张：11.5　　　　　　　　　　2014年9月第1版
　　字数：297千字　　　　　　　　2021年6月河北第8次印刷

定价：29.00 元
读者服务热线：(010)81055256　印装质量热线：(010)81055316
反盗版热线：(010)81055315

前言 Preface

市场在经历过数量之争、品质之争、服务之争以后，必然进入到品牌之争，品牌将成为企业赢得市场竞争的法宝。企业要想掌握自己未来的命运，获得长期生存和发展的能力，就必须以品牌为中心展开营销活动。品牌必将成为 21 世纪出现频率最高的词汇之一。

为了适应我国品牌营销实践和高等院校本科教学的需要，我们编写了本书。相对其他同类教材而言，本书具有以下特色：

第一，结构清晰。本书由品牌建设理论和实务两大部分组成。理论部分主要介绍品牌的含义、品牌的历史、品牌与消费者的关系、品牌战略与决策、品牌生命周期等内容；实务部分由品牌定位与品牌个性、品牌设计、品牌价值评估与品牌资产、品牌传播、品牌延伸、品牌维护和创新等内容构成。全书层次清晰，结构严谨，逻辑性强。

第二，实践性强。品牌建设作为一门综合应用型学科，实践性极强。为此，实务部分的内容设计特别重视对学生能力的培养，每章末都有相应的实训内容，既可以巩固学生对基本原理的理解，也能够锻炼学生学以致用的能力，并以此检验学生的应用能力和创新能力。

第三，案例新颖。教材中涉及的大小案例，都力求体现典型性、代表性和新颖性。所提问题也与相关原理密切相关，以便检验学生对基本理论的理解掌握程度。另外，书中每一章内容均有一个引例，一个综合案例，两个小案例，案例数量适中，与基本原理相关性极强。

第四，针对性强。本书作为本科营销专业学生的教材，所安排内容的广度和深度，比较适合大学本科营销专业的教学计划和培养目标。同时，也适合大专、高等职业院校营销专业学生学习使用。

在本书编写过程中，我们广泛吸收了国内外已出版和发表的品牌营销方面的相关资料。在此，我们谨向每一位作者、译者致以诚挚的谢意。书中引用了许多学者的观点和成果，有些因难于查明文献来源而未注明，在此一并致以敬意。

本书编写人员及分工如下：

彭馨馨，第一、二、三、四、五章；

李自琼，第六、七、八、九、十、十一章；

陆玉梅教授负责本书理论体系的建立和最后审定。

因时间仓促及作者水平有限，书中难免有疏漏和不妥之处，敬请广大读者提出宝贵意见。

编者

2014 年 3 月

目 录 Contents

第一部分

品牌基础原理

第一章 品牌概论

如果可口可乐公司遍及世界各地的工厂在一夜之间被大火烧光的话，那么，第二天世界各大媒体的头条新闻就是：各国银行巨头争先恐后向它贷款……

——可口可乐公司总裁伍德拉夫

【本章重点】

- 品牌的含义
- 品牌的特征
- 品牌的构成要素
- 品牌的分类

【引例】

早在古希腊、古罗马等文明古国时期，就已经有人在各种陶器、金属器具和手工制品上使用各种标记，这些标记主要是为了方便官方征税，或方便作坊主与工匠之间记账。到了中世纪，手工业匠人通常在自己的手工艺品上烙上标记，以便顾客识别产品的产地和生产者。伴随着商业和手工业的发展，市场上的各个行业成立起行业协会，其主要职责是限制内外竞争、规定业务范围、解决业务困难，以保护本行业利益、保证经营稳定。行会为了保护其垄断地位，保证行业的声誉和商品质量，对业内手工艺人的要求非常严格，让他们在制作的器皿上打上标记，以便在发现劣质商品时能第一时间找到生产者并予以严厉的惩罚，如英国1266年通过了一项法律，强制要求面包房在生产的面包上打上自己的标记，如果面包分量不足，这样就可以方便地找到生产者并给予相应处罚，同时起到吸引顾客、培养忠实顾客的效果，这个意外效果无疑是品牌传播的重要展现。到后来这种原本是自我保护的做法，也同时保护了消费者。商标的产生也有相似的作用，它们不仅能为消费者提供质量保证，还能给生产者提供法律保护。16世纪早期的威士忌生产商将酒装入烙有生产者名字的木桶中，防止不法商人鱼目混珠；1835年苏格兰的酿酒商人创立"Old Smuggler"作为自己的品牌，来标榜自己的酒是特殊蒸馏程序酿制的。

第一节 品牌的含义和特征

一、品牌的含义

（一）品牌的来源

"品牌"一词是外来语。在我国出版的《辞海》中只有分别对"品"字和"牌"字的解释，没有发现"品牌"这个词目。

品牌的英文单词 brand，源于古挪威语"brandr"（布兰多），意思是"烧灼"，即用烙铁在家畜、器皿等私有财产上留下标记，以示和他人的区别，防止混淆。后来，这种方式运用到手工业中，手工艺人在制作的手工艺品上打上某种标记，以便顾客识别工艺品的来源。当然，当时不论是私有财产上还是手工艺品的标记，都还主要是一些抽象的符号，并没有有意识地进行艺术的加工，人们还没有形成商标或品牌的概念，但是这些物品一旦经过流通变成商品，渐渐地品牌便随之而产生了。

品牌理论研究的专业化，直到 1955 年 Gardnev 和 Levy 在《哈佛商业评论》上发表《产品与品牌》一文才真正翻开时代的新篇章。

（二）品牌本质的理论

品牌作为市场营销和企业战略中被提及频率最高的词语之一，其重要性是不言而喻的。它既是企业市场竞争的主要武器，也是顾客选购商品的信心来源。纵观国内外学术界及实践者对品牌定义的研究成果，我们可以归纳为四个方面的理论研究（见图 1-1），这四个方面的理论研究也反映了对品牌本质的四种理论解释。

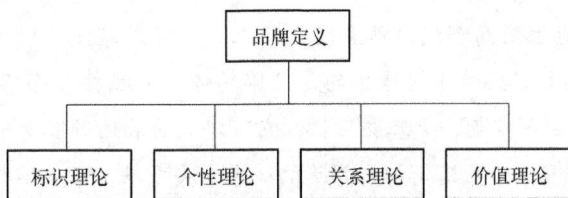

图 1-1　品牌定义研究框架

1. 标识理论

有些学者也把这种理论称为"符号说"。美国市场营销协会（AMA）对品牌作出如下定义："品牌是一种名称、术语、标记、符号或设计，或是它们的组合运用，其目的是借以辨认某个销售者或某群销售者的产品或服务，并使之同竞争对手的产品和服务区别开来。"[①]《营销术语词典》（1960）中对品牌的定义是："用以识别一个或一群产品或劳务的名称、术语、象征、记号或设计及其组合，以此同其他竞争者的产品和劳务区别。"[②]品牌意味着一种名称、术语、标志或设计的使用，或者是这些因素的组合，并以此来认知某一产品。它包括品牌名称、商标以及从实用角度上所有可以帮助产品认知的手段。在实际运用中，品牌的内涵和外延都远远超出这个字面解释的范围。品牌包括三种牌子：第一种是商品的牌子，就是平常说的"商标"；第二种是企业的牌子，也就是"商号"；第三种是可以作为商品的牌子。对一个消费者而言，品牌标志标明了产品的来源，同时保护了厂商和消费者的利益，可以防止竞争对手模仿。

品牌标识理论突出强调品牌是名字、名词、符号或设计中的一种或总和，是基于最原始、最直观、最外在的品牌含义。作为符号的品牌，其目的是使自己的产品或服务有别于其他竞争者，肩负着识别和区分的主要功能。这一理论从朴素而现实的视角将品牌管理的重点集中在识别体系的建立和法律范畴的甄别上。品牌符号只是一个品牌应有的、基本且必要的内涵，但它不是完整

① 菲利普·科特勒.营销管理（新千年版·第10版）[M].梅汝和，等译.北京：中国人民大学出版社，2001(486).

② 何建民.西方品牌理论述评——创建与管理品牌的方法[J].上海商业，2001，(12): 12-15.

或全面的内涵。

2. 个性理论

品牌个性是指与品牌相关联的一整套人格化特征，既包括品牌性格、品牌气质，又包括性格、气质之外的年龄、性别、阶层等人口统计特征。与产品相关联的属性倾向于为消费者提供实用功能，而品牌个性则倾向于为消费者提供象征性或自我表达的功能。

品牌个性理论强调决定品牌市场地位的是品牌总体上的性格，主张品牌的人格化。品牌个性是一个特定品牌所具有的一系列人性特色或特质，与人类的个性一样，品牌个性也是独特的并具有延续性。品牌个性是整体品牌形象内的联系，是一种独特的整体联系方式，"品牌个性联系创造了品牌的总和形象"。这一理论认为品牌个性作为差异化以及区分顾客的喜好和用途的一个重要手段，可以不断地培育顾客心目中的认知。甚至还有一种调侃的理论认为：建立品牌的目的就是要对竞争对手形成一种不公平。

资料 1-1

大卫·阿诺在谈到品牌时说："成功的品牌是长期、持续地建立产品个性的成果"，"一旦成为成功的品牌，市场领导地位及高利润自然会随之而来"，"品牌就是一种类似成见的偏见"[③]。大卫·奥格威认为，"最终决定品牌市场地位的是品牌总体上的性格，而不是产品间微不足道的差异"[④]。品牌个性使品牌更加有趣，更容易记忆，它可以成为表达顾客身份的一个工具，而且，品牌个性可以作为差异化以及区分顾客喜好和用途的一个重要手段，可以不断地培育顾客心目中的认知。个性理论者认为，品牌最后的结果是变成商品的公众形象、名声或个性，它的这些特征比产品中的技术因素显得更为重要，更加形象地表述为"没有个性的品牌，就像一个人没有朋友而很容易被忽略"。

3. 关系理论

品牌关系理论研究主要聚焦于品牌关系性质、品牌关系模型、品牌关系结构、品牌关系评估等细分领域。根据参与主体的构成，理论界往往将品牌关系划分为品牌与品牌、品牌与消费者、消费者与消费者、品牌与产品、品牌与营销者、品牌与其他利益相关人及环境等关系类型。

品牌是产品、符号、人、企业与消费者之间的联结和沟通。也就是说，品牌是一个全方位的架构，牵涉消费者与品牌沟通的方方面面，并且品牌更多地被视为一种"体验"，一种消费者能亲身参与的更深层次的关系，一种与消费者进行理性和感性互动的关系的总和。若不能与消费者结成亲密关系，产品从根本上就丧失了被称为品牌的资格。将品牌视为关系，是由于它达成了企业与消费者以及产品和消费者之间的沟通，而这正是品牌价值得以实现的基础。产品在生产环节形成，而品牌在流通环节形成，企业塑造品牌的个性，而消费者决定品牌的命运。企业需要建设好这种关系，以使自己的品牌在市场上长盛不衰。

4. 价值理论

有些学者又称之为"资源说"。价值理论是站在经济学的立场上，从品牌的外延加品牌的资产

③ 大卫·阿诺.品牌保姆手册[K].林碧霞，李桂芬，译.台北：时报文化出版企业有限公司，1995：11-13.
④ 大卫·奥格威.一个广告人的自白[M].林桦，译.北京：中国友谊出版社，1991.

方面进行阐述，突出品牌作为一种无形财产能给企业带来财富和利润，给社会带来文化及时尚等价值意义。它认为品牌是一种价值，在一定程度上脱离了产品而存在，可以买卖，具有一种获利能力。这种说法主要侧重于品牌在市场运营中的作用。

品牌价值理论同时也突出品牌资产、品牌承诺等方面，认为品牌不仅仅是不同企业产品的标识，更多的是营销价值信息的载体，是顾客心目中特定价值和情感的代表。品牌的价值来自于顾客的肯定，建设好品牌对企业来说具有决定性的意义，强调要把给顾客提供方便作为重要的品牌价值来追求，同时，要注意依据顾客价值观的变化来强调品牌具有的独特价值。

资料 1-2

威廉·麦克尤恩认为，"说到底，品牌是消费者对于某个产品、服务或其供应商的感情依附"，"是消费者的理性和情感需求在使用产品和服务时持续得到满足的结果"，"如此，品牌会给厂商带来真金白银的收益，且往往超过产品的实物价值"[⑤]。

约翰·菲利普·琼斯把品牌定义为"能为顾客提供其认为值得购买的功能利益或附加值的产品"，并认为功能利益或附加值是品牌定义中最重要的部分。她进行的抽样调查表明，一万个人中有90%的人都认为，附加值在他们几乎所有的购买决策因素中起着最重要的作用[⑥]。

莱斯利·德·彻纳东尼认为，"从本质上说，品牌是一系列功能性与情感性的价值元素"，"把它们视为功能性和情感性价值的归集"，"它保证顾客能迅速将品牌与某种功能性收益相联，或与为数很少的几个功能性收益相联"[⑦]。

德国品牌专家Heinz-Joachim Simon 认为，"当人们感知这个品牌标志时，在顾客脑中有完全或部分积极的和消极的设想被激活，所有这些设想的总和就是品牌价值。"[⑧]

何君和厉戟认为，品牌不仅仅是不同企业产品的标识，更多的是营销价值资讯的载体。特定品牌往往代表特定的产品品质、产品风格、流行时尚、服务水平等方面的资讯，这些资讯逐渐被市场广泛了解和接受，在消费者心中就成为特定的消费价值、消费情感的代表[⑨]。

（三）品牌的定义

以上四种理论从各自的角度出发对品牌的内涵作出了不同界定，各有侧重点。品牌具有多维属性，可以从多角度来解释。将品牌符号作为一个品牌应有的、基本且必要的内涵，将品牌个性作为差异化以及区分顾客的喜好和用途的一个重要手段，将品牌关系作为品牌价值得以实现的基础，将给顾客提供方便作为重要的品牌价值来追求。综合以上定义之所长，我们对品牌的定义如下：

品牌（Brand）是一种名称、标识、术语、符号或设计，或是这些载体的组合运用，其目的是借以辨别某种销售者或某群销售者的产品或服务，并使之与竞争对手的产品和服务区别开来，增值的源泉来自于消费者心智中形成的关于其载体的印象。

---

⑤ 威廉·麦克尤恩.与品牌联姻[M].方晓光，译.北京：中国社会科学出版社，2010.
⑥ 约翰·菲利普·琼斯.强势品牌的背后[M].范秀成，等译.北京：机械工业出版社，2002.
⑦ 莱斯利·德·彻纳东尼.品牌制胜：从品牌展望到品牌评估[M].蔡晓煦，等译.北京：中信出版社，2002：3-36.
⑧ Heinz-Joachim Simon.品牌的奥秘[M].陈兆，等译.上海：文汇出版社，2003：170.
⑨ 何君，厉戟.新品牌：品牌识别经营原理[M].北京：中央民族大学出版社，1999.

二、品牌的特征

（一）内涵特征

广泛意义上的品牌包括六个层面的内涵特征，它们分别为属性、利益、价值、文化、个性和使用者。

1. 属性

品牌是一个名称、术语标记、象征或设计，或它们的联合体，目的在于确定一个卖方或一群卖方的产品或服务，并将其与竞争者的产品或服务区分开来。

品牌首先使人们想到某种属性，如奔驰意味着昂贵、做工精湛、马力强大、高贵、转卖价值高、速度快，等等。

2. 利益

顾客购买的是利益。产品或服务需要转换成功能和利益,尤其是给购买者带来利益，所以品牌需转化为成功性或情感性的利益。

3. 价值

品牌是由 5 个价值组成的链：质量、创新、金钱价值、乐趣和挑战的感觉。品牌还体现该制造商的某些价值感，如奔驰代表着高绩效、安全、社会地位、财富和其他东西。

4. 文化

文化差异是品牌的基础。耐克、可口可乐、西尔斯代表美国；奔驰体现德国人的秩序高于一切、高度组织、效率和高质量的价值观念——所以可以说，国家也是品牌的文化根源。同时文化又把品牌与企业连在一起，雀巢体现着典雅的情趣和品位，这与雀巢公司的总体形象是分不开的。再如品牌家电、品牌汽车、品牌酒等产品，都给人以安全感、舒适感、设计美感等。

5. 个性

品牌也反映一定的个性。个性体现品牌的情感性价值观，是一种特别独立的态度。换句话说，品牌可以使一个产品更有个性、更有魅力、更令人难忘，并且，它可以变成一种表达使用者身份、地位和体现自我价值的标志。

6. 使用者

品牌暗示了购买或使用产品的消费者类型。对品牌的态度也反映了我们自身的价值，换句话讲，品牌可以为其使用者提供一种进行自我设计的方式。

（二）品牌的特性

1. 非物质性

品牌本身不具有独立的物质实体，是无形的，但它以物质为载体，是通过一系列物质载体来表现自己的。直接载体主要有图形、品牌标记、文字、声音；间接载体主要有产品的价格、质量、服务、市场占有率、知名度、美誉度等。

2. 资产性

品牌是企业的一种无形资产。品牌所代表的意义、个性、品质和特征具有某种价值。这种价值是我们看不见，摸不到的，但却能为品牌拥有者创造大量的超额利益。很多年来可口可乐的品牌价值就是其有形资产的好几倍，创造的利润也是其有形产品创造利润的好几倍。所以，可口可乐公司原总裁伍德拉夫曾说：即使可口可乐公司在一夜之间化为灰烬，仅凭可口可乐这块牌子公司就能在很短时间内恢复原样。这完全是可能的。

3. 专有性

品牌具有明显的排他专有性。品牌代表一个企业在市场的形象和地位，是企业进入市场的一个通行证，是企业和市场的桥梁和纽带。在某种意义上说，品牌是企业参与市场竞争的法宝、武器和资本。同时品牌属于知识产权的范畴。企业有时通过保密和企业保护法来维护自己的品牌，有时通过在国家有关部门登记注册、申请专利等形式保护自己的品牌权益，有时又借助法律保护并以长期生产经营服务中的信誉取得社会的公认，如品牌名称、标志，这些都有力地说明了品牌具有专有性。

4. 竞争性

品牌是企业市场竞争的工具。在产品功能、结构等因素趋于一致的时代，关键是看谁的品牌过硬。拥有品牌的企业，就能在未来竞争中处于有利的位置，留住老顾客，开发大量潜在消费者，树立起良好的品牌形象，提高市场覆盖率和占有率，赢得更大的利润和效益。在品牌分割市场份额时，意大利巴莱多定律也适用，即20%的强势品牌占有80%的市场份额，20%的品牌企业为社会提供80%的经济贡献率。

5. 忠诚性

现代市场竞争，从某种意义上说，就是品牌竞争。斯蒂芬曾说过，"产品是工厂所生产的东西，品牌是消费者所购买的东西"。许多消费者购买的是品牌，而不是产品，他们往往会根据自己的消费体验来指导品牌购买，甚至没有他们指定的品牌就不购买。如有些消费者喝饮料，就喝可口可乐，其他饮料一概不喝。品牌是赢得消费者重复购买、大量购买的"魔力"，强势品牌比起一般品牌更是有影响力。强势品牌可以影响人们的生活态度和观点，可以影响社会风气。

第二节 品牌的构成要素

品牌构成的显性要素是品牌外在的、具象的东西，可直接给消费者带来较强的感觉上的冲击，主要包括品牌名称、标志与图标、标记、标准字、标准色、品牌包装、品牌广告、广告曲调等。品牌的Logo和相关案例可以在相关的研究中得到很详细的案例剖析。

一、品牌构成的外显要素

（一）品牌名称

品牌名称是一个基本且十分重要的构成要素，它简洁地反映了产品的中心内容。品牌名称不仅能将产品本身的内容加以概括，而且还反映了企业的经营理念、价值观念、文化等。它在整个品牌中起着提纲挈领的作用，是消费者记忆品牌和品牌传播的主要依据。

（二）标志与图标

标志与图标是品牌用以激发视觉感知的一种识别体系，它能给人以更具体、更清晰的形象记忆，帮助消费者更好地识别和记忆品牌。如果说品牌名称是品牌的核心要素，那么标志与图标就是品牌建设的关系要素。

（三）标记

标记是品牌图标的一个特殊类型，它不但具象，而且往往取材于现实生活。标记通常是通过广告推出的。在广告和包装设计中，标记起着非常重要的作用。

（四）标志字

标志字是品牌中可以读出来的文字部分，它常常是品牌的名称或企业的经营口号、经营理念、广告语等。

（五）标志色

标志色是指用以体现自我个性以区别于其他产品的色彩体系。它一般选用鲜明的色彩，将愉悦的、欢快的、活力的、积极向上的情绪传达给消费者。

（六）标志包装

标志包装是指具体产品的个性包装。

（七）品牌广告

品牌广告是指具体产品或品牌形象的个性广告。

（八）广告曲调

广告曲调是指用独特音乐的形式描述品牌。通常由职业作曲家创作，曲调与产品理念相互和谐，其朗朗上口的旋律与和声往往伴随着广告语长久地留在听众的脑海中。

二、品牌构成的内在要素

品牌构成的隐性要素是品牌内含的因素，不可以被直接感知，它存在于品牌的整个形成过程之中，是品牌的精神与核心。它包括品牌承诺、品牌个性、品牌体验和品牌文化几个部分。

（一）品牌承诺

企业生产者要对消费者作出产品质量、产品理念等承诺。一个品牌对消费者而言是一种保证，企业生产者要始终如一地履行他们的诺言。产品本身不可能保持不变，许多优秀的品牌都是在不断变化的，但仍受消费者喜爱，那是因为企业生产者是随着消费者需求的变化将产品变化了，而灌注在产品中的经营理念、价值观始终保持稳定一致。

货真价实重品质，并始终如一遵守承诺是品牌的生命。如汇源果汁承诺 100%天然果汁、戴尔承诺快捷的个性化设计和服务、海尔承诺"零缺陷"产品、高露洁承诺没有蛀牙等。

（二）品牌个性

品牌个性也就是品牌的"风格"。有风格的品牌才能在众多同类品牌中脱颖而出，如万宝路体现阳刚硬朗的风格；微软体现积极、进取、自我；红豆的相思、多情；人头马的高贵、高雅；优乐美的浪漫等。

斯蒂芬·金曾指出："用人作比喻很容易使消费者接受品牌。"就像每个人都有自己的人格一样，每个品牌也应该有它自己的"风格"，品牌不同于商标，它不仅是一种符号，更是一种个性的展现。大卫·爱格在《品牌经营法则》中就提到过品牌有五大个性要素：纯真、刺激、称职、教养和强壮。将品牌个性化更容易使消费者接近并接受这个品牌。企业创造了品牌的个性，而这种个性带来的相关情感暗示满足了不同消费者的需求，从而更好地使品牌与消费者建立良好的关系。通常，相对于那些死气沉沉、毫无个性的产品而言，绝大多数消费者还是愿意与那些有灵性、有情感、有个性的品牌打交道的。

（三）品牌体验

品牌体验具体是指消费者消费经验的总和，会形成消费者的评价，影响消费者对某品牌的忠诚度。

消费者是品牌的最后拥有者，也是最直接、最严格的产品体验者和检验者。在品牌的整个形成和发展过程中，消费者扮演了一个重要把关人的角色，他们对品牌的信任、满意、肯定等正面情感，直接提高了他们对产品的忠诚度与支持度，这能够使品牌历久不衰；而他们对品牌的厌恶、怀疑、拒绝等负面情感，则降低了他们对产品的信心，必然使品牌受挫甚至夭折。使用一个品牌的主观经验不同于使用同类没有承诺产品，很明显的例子就是人们往往喜欢挑选一些市场占有率高的品牌，但若面对同样两种没有标志的品牌时，消费者的消费倾向就不够明确了。所以，品牌确实能改变人们对产品的感情，而这些感情所导致的消费行为往往会形成一种无形的价值。

（四）品牌文化

品牌也是一种文化，优秀的品牌都是具有良好文化底蕴的。

资料 1-3

海尔文化

企业管理方面：

（1）海尔定律（斜坡球体论）：企业如同爬坡的一个球，受到来自市场竞争和内部职工惰性等方面的压力，如果没有一个止动力它就会下滑，这个止动力就是基础管理。以这一理念为依据，海尔集团创造了OEC管理模式，即海尔模式；

（2）80/20原则：管理人员与员工责任分配的80/20原则，即"关键的少数制约次要的多数"。

市场观念方面："市场唯一不变的法则就是永远在变"，"只有淡季的思想，没有淡季的市场"、"卖信誉不是卖产品"。

品牌方面：

（1）名牌战略：要么不干，要干就要争第一；

（2）国门之内无名牌。

质量观念：高标准、精细化、零缺陷；优秀的产品是优秀的人干出来的。

售后服务理念：用户永远是对的。

海尔发展方向：创中国的世界名牌。

第三节 品牌的分类

品牌可以依据不同的标准划分为不同的种类。

一、根据品牌知名度的辐射区域划分

根据品牌的知名度的辐射区域划分，可以将品牌分为区域品牌、国内品牌、国际品牌。

（一）区域品牌

区域品牌是指在一个较小的区域之内生产销售的品牌，例如，地区性生产、销售的特色产品。这些产品一般在一定范围内生产、销售，产品辐射范围不大，主要是受产品特性、地理条件及某些文化特性影响，这有点像地方戏中秦腔主要在陕西，晋剧主要在山西，豫剧主要在河南等现象。

（二）国内品牌

国内品牌是指国内知名度较高，产品辐射全国，全国销售的产品。例如家电巨子——海尔；香烟巨子——红塔山；饮料巨子——娃哈哈。

（三）国际品牌

国际品牌是指在国际市场上知名度、美誉度较高，产品辐射全球的品牌，例如苹果、可口可乐、麦当劳、万宝路、奔驰、微软、皮尔·卡丹等。

二、根据品牌产品生产经营的不同环节划分

根据产品生产经营的所属环节可以将品牌分为制造商品牌和经营商品牌。

（一）制造商品牌

制造商品牌是指制造商为自己生产制造的产品设计的品牌。制造商品牌很多，如 SONY（索尼）、奔驰、长虹等。制造商品牌享有以下一些优势。

1. 促销优势

由于竞争导致的生存压力，使得拥有制造商品牌的生产企业不能忽视对促销的投入，而且往往注重在全国性的大型媒体上举行各种活动，这样可以减少商业企业对促销的投入。

2. 节省库存优势

现在很多制造商能够提供快速、便捷的送货服务，这样可以减少零售企业的库存，同时减少商业企业的资金占用。而商业企业在经营自有品牌的商品时，往往要使用大量的资金库存大量的商品，以保证不断货。

3. 减小风险优势

零售企业在经营制造商品牌时，如果由于产品质量不合格等导致消费者不满意，消费者首先对拥有这一品牌的制造商不满意。而自有品牌则和商业企业的联系更紧密，两者一荣俱荣、一损俱损，发展自有品牌对商业企业而言，风险更大。

4. 名牌优势

商业企业也可以利用制造商的名牌优势来吸引消费者，在当前大多数自有品牌的名牌效应不明显的情况下，商业企业更应运用制造商的名牌优势来吸引消费者。

（二）经销商品牌

经销商品牌是经销商根据自身的需求和对市场的了解，结合企业发展需要创立的品牌。如西尔斯、王府井等。

1. 价格优势

一般而言，商业企业经营经销商品牌产品可以获得更大的利润空间。这是由于一方面零售企业可以直接找到具有过剩生产能力的生产商为之生产商品，从而省去中间环节，节省交易成本，获得较低进货价格；另一方面，由于自有品牌的商品只放在零售企业连锁店内部销售，其价格不像全国性的知名制造商品牌一样具有可比性，消费者对自有品牌商品的价格敏感性不强，因而降价压力不大，使得定价空间比较大。

2. 陈列位置优势

经销商品牌商品往往陈列于货架的有利位置，便于消费者发现和索取商品；同时，经销商品牌商品与同类制造商品牌商品并列摆放，更能突出价格优势。

3. 独占优势

对制造商品牌而言，商业企业很难实现独占。制造商往往会把其制造商品牌商品放在很多零售店里销售。经销商品牌可以通过商标注册寻求法律保护，从而形成独占优势，而高品质的自有品牌商品更能形成独占的差别优势。

4. 特色优势

我国大型商业企业普遍存在着市场定位模糊、"千店一面"的现象，造成这种现象的一个重要原因就是商业企业仅依赖制造商品牌进行经营。创建经销商品牌可以使商业企业拥有独家产品，让这些品牌成为此店区别于彼店的重要标志，以体现自己的经营特色。

三、根据品牌来源划分

依据品牌的来源可以将品牌分为自有品牌、外来品牌和嫁接品牌。

（一）自有品牌

自有品牌是企业依据自身需要创立的，如本田、东风、永久、摩托罗拉、全聚德，等等。

（二）外来品牌

外来品牌是指企业通过特许经营、兼并、收购或其他形式而取得的品牌。例如，联合利华收购的北京京华、中国香港迪生集团收购的法国 S.T. Dupont。

（三）嫁接品牌

嫁接品牌主要指通过合资、合作方式形成的带有双方品牌的新产品，例如，琴岛——利勃海尔。

四、根据品牌的生命周期划分

根据品牌的生命周期来划分，可以分为短期品牌、长期品牌。

（一）短期品牌

短期品牌指品牌生命周期持续较短时间的品牌，由于某种原因在市场竞争中昙花一现或持续一时。

（二）长期品牌

长期品牌指品牌生命周期随着产品生命周期的更替，仍能经久不衰、永葆青春的品牌。例如，历史上的老字号，全聚德、内联升等。也有些是国际长久发展来的世界知名品牌，如可口可乐、奔驰等。

按品牌的生命周期还可分为：新品牌、上升品牌、成熟品牌、衰退品牌。

五、根据品牌产品针对市场划分

依据产品品牌是针对国内市场还是国际市场可以将品牌划分为内销品牌和外销品牌。由于世界各国在法律、文化、科技等宏观环境方面存在巨大差异，一种产品在不同的国家市场上有不同的品牌，在国内市场上也有单独的品牌。品牌划分为内销品牌和外销品牌对企业形象整体传播不利，但由于历史、文化等原因，不得不采用，而对于新的品牌命名应考虑到国际化的影响。

六、根据品牌的原创性与延伸性划分

根据品牌的原创性与延伸性可划分为主品牌、副品牌、副副品牌。如海尔品牌下现在有海尔冰箱、海尔彩电、海尔空调……海尔洗衣机中又分海尔小神童、海尔节能王，等等。另外也可将品牌分成母品牌、子品牌、孙品牌等，如宝洁公司的海飞丝、飘柔、潘婷，等等 。

七、根据品牌的主体特征划分

根据品牌的主体特征可将品牌划分为个人品牌、企业品牌、城市品牌、国家品牌、国际品牌等。如刘晓庆、姜文、张艺谋、王楠等属于个人品牌，哈市冰雪节、宁波国际服装节、CBD 节等属于城市品牌，金字塔、万里长城、埃菲尔铁塔、自由女神像等属于国家品牌，联合国、奥运会、国际红十字会等属于世界级品牌。

八、按品牌产品在市场上所处的地位划分

根据品牌产品在市场上所处的地位划分为领导型品牌、挑战型品牌、追随型品牌和补缺型品牌。大多数行业都有一个最强势品牌，知名度最高，占有的市场份额最大，具有公认的领导地位，这就是领导型品牌，如可口可乐、柯达、微软、施乐、宝洁、吉列、麦当劳等；挑战型品牌紧跟领导型品牌后面，如百事可乐、富士、联合利华、肯德基、福特等；追随型品牌是追随市场领导者的品牌。又可分为仿制者、紧跟者、模仿者和改变者四类；补缺型品牌就是专营强势品牌不屑于做的、忽略的或盲点业务，其主要任务是满足补缺。它一般较专业，市场空间小，竞争对手少，但利润空间较大。

此外，品牌按价格定位档次不同可划分为大众品牌、高档品牌和奢侈品品牌；按品牌价值指向不同可划分为功能价值品牌和精神价值品牌；按品牌用途不同可划分为生产资料品牌和生活资料品牌，等等。

第四节

品牌与相关概念

一、品牌与产品

与品牌密切相关的是产品,产品与品牌存在着诸多联系,其实品牌的塑造过程就是消费者通过对产品的了解认同到对品牌产生情感的过程。品牌需要优秀的产品来支撑,产品需要品牌来塑造形象。具体来说,两者存在以下关系。

(一)两者的区别

1. 产品是具体的实物存在,而品牌是抽象的情感认知

产品是具体的实物存在,看得见,摸得着,可触摸,可感觉,有它的具体功能,能满足消费者的使用需求。如汽车可以代步,食物可以充饥,衣服可以御寒蔽体等;而品牌是抽象的情感认知,是消费者对某产品使用后的一切感受,表现为消费者的情绪、认知、态度和行为等,如该产品是否有自己的个性、是否值得信赖、是否具有价值感、满意度如何,等等。

2. 产品是载体,而品牌是精神

品牌是以产品为载体的,产品是品牌的物质基础。产品不一定必须有品牌,但每一个品牌必须有产品作为支撑。脱离了产品,品牌将是一座空中楼阁。而一种产品只有能够得到消费者的认可和信任,才能与消费者建立密切的联系。而品牌则被赋予某种人格化的个性、情感、形象、生活方式、价值观和社会地位等,提供给消费者购买的理由和保证。

3. 产品重在质量与服务,而品牌贵在传播

产品产生于车间,产品的质量、功能和服务是关键,只有过硬的质量,才能赢得消费者的认同;品牌产生于营销,直接关系着消费者使用的满意度和获得的价值,重在质量与服务。品牌产生于营销,传播是关键。品牌的传播贯穿于品牌与消费者沟通的所有活动和环节中,需要企业的经营者、品牌管理人员、营销人员、消费者以及漫长的时间来锤炼和打造,需要借助整合传播方式有效地传递给消费群体,消费者也需要一定时间来了解、感知和体会。

4. 产品会过时落伍,而成功的品牌会经久不衰

产品容易被模仿或复制,市场上同类同质产品琳琅满目,种类繁多,一不留神就会被替代。再则产品更新换代很快,新产品的平均市场寿命越来越短,加速了产品的过时和落伍。而品牌是独一无二的,品牌的文化和精神一旦形成并在消费者那里得到认同,则可能经久不衰。事实上,市场上众多成功的品牌,正是因为它们的产品不断更新换代,不断推陈出新,才得以延续下来,永葆青春。

(二)两者的联系

第一,产品帮助品牌成长。品牌是在与产品的共振中,与消费者的互动中成长起来的。其中,产品是消费者最先最直接感知的东西,对产品质量的高度满意是促进消费者对品牌认同和接受的基础。所以,优秀的产品能够带动品牌的成长。同时,品牌所宣称的理念要在产品中以消费者能够感知的方式体现出来,使消费者通过使用产品完成对品牌的体验和认知,从而逐渐地接受品牌,促进

品牌成长和价值提升。例如，当初海尔高质量的冰箱产品帮助"海尔"树立了令人信赖的品牌形象；沃尔沃轿车在安全设计方面的无微不至托起了"沃尔沃"始终安全的品牌形象。

第二，品牌为产品服务。品牌是市场竞争的武器，要为产品打开市场作贡献。品牌知名度越高，这种贡献就越大。因此，品牌其实是为自己的产品"打工"。品牌只能说有利于自己产品的话，做对自己产品有利的事。所以，品牌必须与具体产品紧密相连，保持高度一致。品牌如果不能为具体产品服务，不能帮助企业获得竞争优势，则如同空中楼阁，失去了所有价值和意义。例如，"娃哈哈"从儿童食品饮料起家，"喝了娃哈哈，吃饭就是香"的成功定位使娃哈哈品牌家喻户晓，从此，娃哈哈推出的系列产品一直得到了市场的追捧，大大促进了旗下产品的销售，提升了企业价值。

第三，产品品质是品牌核心价值的保证。产品品质即产品的质量，是产品能够满足消费者需要所具备的特性，包括产品的适用性、可靠性、安全性、经济性和使用寿命等。产品品质是一个品牌赖以生存的基础，是打造品牌核心价值的中心，是赢得消费者信赖的保障。没有产品品质作保障的品牌运作只能是无源之水、无本之木，是没有生命力的。最大限度地满足消费者的品质需求是扩大市场份额，赢得消费者品牌忠诚的关键所在。

二、品牌与商标

商标与品牌是两个不同的概念，或者说是不同地位不同领域的概念，但极易混淆。在日常工作中，很多人把这两个术语混用、通用，甚至错误地认为标注了商标的符号就成为了一个品牌。果真如此的话，那所有在工商局注册了的商标都可以称之为品牌了。

事实上，两者既有联系，又有区别。

商标与品牌并不能够画等号，两者是从不同角度指称同一事物，它们既有密切联系又有所区别。生活中，很多人常常把这两个概念混淆，认为商标注册后就成了一个品牌。其实，注册商标要成为一个真正的品牌还要经历一个艰辛漫长的过程，就像修建万里长城。品牌是一种名称、术语、标记、符号和设计，或是它们的组合运用，其目的是借以辨认某个销售者或某销售者的产品或服务，并使之同竞争对手的产品和服务区分开来。而商标（trademark）是指按法定程序向商标注册机构提出申请，经审查，予以核准，并授予商标专用权的品牌或品牌中的一部分，商标受法律保护，任何人未经商标注册人许可，皆不得仿效或使用。可以看出，品牌的内涵更广一些。

如果把品牌比作一个巨大的冰山，商标只是冰山露出水面的一小部分。商标是品牌的一个组成部分，它只是品牌的标志和名称，便于消费者记忆识别。品牌有着更丰厚的内涵，它不仅仅是一个标志和名称，更蕴含着生动的精神文化层面的内容，品牌体现着人的价值观，象征着人的身份，抒发着人的情怀。例如，可口可乐的品牌内涵远不止是"可口可乐"这几个字构成的标志和名称，它体现着美国几代人"乐观向上"的文化；奔驰则象征着拥有者的"成功和地位"。

品牌起名字和标志设计只是品牌建立的第一步骤，真正打造一个卓越品牌，还要进行品牌调研诊断、品牌规划定位、品牌传播推广、品牌调整评估等各项工作，还需要提高品牌的知名度、美誉度、忠诚度、积累品牌资产，并且年复一年，持之以恒，坚持自己的品牌定位，信守对消费者所作的承诺，使品牌形象深入人心，历久不衰。

商标是一个法律名词，品牌是一个经济名词。商标和品牌都是商品的标记，品牌只有打动消费者的内心，才能产生市场经济效益，同时品牌只有根据《商标法》登记注册后才能成为注册商标，才能受到法律的保护，避免其他任何个人或企业的侵权模仿使用。

商标掌握在注册人手中，而品牌则植根于消费者心中。商标的所有权是掌握在注册人手中的，商标注册人可以转让、许可自己的商标，可以通过法律手段打击别人侵权使用自己的商标。但品牌则植根于广大消费者心中，品牌巨大的价值及市场感召力来源于消费者对品牌的信任、偏好和忠诚，如果一个品牌失去信誉，失去消费者的信任，就会变得一文不值。例如，秦池、春都就是因为产品质量问题，失去了消费者的信任，虽然风光一时，但最终难逃覆灭的厄运。所以说，品牌经营实质上是企业在消费者心中不断存储下去的，未来可以顺利拿回来的一大笔信誉存款，是建设一座"立于现在、功于未来"的商业信用宝库。

三、品牌与名牌

知名品牌即名牌，是指有着极高知名度和一定美誉度与忠诚度的品牌。

名牌具有一般品牌所无法比拟的"名牌效应"，表现为以下方面：

（1）聚合效应。名牌企业能聚合人、财、物等资源。

（2）磁场效应。名牌企业或产品会像磁石一样吸引消费者反复购买，重复使用并对其不断宣传。

（3）内敛效应。名牌会增强企业员工的凝聚力。

（4）衍生效应。名牌可以不断衍生出新的产品和服务，加速企业发展。

（5）宣传带动效应。名牌的知名度和美誉度可以传播企业文化，宣传地区形象甚至国家形象，带动地区经济或国家经济的发展。

四、品牌文化

品牌文化（Brand Culture）是指品牌在经营中逐步形成的文化积淀，代表了企业和消费者的利益认知、情感归属，是品牌与传统文化以及企业个性形象的总和。与企业文化的内部凝聚作用不同，品牌文化突出了企业外在的宣传、整合优势，将企业品牌理念有效地传递给消费者，进而占领消费者的心智。品牌文化是凝结在品牌上的企业精华。

五、品牌定位

品牌定位（Brand Positioning）是在综合分析目标市场与竞争情况的前提下，建立一个符合原始产品的独特品牌形象，并对品牌的整体形象进行设计、传播，从而在目标消费者心中占据一个独具价值地位的过程或行动。其着眼点是目标消费者的心理感受，途径是对品牌整体形象进行设计，实质是依据目标消费者的特征，设计产品属性并传播品牌价值，从而在目标顾客心中形成该品牌的独特位置。

六、品牌声浪

品牌声浪（Brand Voice）是指企业利用各种传播手段从而使消费者甚至是整个社会与企业品牌

之间产生共鸣形成统一的价值观。品牌声浪传播从消费者的心声开始，使品牌在战略形成期就注入了消费者导向的观念，又以消费者的内心共鸣为止。

七、品牌资产

品牌资产（Brand Equity）是与品牌、品牌名称和标志相联系，能够增加或减少企业所销售产品或服务的价值的一系列资产与负债。它主要包括五个方面，即品牌忠诚度、品牌认知度、品牌感知质量、品牌联想、其他专有资产（如商标、专利、渠道关系等）。这些资产通过多种方式向消费者和企业提供价值。

八、品牌识别

品牌识别（Brand Identity）是品牌营销者希望创造和保持的，能引起人们对品牌美好印象的联想物。这些联想物暗示着企业对消费者的某种承诺。品牌听觉识别（Brand Auditory Identity，BAI），是企业通过规范、系统、独特的声音，来传播自己的品牌信息，从而产生消费者的听觉认知和记忆，达到区别其他品牌的目的。

九、品牌符号

品牌符号（Brand Symbol）是区别产品或服务的基本手段，包括名称、标志、基本色、口号、象征物、代言人、包装等。这些识别元素形成一个有机结构，对消费者施加影响。它是形成品牌概念的基础，成功的品牌符号是公司的重要资产，在品牌与消费者的互动中发挥作用。

十、品牌个性

品牌个性（Brand Personality）是特定品牌拥有的一系列人性特色，即品牌所呈现出的人格品质。它是品牌识别的重要组成部分，可以使没有生命的产品或服务人性化。品牌个性能带来强大而独特的品牌联想，丰富品牌的内涵。

十一、品牌形象

品牌形象（Brand Image）是指消费者基于能接触到的品牌信息，经过自己的选择与加工，在大脑中形成的有关品牌的印象总和。品牌形象与品牌识别既有区别，又有联系。两者的区别在于，品牌识别是品牌战略者希望人们如何看待品牌，而品牌形象是现实中人们如何看待品牌的；两者的联系在于，品牌识别是品牌形象形成的来源和依据，而品牌形象在某种程度上是执行品牌识别的结果。

十二、品牌延伸

品牌延伸（Brand Extension）是指在已有相当知名度与市场影响力的品牌的基础上，将成名品牌运用到新产品和服务上，以期减小新产品进入市场风险的一种策略。它可以增加新产品的可接受性、减小消费行为的风险，提高促销性开支使用效率，以及满足消费者多样性需要。

十三、品牌结构

品牌结构（Brand Structure）是指一个企业不同产品品牌的组合，它具体规定了品牌的作用、各品牌之间的关系，以及各自在品牌体系中扮演的不同角色。合理的品牌结构有助于寻找共性以产生协同作用，条理清晰地管理多个品牌，减少对品牌识别的损害，快速高效地作出调整，更加合理地在各品牌中分配资源。

十四、自主品牌

自主品牌（Self-owned Brand）是指由企业自主开发，拥有自主知识产权的品牌。它有三个主要衡量因素：市场保有量、生产研发的历史及其在整个行业中的地位。

十五、品牌知名度

品牌认知度（Brand Awareness）是品牌资产的重要组成部分，它是衡量一个品牌在目标消费群的传播程度。提高品牌知名度就是要围绕目标消费者进行有效地传播。

十六、品牌认知度

品牌认知度（Brand Cognitive）是品牌资产的重要组成部分，它是衡量消费者对品牌内涵及价值的认识和理解度的标准。

十七、品牌美誉度

品牌美誉度（Brand Favorite）是品牌力的组成部分之一，它是市场中人们对某一品牌的好感和信任程度。

十八、品牌忠诚度

品牌忠诚度（Brand Loyalty）是指由于品牌技能、品牌精神、品牌行为文化等多种因素，使消费者对某一品牌情有独钟，形成偏好并长期购买这一品牌商品的行为。简言之，品牌忠诚度就是消费者的重复购买行为。根据顾客忠诚度的形成过程，可以划分为认知性忠诚、情感性忠诚、意向性忠诚、行为性忠诚。

品牌知名度、品牌认知度、品牌美誉度、品牌忠诚度被称为品牌四度，是衡量品牌力的标准之一。

本章小结

"品牌"一词源于古挪威语"Brandr"（布兰多），意思是"烧灼"。品牌本质的理论经历了标识理论、个性理论、关系理论和价值理论四个阶段。品牌（Brand）是一种名称、标识、术语、符号或设计，或是这些载体的组合运用，其目的是借以辨别某种销售者或是某群销售者的产品或服务，并使之与竞争对手的产品和服务区别开来，增值的源泉来自于消费者心智中形成的关于其载体的印象。

品牌的内涵特征包括属性、利益、价值、文化、个性和使用者六个方面，品牌的特性包括非物质性、资产性、专有性、竞争性和忠诚性。品牌的构成要素有两个方面：一是品牌的外显要素，包括品牌名称、品牌标志、标志字、标志色、标志物和标志包装等；二是品牌的内在要素，它是品牌的精神与核心。包括品牌承诺、品牌个性、品牌体验和品牌文化等内容。

品牌的类型多样。根据品牌的知名度和辐射区域划分，可以将品牌分为区域品牌、国内品牌、国际品牌；根据产品生产经营的所属环节可以将品牌分为制造商品牌和经营商品牌；依据品牌的来源可以将品牌分为自有品牌、外来品牌和嫁接品牌；根据品牌的生命周期长短来划分，可以分为短期品牌、长期品牌；依据产品品牌是针对国内市场还是国际市场可以将品牌划分为内销品牌和外销品牌等。

品牌与产品的关系，两者的区别表现为：产品是具体的实物存在，而品牌是抽象的情感认知；产品是载体，而品牌是精神；产品重在质量与服务，而品牌贵在传播；产品会过时落伍，而成功的品牌会经久不衰。两者的联系是：产品帮助品牌成长；品牌为产品服务；产品品质是品牌核心价值的保证。品牌与商标既有联系，又有区别，商标是一个法律名词，品牌是一个经济名词。知名品牌即名牌，是指有着极高知名度和一定美誉度与忠诚度的品牌。

基本概念

品牌　品牌名称　制造商品牌　经销商品牌　商标　名牌

复习思考题

1. 什么是品牌？品牌概念的认知过程如何？
2. 以你喜欢的某一品牌为例，试从两要素角度分析其品牌构成。
3. 品牌的特征有哪些？
4. 品牌与产品、品牌与商标之间的关系如何？

课后案例

Chanel 的奢侈品帝国

香奈儿夫人出生于1883年，逝世于1971年。虽然她离开我们很久了，但是Chanel品牌经典的风格却是时尚界的鼻祖。Chanel品牌已经成为全球最知名的品牌。香奈儿夫人留下许多对流行的看法，成为引导这个时代流行的直接心灵导师。她认为美指的是内外皆美，虽然流行不断推陈出新，但是风格永远不会被淘汰。她最钟爱用黑色和白色进行美丽的幻化，实现一种绝对的美感以及完美的和谐。同时她深信"简单"是让美好质感呈现的最佳方式。她留下的经典设计包括：NO.5香水、斜纹软呢、双色鞋、黑色小洋装，等等。她钟爱的山茶花也依旧绽放在绸缎的晚宴包浮雕花样里。

也许从一开始，香奈儿夫人并未想过创造一个死后也名垂青史的伟大品牌，但是，她却非常明白，她要给自己想成为的女人设计衣装——那一定是一个拥有勇敢个性和追求极致品位的女性，让所有认识她的男人都难以忘怀，她的魅力来自不同凡响的着装，社交广泛，敢爱敢恨。事实上，每一个至今存在的成功品牌的创始人，都不是以尽快卖掉为首要目的。定位、定位还是定位，每一个行业成功的准则中唯一相同的就是拥有独特的定位，并且长期坚持，绝不动摇。

Chanel只立足于一个事实：永远在消费者面前坚持自己的品牌理念。Chanel的魅力就是巴黎的魅力，而巴黎永远是奇幻、浪漫、性感、美丽和阳光的同义词。香奈儿夫人体现了这种风格，并发挥她的才能，不断地发掘女性过去所忽视的产品新理念。例如，著名的Chanel5号香水，它是第一款不试图重现单一花香的香水，而是混合了茉莉花、五月玫瑰，并通过乙醛挥发出独特香味的香水。它是属于Chanel的——"表现我的个性，独一无二"。起源于19世纪20年代初的著名的双C标志，体现了Chanel品牌的意味：冷静、自信、镇定。

香奈儿夫人在位期间致力于提供奢华、完美的国际审美标准。她是个精明的完美主义者，她决心控制每一个细节。例如，一件真正的Chanel外套，是通过一条金链的缝合保持衣服的直线缝边的。当许多公司采用切割法追求效率的时候，他们没有意识到这会使他们失去独一无二的个性。Chanel对细节的要求是令人信服的。细节本身会变化，但对细节的严谨精神必须永远保持。Chanel非常聪明且敢于挑战传统，向世俗唱反调，像男女装混穿、把休闲服变成时尚流行服等，既解放了女人，也开创了女性的时尚时代。一直风靡到现代的黑色小洋装，打破了当年黑衣服只能当丧服的规定。香奈儿夫人创造了一个属于她自己的时代！甚至70多岁高龄的她还复出视事。Chanel集团在1983年由Karl Lagerfeld出任时尚总监，但至今每一季新品仍以Chanel精神为设计理念，Chanel，永远的Chanel。

卡尔·拉格菲尔德，不但正确把握了Chanel的设计原则与精神，还以他独特的自由、任意、轻松的设计心态将Chanel的设计推陈出新，给Chanel品牌注入强大活力，不可思议地使Chanel的产品一下向前跨出了两个时代。拉格菲尔德为Chanel带来了种种美誉。

今天的Chanel产品代表着华丽、现代与摩登，"COCO"已是人们口中赫赫有名的少数名师之一。近期，又有一本叫《香奈儿：冰与火的女人》的新书出版，这对于忠爱Chanel的人们来说，无疑是一个完美的选择。

法国前文化部长曾有如下一段评价："这个世纪法国将有三个名字永存——戴高乐、毕加索和香奈儿。"

资料来源：时尚网，http://www.show.sh/pinpai/shizhuang/650.html chanel；
http://www.chanel.com/。

案例讨论题：

1."Chanel"品牌的魅力是什么？
2."Chanel"品牌的成功给我们什么启示？

第二章　品牌的历史

【本章重点】

- 中国品牌的历史
- 外国品牌的历史

【引例】

中国早在西周便已经有了品牌的雏形，称作"款识"，又称"铭文"，即古代钟鼎彝器上铸刻的文字。东汉班固《汉书》卷二五下、志第五下"郊祀"条记载："今此鼎细小，又有款识，不宜荐见于宗庙[①]"。款和识是两个不同的概念，对此有三种说法：① 款是阴字凹入者，识是阳字突起者；② 款在外，识在内；③ 花纹为款，篆刻为识。到后来，款识就失去其本意，被人们引申为书画、漆器、玉器、陶瓷、竹木牙雕等文物上的题铭或文字，再后来泛指在器物上特意留下的记录该器物制作的时间、地点、工匠姓名、作坊名称等文字；到了秦汉时期，款识上文字及符号多了许多，记载的内容也更加详细具体，包含时间、地点、工匠姓名、漆工工序以及物主标记、用途、容量等[②]。

《晋令》记载道："欲作漆器者，各注主史者名，乃得作家，当用淳漆着布，以朱题年月姓名[③]。"意思是要想做漆器，必须要注明主史人的名字以及订制的年月，想必也是为了保证质量和表明归属。

第一节　中国品牌的发展史

一、中国古代、近代的品牌发展史

在我国，商周时期已出现了城市"品牌"及产品的文字标记；春秋战国时期出现了招牌和幌子，如"阳城"标记；西汉时期进一步发展了实物招牌广告，文学作品中出现了用"品牌产品"的修饰衬托；东汉时期，人们开始懂得用具有鲜明特征的品牌来体现商品的卓越价值，出现了著名的文具品牌，如"张芝笔"、"左伯纸"等；唐朝时期出现了大量用五彩旗、灯笼等绣上图案或店名为幌子的品牌标志；宋元时期出现了品牌设计和装潢、品牌广告作品以及产品包装纸等；明清时期品牌保护意识进一步增强，百年老牌纷纷涌现，品牌载体多样化，清政府出台了中国第一部商标品牌方面的法规等；民国时期品牌的载体则更加丰富，出现了橱窗、路牌、霓虹灯、交通工具、广播

---

① 张飞龙. 中国古代漆器款识研究[J].中国生漆.2007(1).

② 同上.

③ 由国庆.与古人一起读广告[M].新星出版社.2006:110.

等，同时品牌策划、创意、平面品牌设计等都取得了一定的发展。

资料 2-1

在北京的集市上，人们知道江南的丝绸好——这是第一次品牌传播留在消费者心目中的印象；当他接触了某一家的绸缎后，觉得这一家的绸缎最好，并且以后都会买这家的，还推荐亲戚朋友购买，这就需要第二次品牌传播。古代社会商业氛围最浓厚的时间和平台是赶集和集市，无独有偶，不论是在中国还是西方，集市的存在不仅出于采购的物质需求，也有娱乐的精神需求。

在唐代以前，"市"的概念与今天所说的"市"的概念是不同的。"古代的'市'大致有两种含义，一是指商品交易的专门场所，类似于现代意义上较为封闭的市场概念。《说文解字》中释'市，买卖所之也'，即做买卖要去的地方。第二，'市'又指在市场内进行的买卖行为。《尔雅·释言》中'贸、贾，市也'的提法，说明货品的交易出售也称之为'市'。"④

在中国的原始商业中有"日中为市"这一说法，具体指的是百姓在正午时，携带着自己的产品，从四面八方聚集到某个地方自由交易。到后来又发展出"因井设市"，史料记载："古人未有市，若朝聚井汲水，便将货物于井边售卖，故言市井也。"(《史记正义》)据了解，"日中为市"和"因井设市"这两种民间自发行为和习俗发展至后来被统治阶级利用，在其聚居区内专门划出一片区域，成为市场，市场上有各类店铺，"肆"也随之发展起来。

然而真正的"肆"的兴盛和繁荣要在唐之后，我们可以从一些古籍描绘中看出当日之繁荣光景。《东京梦华录·序》描写北宋末期东京时说：太平日久，人物繁阜。垂髫之童，但习鼓舞；斑白之老，不识干戈。时节相次，各有观赏。灯宵月夕，雪际花时，乞巧登高，教池游苑。举目则青楼画阁，绣户珠帘。雕车竞驻于天街，宝马争驰于御路，金翠耀目，罗绮飘香。新声巧笑于柳陌花衢，按管调弦于茶坊酒肆。八荒争凑，万国咸通。集四海之珍奇，皆归市易；会寰区之异味，悉在庖厨。花光满路，何限春游，箫鼓喧空，几家夜宴。伎巧则惊人耳目，侈奢则长人精神⑤。在这些专门的市场中，商品种类繁多，五花八门，商家为了区别，纷纷"亮"出自己的招牌来吸引顾客。各种广告载体的雏形开始出现，如招幌、招牌、吆喝等。从《清明上河图》描绘的汴京清明时节繁荣景象中，我们可以看到繁华大街上"刘家上色陈檀栋香"香店，"赵太丞家"药店、"王家纸马店"、"杨家应症"医店、"王家罗锦"绸缎店，和"新酒"旗幌飘飘的大酒楼。还有《韵鹤轩杂记》记载的丰富的吆喝声——"百工杂技，荷担上街。多持器作声，各为记号。修脚者所摇折叠凳，曰"对君坐"；剃头担所持响鼓，曰'唤头'；医家所摇铜铁圈，曰'虎撑'；星家所摇小铜锣，曰'报君知'；磨镜者所持铁片，曰'惊闺'；锡匠所持铁器，曰'闹街'；卖油者所持小锣，曰'厨房烧'；卖食者所敲小木梆，曰'击馋'；卖闺房杂货者所摇，曰'唤娇娘'；卖耍货者所持，曰'引孩儿'。"⑥

---

④ 由国庆.与古人一起读广告[M].新星出版社，2006:25.

⑤（宋）孟元老.东京梦华录[M]. 王永宽，译.上海古典文学出版社，1956：39-40.

⑥ 谢国桢. 明清笔记谈丛（韵鹤轩杂记篇）. 上海书店出版社，2004 年.

二、中国现代的品牌发展史

（一）新中国成立——20 世纪 70 年代老品牌的"消亡"

关键词：老字号

新中国成立后的前 30 年，品牌发展总体是萎缩的。从企业角度来说，品牌不受市场的影响，因为当时我国实行的是计划经济体制，大部分企业实际上是工厂和车间，根据改革开放之初的统计数字，80%以上的注册企业都没有自己的商标，所以连形成品牌最基本的条件都不具备。通过"公私合营"，体制有所改变，有些企业有了自己的品牌，像北京的一些老名牌，如"全聚德"、"王麻子"、"同仁堂"等，但这些企业并不是按照现在市场化的模式去经营企业品牌，而是"吃老本"。从消费角度来说，人们的消费方式则还是属于市场方式，所以也涌现了一批新品牌，如自行车行业的八大名牌"飞鸽"、"永久"、"凤凰"等，饮料也有八大名牌等。虽然当时处于计划经济时代，但是人们在选择商品的时候，品牌还是起了一定的作用。这 30 年我国对于品牌的建设力度不够，但是也形成了三个品牌中心，北京、上海、天津。

有些学者认为这 30 年是一个消灭品牌的时代。因为建国之初，中国的"中华老字号"积累了 1 万多家，但是经过计划经济体制不讲究个性发展，很多老品牌消亡了，很多行业性企业都用数字命名，毫无特色。举一个最明显的例子，纺织业经过公私合营，以前的私人企业都变成了"棉纺一厂""二厂""三厂"等，消费者和生产者的关系则变成了"官商"关系。

（二）20 世纪 80 年代初创和觉醒

关键词：商标、质量

20 世纪 80 年代刚刚改革开放，应该说绝大部分企业名牌意识很薄弱。当时许多企业连商标都没有，商标的注册数远远低于企业数。这一情况到了 80 年代中期发生改变。可以说 1984 年是中国企业元年，因为我们现在成气候的这些大品牌，一大部分是在这一年创办的。

概括地说，80 年代品牌发展有两个关键词，一是启蒙，大家都懵懵懂懂，二是初创，一些比较好的企业从这时开始起步了。这个时代的品牌发展，最有代表性的事件有两起，都和企业的当家人有关，第一件是双星的汪海召开了企业的第一个新闻发布会，第二件就是著名的海尔"张瑞敏砸冰箱"事件。

汪海召开新闻发布会表示企业开始有品牌意识，并且主动地利用媒体宣传塑造品牌，是中国企业家品牌意识的发端。之后汪海当然胆子越来越大，给大门口的狮子穿鞋，召开第一个境外新闻发布会，第一个在国际舞台上举行"鞋文化表演"，带领"双星"成为国内企业进入国际市场的先行者。

"张瑞敏砸冰箱"事件后来成了一个非常经典的企业案例。这是一个品牌事件，不是经营事件。为了抓质量而砸掉冰箱，代表了一个企业重视品牌，维护企业形象，这是非常高明的营销手段和方式，也是中国品牌发展初始阶段的代表性事件。张瑞敏砸冰箱表示中国企业开始自觉重视质量标准，通过这种极端行为造成了广泛社会影响，具有两个深层次含义。第一层是制造新闻，中国企业开始有目的地经营品牌，主动制造新闻事件来吸引大众眼球；第二层就是树立权威，而且是企业经营者——厂长的权威地位。张瑞敏强调企业重视质量意识，代表了企业发展第一阶段，品牌就是质量的口号。当然，后来他又提出了第二阶段品牌就是服务，第三阶段品牌要有国际化形象的口号。这是中国企业家在市场化道路逐步发展中，品牌意识的觉醒。

资料 2-2

张瑞敏"砸冰箱"

1985年12月，青岛冰箱总厂的一间仓库。厂长张瑞敏带领职工砸了76台不合格冰箱。当时张瑞敏刚到时称青岛电冰箱总厂的海尔，企业还处于经营亏损阶段。有一位朋友找他要买一台冰箱，结果挑了很多台都有毛病，最后勉强拉走一台。朋友走后，张瑞敏派人把库房里的400多台冰箱全部检查了一遍，发现共有76台存在各种各样的缺陷。张瑞敏把职工们叫到车间，问大家怎么办？多数人提出，便宜点儿处理给职工算了。当时一台冰箱的价格800多元，相当于一名职工两年的收入。张瑞敏说要是允许把这76台冰箱卖了，就等于允许你们明天再生产760台这样的冰箱。他宣布，这些冰箱要全部砸掉，谁干的谁来砸，并抢起大锤亲手砸了第一锤。

（三）20世纪90年代土洋品牌遭遇战

关键词：洋品牌、标王

20世纪90年代，中国企业品牌发展的显著特点是国外品牌和产品开始占有大量市场份额。从这时起，国家开始把质量和名牌放在很重要的地位，标志性的事件一件是国务院把1991年定位为质量品种效益年，为我们发展名牌奠定了基础；另一件是1992年邓小平同志南巡发表讲话，指出中国一定要有自己的全球产品，一定要有自己的全球名牌，否则就受别人欺负。所以，1992年就有了"中国质量万里行"，同时有了中国名牌战略推广活动。当时是实名商标保护组织，最早有45家名牌企业，连续四年搞全国名牌大会。1996年一个很重要的事情就是国务院颁布了《质量振兴纲要》，里面写了一个非常重要的段落，就是实施名牌战略、振兴民族工业，这是国家第一次在文件里面正式写入名牌战略。

这段时间，出现了中国品牌与洋品牌的第一次正面交锋。可以用"洋进国退"四个字来概括。标志性的事件是可口可乐进中国和宝洁公司进入国内日化市场。可口可乐进中国对中国企业来说，是具有教育意义的一课，让本土企业见识了强大外国资本的经营方式。可口可乐在我国建厂后，开始了它特有的市场战略。第一步，建立工厂；第二步，通过送股份的方式合资建厂，"蚕食"中国企业、占领市场；第三步，收购中国企业，继续垄断。百事可乐的合资策略，其实与可口可乐如出一辙。天府可乐与百事可乐的合资背景是当时政府希望借外资力量发展国有饮料企业，百事可乐承诺双方合资生产天府品牌产品，之后，经国家有关部门批准生产部分百事品牌产品。事实上，百事可乐加大广告推广，将天府可乐品牌打入冷宫。这一时期，外国品牌利用强大的资本优势通过收购中国本土企业获得了市场。以前我们有很多老日化品牌，大宝、小护士、美加净等，现在几乎全部被收购，成为外企旗下的品牌，自身品牌被逐步淡化。改革开放初期，面对人口众多的中国，国外公司最初的表现是狂欢：在没有竞争者的情况下，可以用较少的资源和时间，建立很高的品牌知名度。国人也开始意识到营销的重要性，以健力宝为代表的企业，开始利用广告、找明星宣传产品，中央电视台的黄金时段一夜间成了众多商家争夺的香饽饽，就这样，"标王"诞生了。

资料 2-3

央视标王

1994年，中央电视台广告部主任谭希松发现，为了争夺一个黄金时段的广告，几家企业打得不可开交。当时，孔府宴酒厂非常想在《新闻联播》和《天气预报》间隔投放广告，但时段已经被潍坊华光的广告占据。为了得到这个时段，孔府宴酒厂愿意出高价。为了安抚孔府宴，央视将《天气预报》中播放其他城市天气预报的画面分出1/3给孔府宴酒。这件事引起孔府宴酒的竞争对手孔府家酒厂的不满。于是，央视敏锐地感到这个时段的实际价值已经大大超过了预期，黄金时段的广告资源埋藏着"黄金"。为了给这些企业搭建一个充满刺激的竞技场，中央电视台广告部把黄金时段都拿出来，进行全国招标，还给投标金额最高的企业准备了一顶虚无的桂冠——"标王"。

央视"标王"榜（1995—2007）												
年　份	1995	1996	1997	1998	1999	2000	2001	2002	2003	2004	2005	2006	2007
中标价	3079万元	6666万元	3.2亿元	2.1亿元	1.59亿元	1.26亿元	2211万元	2015万元	1.09亿元	3.1亿元	3.85亿元	3.49亿元	4.2亿元
标　王	孔府宴酒	秦池酒	秦池酒	爱多VCD	步步高	步步高	娃哈哈	娃哈哈	熊猫	蒙牛	宝洁	宝洁	王老吉

（四）新世纪塑造和扩张

关键词：国际化

21 世纪的特点是中国的品牌战略或者是品牌事业和国际接轨。加入世贸组织以后，中国经济进一步融入世界经济全球化，最尖锐的问题最初是规则问题，进去以后发现是经济地位问题。原因就是我们是一个制造大国，但是我们同时又是一个品牌小国。这个时候国家层面有几件事情在做，工商局开始按照国际法评定驰名商标；商务部也搞了中国品牌万里行，特别着重评选中国出口品牌。中国要从"制造中国"走到"品牌中国"。

最近几年来出了两件大事：可口可乐公司收购中国的汇源果汁，中国四川的腾中重工收购美国通用公司的悍马品牌，从美国企业收购中国品牌，到中国企业收购美国品牌，这说明中国的经济实力在增强，中国的企业在壮大。

可以断言，类似中国企业收购国外品牌的事情以后还会发生。从宏观上说，这是好事。但是在微观操作上，还要讲究策略。我们收购来的到底是"金元宝"，还是一堆"破烂"？对于名牌来说，品牌价值和意义常常超过其有形资产。这就是大家经常引用可口可乐老总的那句话：即使工厂一夜之间被火烧光了，只要有家喻户晓的品牌，很快就可以恢复生产和经营。饮料是人喝的，13亿人的中国饮料市场有多大？这就是可口可乐出高价收购汇源的主要原因。"名牌就是民牌"，搞品牌不重视民意、民情是难成功的。这次并购案能够得到这么多的人的关注，是中国人民品牌意识得到极大提高的表现，是最可贵的，也是最可喜的。

市场无国界，品牌有归属。每个国家都在资源整合全球化的过程中争取本国利益的最大化，而争取本国利益最大化的一个重要武器，就是品牌。国际化战略是中国企业的必由之路。中国企业的品牌意识逐渐增强，广告成为塑造品牌最有效的手段。同时，也发现了推销的不足与营销的魅力。

推销是硬销，要别人买你的货；营销则是软销，是吸引别人来买你的东西。要成为中国的名牌，就要体会到推销与营销一推一拉，差别高下悬殊立现。

资料 2-4

汇源禁购

2008年9月3日，汇源宣布可口可乐报价179亿港元，以现金方式收购该公司。此后，该收购案开始了在中国商务部漫长的审批之旅。2009年3月18日，商务部正式宣布根据反垄断法，禁止可口可乐收购汇源。

腾中买"马"

2009年6月2日，美国通用汽车公司宣布，已与来自中国的腾中重工机械有限公司就出售悍马（Hummer）事宜达成备忘录。10月9日，通用与腾中重工达成了最终出售协议，腾中将获得悍马品牌、商标和商品名称的所有权，同时，拥有生产悍马汽车所必须的具体专利的使用权。据参与此项交易的人士透露，此项交易的金额大约在1.5亿美元。

第二节 外国品牌的发展史

一、原始的品牌发展史

古希腊和古罗马时期，在陶瓷、金器及灯具上出现了文字或图案的标记；英国在 1472 年出现了第一个书籍品牌广告，1666 年《伦敦报》开辟了第一个广告专栏，至此品牌传播开始得到重视；17 世纪英国出现了广告代理商；18 世纪中期，英国及其他欧洲国家出现了一批广告画家，由此推动了品牌设计和广告水平，同时广告品牌的文案设计水平也有了提高，如当时的日本；19 世纪初商标制度诞生，如法国出现了世界上最早的商标法律文件，随后《商标法》在各国纷纷被制定和颁布；19 世纪中后期在美国涌现了至今尚存的百年强势品牌，广告公司得到了长足发展，品牌推销专业化，品牌媒介丰富化，出现了交通广告、摄影图片、明信片、挂历广告等；19 世纪末至 20 世纪初，专业广告作家开始出现，品牌策划、商标制度、霓虹灯广告和霓虹灯招牌、广播等迅速风靡全球。

二、近现代品牌发展史

（一）第一阶段（19 世纪 30 年代初—19 世纪 50 年代末）：奢侈品品牌诞生

在此阶段，欧洲奢侈品品牌频繁诞生，出现了爱马仕、路易威登、百达翡丽、卡地亚、欧米茄、天梭、宝诗龙、巴宝莉等知名奢侈品品牌（见表 2-1）。它们集中产生在法国，少量品牌产生在瑞士。历史与文化是其主要的促进因素。

表 2-1　　　　　　　　　　　欧洲品牌演进第一阶段的代表性品牌

代表品牌	成立年份	来源国	品牌特征描述
路易·威登（LV）	1854	法国	路易威登早年因设计一款名为"Gris Trianon"的皮箱而成为拿破仑皇室的御用工匠，当时交通工具在欧洲方兴未艾，路易威登认为自己能够为更多人免除旅行之忧，便于 1854 年结束宫廷服务，在巴黎创建了首间皮具店，生产平盖行李箱
爱马仕（Hemes）	1837	法国	Thierry Hermès 于 1837 年开设以"爱马仕"为品牌名的马具专卖店，为有钱有名望的家族装饰马匹。她曾服务于拿破仑三世与德国皇帝，跻身"御用商人"，还服务众多一流马车商。后来爱马仕制作皮具、箱包等饰品、用品
百达翡丽（Patek Philippe）	1839	瑞士	安东尼于 1839 年开设百达钟表公司，首批制表带有宗教或皇室标志，专供社会上层使用。至今仍保持每年生产 1 只纯手工制表的传统，是集设计师、钟表师、金匠、表链匠、雕刻家、瓷画家与宝石匠于一身的世界公认的最好的钟表品牌
天梭（TISSOT）	1853	瑞士	天梭表最先进入俄国，俄国贵族立刻接受了它，这也使得俄国成为天梭表最大的市场

15 世纪地理大发现和随之而来的殖民主义，奢华和享乐主义生活方式开始在欧洲上层社会滋生。其中，17 世纪"太阳王"路易十四统治内的法国成了奢侈消费的最典型代表。据当时威尼斯驻法大使的记载，当时凡尔赛宫的走廊里点着几千支蜡烛，恍如白昼，"简直就像是在梦里，简直像是在魔法的王国里"（周昂，2011）。欧洲的奢侈基因与贵族文化在 18 世纪的法国达到了顶峰。同时，法国直到 19 世纪 60 年代末才完成产业革命，姗姗来迟的工业革命也为法国在 19 世纪中前期的奢侈品发展提供了充足时间。

欧洲品牌演进第一阶段发生在法国和瑞士。贵族文化与生活方式，与第一批欧洲奢侈品品牌的产生，有着密切的关系。

闻名世界的顶级奢侈品品牌路易·威登就是一个典型。早年，路易·威登因为成功设计一款名为"Gris Trianon"的皮箱而受到乌婕妮皇后的信任，路易·威登于是成为拿破仑皇室的御用工匠。当时火车是旅行者最时髦的交通工具，但衣服放在当时通用的圆顶皮箱中经常被弄得皱巴巴的。路易·威登认为自己能够为更多的人免除旅行之忧，便于 1854 年结束了为宫廷服务的工作，在巴黎创办了首间皮具店，主要生产平盖行李箱。这就是奢侈品品牌路易·威登的诞生故事。

除法国外，瑞士是欧洲奢侈品起源的另一个地区。瑞士制表业非常发达，但制表业最先却并不是在瑞士生根发芽的，瑞士制表业与法国有关。"在路易十四及其祖父执政期间，追随加尔文的胡格诺派教徒因为 16 世纪末以来法国宗教大屠杀而纷纷逃到瑞士"（凯利，2008），他们聚居在靠近法国的日内瓦至东北面的沙夫豪森一带（瑞士北部），在瑞士的这一区域，诞生了瑞士的钟表奢侈品品牌。在此期间诞生了天梭、浪琴、积家、欧米茄、百达翡丽等奢侈钟表名家，这些奢侈的钟表与当时贵族们的奢侈之风密切相关。瑞士名表天梭的最初客户就是大量的俄国贵族。

随着 1789 年法国大革命爆发，奢侈品的使用阶层扩大了。那些法国大革命前仅隶属于皇宫贵族的能工巧匠在大革命后，纷纷放下身段为更多的贵族阶层之外的普通人服务。新兴中产阶级的壮大正好为奢侈品提供了更大的消费人群。当奢侈品从皇宫走出来之后，不再一定要显得华贵奢靡，但要继续保持精致得体。例如，路易·威登（LV）结束宫廷服务之后，专门为旅行者设计的平盖旅行箱就具有划时代的意义。先前的奢侈品逐渐演化为巴尔扎克所说的"简洁的奢侈"（周昂，2011）。

（二）第二阶段（19 世纪 60 年代初—19 世纪 90 年代初）：工业化品牌诞生

在此阶段，欧洲工业化品牌开始频繁出现，诞生了诺基亚、巴斯夫、诺华、蒂森克虏伯、爱立信、雀巢等品牌，西门子、标致等企业在此时期内发展壮大（见表 2-2）。关税与贸易自由化是其主要的促进因素。但是，在此 30 年间，几乎没有奢侈品品牌在欧洲大陆诞生。

表 2-2 　　　　　　　　　　欧洲品牌演进第二阶段的代表性品牌

代表品牌	成立年份	来源国	品牌特征描述
诺基亚（Nokia）	1865	芬兰	1865 年诺基亚诞生于芬兰，随着工业化浪潮在欧洲兴起，纸板消费量迅速增加，诺基亚公司成立不久便一炮走红，其产品远销俄国、英国和法国
西门子（Siemens）	1847	德国	1847 年成立的西门子在 19 世纪中期一度遇到危机，直至 1866 年发明发电机后才在欧洲大陆迅速发展壮大
标致（PEUGEOT）	1810	法国	成立于 1810 年的现代标致公司，起初生产轧钢和钢条，主要满足本地钟表业对发条的需求，19 世纪中期一度陷入破产危机。后于 1855 年生产出轻金属裙撑，19 世纪 60 年代生产出缝纫机与割草机，产品在欧洲大陆风行，公司得以发展壮大
巴斯夫（BASF）	1865	德国	1865 年，"巴登苯胺碱厂"正式成立，虽然仅有 30 名员工，但却因品红染料在欧洲大陆的成功，迅速在德、法、英、俄等国家建立了自己的染料生产与销售机构
诺华制药（Novartis）	1859	瑞士	早期涉及染料行业，同时它的药剂师在实验室开始成批生产常用药物。后来诺华从药房成长为药品批量生产商和销售商。诺华制药是从染料转向药品生产批发商的一个典型

工业化生产的发展壮大离不开规模经济与薄利多销。欧洲各国有限的母国市场决定了工业化品牌需通过国际贸易才能寻求供给与需求的平衡。贸易保护主义必会增加关税和非关税等壁垒所造成的成本，从而削弱本国产品在别国市场的竞争力（张玮，2009）。因此，能否实现国际贸易自由化，是能否产生强大的工业化品牌的前提。虽然自 18 世纪英国首先开始工业革命，德国、比利时、法国等随后在 19 世纪 40 年代完成工业革命，但欧洲工业革命并未马上产生工业化品牌。因为工业革命后相当长时间内，贸易保护主义还在盛行，阻止了工业化产品的跨国流通（梅俊杰，2008）。例如，著名的英国贸易保护法《谷物法》1846 年废除之前，欧洲大陆各国为对抗英国《谷物法》，对英国工业品征高关税。只有废除《谷物法》后，英国才在 1848—1866 年间迎来了贸易和工业的空前繁荣（任松峰，2002）。19 世纪 60 年代到 70 年代是 19 世纪欧洲自由贸易的鼎盛时期（斯塔夫里阿诺斯，2006），各国纷纷化干戈为玉帛，相互实行最惠国待遇，消除关税壁垒。这就为欧洲工业化产品品牌的繁荣创造了条件，使薄利多销成为可能。于是，在这一阶段，大量工业化品牌在欧洲大陆诞生，如诺基亚、爱立信、雀巢、巴斯夫、蒂森克虏伯、喜力、诺华制药、标致、西门子等。其中诺基亚和标致即是典型代表。

诺基亚 1865 年诞生于芬兰，工程师弗雷德里克·艾德斯坦在芬兰北部的诺基亚河边创立了与河流名字相同的木材纸浆厂。随着工业化浪潮在欧洲兴起，纸板消费量迅速增加，诺基亚公司成立不久便一炮走红，其产品远销俄国、英国和法国。不可否认，初创期的诺基亚之所以能够凭借价格低廉的纸板辐射欧洲，北欧拥有丰富的森林资源只是其中一个原因，贸易自由化才是诺基亚发展壮大的最重要驱动力，它解决了其母国市场需求有限的天然局限。

标致虽然早在 1810 年就率先进入了工业时代，但因受贸易限制，初期也只生产冷轧钢和钢条满足当地钟表业对发条的需求，随后慢慢扩展至关税相对较低的瑞士、意大利等临近地区。19 世纪中期，标致曾一度陷入破产危机。但 1855 年标致生产出的轻金属裙撑，具有很大的市场需求，产品在 19 世纪后半段风靡欧洲，把标致从破产危机中拯救了出来。尽管标致这个工业化品牌的发展壮大与发明新技术和新产品有关，但自由贸易环境及其带来的欧洲整体市场支持是其发展壮大的强有力支持。

由此不难发现，机械化、工业化生产并不是 19 世纪 60 年代开始的欧洲工业化品牌集中产生的根本原因。欧洲工业化品牌的繁荣与 19 世纪 60 年代开始的欧洲自由贸易密不可分。可以说，欧洲品牌演进的第二个阶段——工业化品牌繁荣期，关税与贸易自由化起着主导作用，工业化、机械化生产方式的普及为工业化品牌提供了生产力方面的支持。

（三）第三阶段（19 世纪 90 年代中—20 世纪 20 年代末）：奢侈品品牌与工业化品牌共生融合

在此阶段，欧洲奢侈品品牌和工业化品牌均得到发展。产生了劳力士、香奈儿、普拉达、古奇等一批奢侈品品牌，以及阿尔卡特、雷诺、菲亚特、妮维雅、罗氏等工业化品牌（见表 2-3）。这些品牌集中诞生在意大利、法国、德国等国家。在此阶段，奢侈品品牌借鉴工业革命带来的先进生产技术，突破了传统上仅仅依赖手工制作的局限。艺术与生产技术对此阶段的品牌产生了巨大影响。

表 2-3　　　　　　　　　　欧洲品牌演进第三阶段的代表性品牌

代表品牌	成立年份	来源国	品牌特征描述
施华洛世奇（Swarovski）	1895	奥地利	21 岁时，创始人丹尼尔前往维也纳参加第一届电器博览会。受爱迪生与西门子技术革命的启发，丹尼尔于 1892 年完成了世界上第一台可完美切割水晶的自动水晶切割机，又于 1917 年推出自动打磨机，生产基本实现工业化
香奈儿（Chanel）	1913	法国	加布里埃·香奈儿于 1913 年在法国创立香奈儿，其服饰色彩以黑白强烈对比在服装界与艺术界独树一帜，与其好友毕加索所创立的立体画派的风格如出一辙
布加迪（Ettore Bugatti）	1909	意大利	创始人埃托里·布加迪出生于意大利米兰艺术世家，从小学习美术并多次拜访立体派艺术家，时至今日，布加迪仍采用半机械半手工的生产方式，其跑车外壳更是保留纯手工，打造得一丝不苟，将意大利悠久的历史文化融入其中
劳力士（ROLEX）	1905	瑞士	成立于 1905 年的劳力士，早期生产纯手工制表。时至今日，仍保留表盘镶嵌与部分机芯的纯手工制造，在半机械半手工的加工方式下追求卓越品质
伊莱克斯（Electrolux）	1919	瑞典	瑞典伊莱克斯公司由户外煤油灯生产商与吸尘器生产商合并成立，得益于机械化大生产与电力使用的普及，伊莱克斯的吸收式冰箱与真空吸尘器走进千家万户
阿尔卡特（Alcatel）	1898	法国	创建 CGE（阿尔卡特的前身）的目标是打造出法国的西门子和通用电气，而后陆续将业务扩展至电力、交通运输、电子和电信等各行业，逐渐成为数字通信市场的领导者。现已与朗讯合并，合并后的阿尔卡特朗讯是首个全球通信解决方案提供商

1. 艺术对欧洲品牌的影响

此阶段，艺术重点表现在对欧洲奢侈品品牌的影响上。19 世纪中后期，欧洲经历了长达百年的美术革新，流派之多与频率之高皆创历史之最。从 19 世纪后半叶的印象主义、后印象主义开始，欧洲各地诞生了野兽派、表现主义、立体主义、风格派、未来主义、达达主义、超现实主义等艺术流派（周宏志，2010）。与 17 到 18 世纪流行的巴洛克、洛可可风格相比，19 世纪中后期诞生的艺术流派的数量和频率皆有大幅度提升。欧洲奢侈品品牌纷纷吸收艺术革命的优良成果，香奈儿、布加迪即是其中的代表。

加布里埃·香奈儿于 1913 年在法国创立香奈儿，其服饰色彩以黑白强烈对比在服装界与艺术界独树一帜，风格与其好友毕加索创立的立体画派风格如出一辙。这种黑白对撞、讲求简洁自然的设计风格，也恰好适合大规模的机械化生产。在云集纽约第三大道的庞大的美国服装产业还在像满街跑的福特汽车一样大批量生产千篇一律的衣服的同时，"正是香奈儿的风格为服装的工业化生产赋予了贵族身份"（海德里希，2009）。

1881 年，埃托里·布加迪出生于意大利米兰艺术世家，他的父亲卡尔罗·布加迪是一位摩尔人风格画家，同时也是著名的家具设计师（木匠）和雕塑家。在父亲的影响下，布加迪从小开始学习美术并多次拜访立体派艺术家。这使得早期布加迪的车子宛如艺术品，车辆引擎全由手工制造和调校，所有轻量化的零件都不放过，布加迪注重车辆的细节与平衡。时至今日，布加迪仍采用半机械半手工的生产方式，其跑车外壳更是保留纯手工打造的一丝不苟，将意大利悠久的历史文化融入其中（杨杨，杨文宇，2012）。

香奈儿对服饰设计与色彩搭配的独特风格，以及布加迪对流线型车身与精致手工发动机的追逐均表明，这一阶段，欧洲奢侈品品牌在不断借鉴艺术革命的成果。对品位与独特文化的追逐推动了这个时期欧洲奢侈品品牌的繁荣发展。

2. 工业生产技术对欧洲品牌的影响

此阶段，工业生产技术对欧洲奢侈品和工业化品牌的影响均很突出。此阶段欧洲品牌演进的重要特点之一，是奢侈品开始适当借鉴工业生产技术来完成手工操作所不能实现的工艺，但同时又保留其手工制作，以彰显产品的稀缺性与高品质。1895 年诞生的施华洛世奇就是其中的典型代表。

施华洛世奇的创始人丹尼尔诞生于波西米亚的水晶玻璃加工厂。21 岁那年，丹尼尔前往维也纳参加第一届电器博览会，受爱迪生与西门子技术革命的启发，他决心发明一台自动水晶切割器，并于 1892 年成功制造了世界上第一台可完美切割水晶的自动水晶切割机。1895 年他背井离乡，来到当时最大的水晶消费地——瓦腾斯（更靠近时尚之都巴黎），创立了世界首屈一指的水晶奢侈品品牌——施华洛世奇。1908 年，丹尼尔开始试制人造水晶并于 1913 年开始大规模生产无瑕疵人造水晶石，后于 1917 年推出自动打磨机，生产工艺基本实现工业化（北京大陆桥文化传媒，2009）。

另一方面，工业生产技术也对工业化品牌产生深远影响。产业革命促进了电、内燃机大量运用于工业生产，推动了大量工业化品牌的发展。如电信与电气设备制造商品牌：阿尔卡特、阿尔斯通、伊莱克斯·B&O 等，汽车制造商品牌：雷诺、菲亚特、奔驰、宝马、沃尔沃等。

由此可知，欧洲品牌演进的第三阶段，受到艺术与工业化生产技术的共同影响。一方面，大量工业化品牌（特别是汽车品牌），得益于电力与内燃机的广泛使用，生产效率快速提高，他们延续了 19 世纪 60 年代大量兴起的欧洲工业化品牌的发展趋势；另一方面，受益于欧洲美术革命，以及工业化生产技术，断层了近 40 年的奢侈品品牌再次集中诞生。但此阶段的奢侈品品牌除体现了高品质与社会地位象征等固有特点之外，还借鉴机械化生产技术，解决了部分奢侈品无法通过纯手工生产的局限性。

（四）第四阶段（20世纪30年代初—20世纪40年代末）：品牌消失的20年

此阶段，欧洲出现了奢侈品品牌和工业化品牌集体消失的现象。战争以及由此引发的政治经济不稳定是品牌断层的主要原因。欧洲品牌演进第四阶段正值大萧条与第二次世界大战期间，奢侈品品牌和工业化生产品牌都呈现萎缩，没有一个知名的奢侈品品牌诞生，工业化品牌仅有联合利华（1929）、乐高（1934）、德国大众（1938）诞生，见表2-4。它们的早期发展也与第二次世界大战的战争环境有关。

表2-4　　　　　　　　　　　　欧洲品牌演进第四阶段的代表性品牌

代表品牌	成立年份	来源国	品牌特征描述
联合利华（Unilever）	1929	英国	1929年，联合利华更名成立，激增的皂片需求与经济危机、战乱的双重力量推动着联合利华艰难前进
乐高（LEGO）	1934	丹麦	1940年，丹麦被德军占领，但战争给乐高公司带来了发展机会，政府禁止玩具进口，禁止民用企业使用金属和橡胶等战时物资，这有助于木制玩具乐高在1940年到1942年期间实现了产量翻番
大众（Volkswagen）	1938	德国	1938年，德国大众公司成立。1939年，因战争的需要，大众开始制造炸弹，飞机油箱、油罐、弹壳及其他车床传动配件。1941年开始，在沃尔夫斯堡建立了一条飞机机翼生产线，供给前线军需

随着《斯姆特-霍利关税法案》颁布，大萧条迅速从发源地美国扩散至欧洲大陆，30国与意大利一起立即执行报复性关税，致使贸易额锐减（梅俊杰，2008）。由大萧条引起的贸易保护主义与以往的贸易保护不同。以往的关税与非关税壁垒，虽然加重了产品的流通成本，但跨国贸易仍在进行，这为欧洲奢侈品和工业化产品的发展奠定了基础。但大萧条引起的报复性关税加重了欧洲各国间的矛盾，引发了战争，阻碍了新品牌的诞生。1931年，英国工党政府被"国民政府"取代，金本位由此取消，为后来世界各国的恶性通货膨胀埋下祸根。同年，玻利维亚进入"国家坏账"阶段，南斯拉夫、希腊、奥地利和德国相继决定不再偿还债务，国家间失去信任，国际贸易总额锐减。1934年，法国在两年内的第五位左派领袖兼总理辞职……不稳定的政治与经济因素使欧洲各国间的贸易总额不足大萧条前的1/3（菲特·里斯，1981），美国对外贸易总额更是下降到原来的30%。国际贸易不通畅，品牌的跨国发展自然受到阻碍。因此，在第四阶段，奢侈品品牌和工业化品牌都鲜有诞生，许多曾经闻名的企业也暂停营业。

这个阶段诞生的联合利华在大萧条、战争时期艰难地成长。乐高诞生于德国占领时期的丹麦，当时德国禁止丹麦境内民用企业使用金属和橡胶等战时物资，乐高创新性地推出木制玩具，这一因战时环境逼出来的产品创新，成为后来乐高全球竞争的优势；大众汽车成立之初是为军队生产和供给炸弹、弹壳等战争物资的。绝大多数工业化品牌受到了战乱冲击，发展迟缓。

（五）第五阶段（20世纪50年代初至今）：品牌时尚引领全球

在此阶段，欧洲奢侈品品牌与工业化品牌再次同步发展，相互融合。此间诞生了纪梵希、范思哲、阿玛尼等奢侈品品牌，也诞生了如H&M、Zara、贝纳通、斯沃琪等工业化大众时尚品牌，阿迪达斯、彪马、宜家等品牌的实力在此阶段发展壮大。第五阶段的重要特点是——工业化品牌开始借鉴奢侈品品牌的营销逻辑。而欧洲品牌演进的第三个阶段却正好是奢侈品品牌借鉴工业化品牌的生产技术（如施华洛世奇借助自动水晶切割机完成对水晶的人造化与规模量产），如表 2-5 所示。

表 2-5　　　　　　　　　　　　欧洲品牌演进第五阶段代表性品牌

代表品牌	成立年份	来源国	品牌特征描述
斯沃琪（Swatch）	1983	瑞士	1983 年，哈耶克创立斯沃琪，致力用"时间"刺激、满足消费者个性化需求。在工业化规模生产的同时，引进限量生产和饥渴营销。有的产品款式的创意来自毕加索等艺术大师
Zara	1975	西班牙	成立于 1975 年的 Zara 被誉为"时装行业的斯沃琪"，它引入"限量版"概念，建立起"快时尚"的游戏规则。如同珍品邮票限量发行提升集邮品的价值一样，Zara 通过"制造短缺"突破了"品种少，规模大"的传统工业化生产产品的局限
H&M（Hennes & Mauritz）	1947	瑞典	成立于 1947 年的瑞典 H&M 在"少量、多款、平价"的六字方针下建立了"快时尚"限量品牌。频繁与顶级设计师合作，推出名家设计的平价服饰；也在生产上制造"稀缺"。小批量供应与预示供货紧张的做法，大大提高了顾客光顾店铺的频率
阿迪达斯（adidas）	1948	德国	阿迪达斯的成功一直被认为应主要归功于创始人阿迪先生的长子霍斯特的营销和传播天分。他创新的点子在实践中充分发挥，成为现代营销实践者鼻祖
宜家（IKEA）	1943	瑞典	宜家最初是一家销售公司，但陷入与主要竞争对手的价格战后，被迫于 1955 年才开始设计并生产自己的家具。它首创平板包装，大大降低远距离运输与人工成本，加速家居产品跨国流通，向全球输出"欧洲家居"

经过大萧条和战争的欧洲，战后经济恢复缓慢，其工业生产明显落后于美国，造成欧洲原有工业化优势被削弱。因此，战后诞生的欧洲工业化品牌，通过借鉴奢侈品品牌的营销逻辑，来增添品牌溢价。例如，此阶段诞生的 Zara、H&M、斯沃琪等，均是工业化生产方式的品牌，但它们借鉴了欧洲历史上奢侈品品牌的文化内涵和稀缺性等特质，从而使工业化量产品牌变得时尚。这些工业化品牌被称为"大众时尚"或"快时尚"品牌。同时，这一阶段也诞生了纪梵希、阿玛尼、范思哲等奢侈性时尚品牌。"时尚"成为欧洲品牌演进第五阶段的突出特征，并由此受到全球市场的追捧。

瑞士"大众时尚"品牌斯沃琪即是代表。20 世纪 70 年代，以卡西欧、精工、西铁城为代表的日本制表业，针对中低收入消费者，通过采用数字技术与大面积的市场推广致使瑞士制表业损失惨重。1983 年，哈耶克创立斯沃琪，致力跨过"经济型手表"的门槛，进入"风格时尚型"市场，用时尚刺激并满足消费者的个性化需求。但是。在工业化规模生产的同时，斯沃琪的重大创新在于有效借鉴了欧洲历史上奢侈品品牌的营销模式，包括：引进限量生产模式，使工业化规模生产的每一款斯沃琪手表具有"稀缺性"；建立斯沃琪会员俱乐部，向会员出售特制限量手表，以此增进购买者对斯沃琪品牌的"独占性"；鼓励经销商创立斯沃琪手表博物馆，将斯沃琪手表的经典款式收集起来供世人鉴赏，以此强化品牌的"历史感"；有些手表的创意还来自毕加索等艺术大师，因而强化了其"艺术性"。斯沃琪将手表变成艺术品，对产品限量生产，以使其每年不同版型的手表能够持续引发消费者的购买冲动。

Zara 是另一个典型品牌。它在传统的顶级奢侈服饰品牌与大众化服饰品牌中间独辟蹊径，引入"限量版"概念（奢侈品稀缺特征），彻底建立起"快时尚"游戏规则。尽管 Zara 一年中大约会推出 12000 种时装，但每款时装的量一般都不大。即便是畅销款式，也只供应有限的数量，部分专卖店中一个款式仅有两件，卖完也不补货。如同邮票限量发行提升了集邮品的价值一样，Zara 通过"制造稀缺"实现了对"品种少，规模大"的传统工业化生产方式的突破。

以上两个典型品牌案例表明，欧洲的新工业化品牌开始大量借鉴奢侈品品牌的生产与营销逻辑，从而为品牌创造溢价。另一方面，战后国际贸易自由化也对欧洲工业化品牌的发展起到了推动作用。在 1947 年"马歇尔计划"（又称"欧洲复兴计划"）和欧洲经济合作组织基础上，1949 年，英国、法国、丹麦、意大利、荷兰等十国签订了《欧洲理事会章程》；1951 年，欧洲煤钢共同体在《巴黎条约》签订后正式成立，这些都标志欧洲各主要工业国（除英国）开始打破某些行业的跨国贸易壁垒，市场开放和自由浪潮由此开始（莫劳夫奇克，2008）。自由贸易突破了欧洲各国有限母国市场的约束，催生了大量全球著名的工业化品牌，如宜家、达能、彪马等。

本章小结

中国品牌的发展史分为中国古代、近代的品牌发展史和中国现代的品牌发展史两个阶段。中国现代品牌发展史分为四个时期：新中国成立到 20 世纪七十年代老品牌的"消亡"、20 世纪 80 年代初创和觉醒、20 世纪 90 年代土洋品牌遭遇战、新世纪塑造和扩张。

外国品牌的发展史也分为原始的品牌发展史和近、现代品牌发展史两个时期。后者包括五个阶段：19 世纪 30 年代初—19 世纪 50 年代末，奢侈品品牌诞生；19 世纪 60 年代初—19 世纪 90 年代初，工业化品牌诞生；19 世纪 90 年代中—20 世纪 20 年代末，奢侈品品牌与工业化品牌共生融合；20 世纪 30 年代初—20 世纪 40 年代末，品牌消失的 20 年；20 世纪 50 年代初至今，品牌时尚引领全球。

复习思考题

1. 中国品牌发展历史经历了哪几个阶段？各阶段有何特点。
2. 外国品牌发展历史经历了哪几个阶段？各阶段有何特点。

【本章重点】

- 消费者心理
- 消费者心理与品牌
- 品牌与消费者

【引例】

1999年，蒙牛初创，势单力薄，要创名牌谈何容易？世人皆知内蒙古乳业第一品牌是伊利，可内蒙古乳业的第二品牌是谁没人知道，于是"创内蒙古乳业第二品牌"的创意诞生了，这等于把所有的竞争对手都甩在了身后，为自己占领了一个一人之下、万人之上的制高点。在"蒙牛"这个品牌打响之后，企业的流动资本呈现几何级递增。

2002年12月19日，摩根斯坦利、鼎晖投资、英联投资等全球知名的投资机构共同向蒙牛注资2600万美元。

第一节

消费者心理

消费者心理是指消费者在购买和消费商品过程中的心理活动。一般是：先接触商品，引起注意；然后经过了解和比较，产生兴趣，出现购买欲望；条件成熟，作出购买决定；买回商品，通过使用，形成实际感受，考虑今后是否再次购买。

一、消费者购买行为

根据消费者卷入程度（卷入程度是指消费者购买时的谨慎程度以及在购买过程中愿花费多少时间和精力去收集信息，选择判断，有多少人参与购买过程）和商品差异的组合，主要有四种消费者购买类型。

（一）复杂型购买

发生在消费者初次购买那些卷入程度高、品牌差异大的商品的场合。多数消费者对这类商品知之甚少，但因其价格昂贵，属于耐用消费品，故购买前的选择决策非常谨慎，要花费时间大量收集信息，多方位挑选比较。这种购买决策最为复杂。

（二）和谐型购买

发生在消费者购买卷入程度高，但品牌差异较小的商品时。这种购买因不同品牌的商品只要价格在同一档次内，质量功能差别不大，故不需要收集很多的信息或进行评价，卷入程度高主要因商品价格较高或不经常购买引起。决策重点在买不买，买什么档次的，而不在于买什么品牌的，且更关心能否得到价格优惠，购买时间和地点是否方便等问题。

（三）多变型购买

发生在品牌差别大，卷入程度低的商品上。消费者经常变换所购商品的品牌，主要是出于尝试新东西的随意性，避免单调乏味。消费者在购买这类商品前，一般并不主动收集有关信息，只是通过广告等宣传媒体被动接受信息，对商品的品评也是发生在购买之后，而且即便对所购买商品的感觉不错，下次购买时仍可能更换品牌。

（四）习惯型购买

发生在消费者购买卷入程度低，品牌差异小的商品时，是一种多次购买后形成的习惯性反应行为。消费者经常购买某种固定的品牌，并非出于忠诚，而是出于习惯，当货架上没有这种商品时，消费者会毫不犹豫地购买另一种看上去十分相似的产品。

显然，对于不同的消费者购买行为类型，企业的机会不同，促销的重点也不同。同时，企业在设计和导入 CIS，尤其是 VIS 时，必然也要以不同消费者购买行为类型为基础，使 VIS 起到识别企业产品、诱导购买的作用。

二、影响消费者购买决策的因素

影响消费者购买决策的因素可以分为几大类。

（一）环境因素

如文化环境、社会环境、经济环境。

（二）刺激因素

如商品的价格、质量、性能、款式、服务、广告、购买方便与否等。

（三）消费者个人及心理因素

1. 个人因素包括：年龄、性别、职业、经济状况和个性等因素。其中消费者的心理因素，因为不能直接看到，又被称作黑箱。而刺激因素则由企业出发，然后被输入消费者黑箱，经过消费者的心理活动过程，变为有关购买的决策输出。

2. 心理因素包括。

① 动机。任何购买活动总是受一定的动机支配，这种来自消费者内部的动力反应了消费者在生理上、心理上和感情上的需要。

② 感觉与知觉。两个具有同样动机的消费者，会因为各自的感觉和知觉不同而作出不同的购买决策。

③ 学习。学习是一种由经验引起的个人行为相对持久变化的心理过程，是消费者通过使用、练习或观察等实践，逐步获得和积累经验，并根据经验调整购买行为的过程。企业应创造条件，帮助消费者完成学习过程。

④ 信念与态度。消费者在购买和使用商品的过程中形成了信念和态度，这些又反过来影响其未来的购买行为，企业最好改变自己的产品以迎合消费者已有的态度，而不是去试图改变消费者的态度。

第二节 | 消费者心理与品牌

一、常见的消费者心理

（一）价值心理

艾尔·强森认为，消费者之所以喜欢某种产品，是因为他相信这种产品会给他带来比同类产品更大的价值，也就是说具有更大的潜在价值。潜在价值取决于产品的潜在质量。所谓潜在质量，它不是指质量监管部门检测出的质量，而是指消费者心中感受到的质量，是消费者主观上对一种品牌的评价。可口可乐之所以领先百事可乐一个多世纪，就是因为它标榜"正宗"、"原创"、"独一无二"，使消费者相信它具有无可替代的价值，这就是它的潜在价值。事实上，一种品牌之所以能够打开销路，常常不是因为它的真实价值，而是由于它的潜在价值。潜在价值具有独特性、独立性、可信性和重要性。潜在价值就是名牌效应，正如名人效应一样，就是一种观念，这种观念已深深根植于消费者的心目中。

（二）规范心理

规范是指人们共同遵守的全部道德行为规则的总和。在现实生活中，规范有着巨大的作用，它左右着我们的思想，制约着我们的言行，影响着我们生活的方方面面。规范的面孔是多种多样的，它包括原则、理智、义务、礼貌、友谊、忠诚、谅解等多种因素。在许多情况下，规范可以成为诱发消费行为的动机。据营销专家的长期调查与研究，消费者之所以喜爱某种品牌常常是为了避免或消除一种与其规范和价值相矛盾的内心冲突。消费者在做出购买或不购买某一品牌产品的决定时，规范是一个重要的影响因素。20 世纪 80 年代初，全球掀起一股环保热。"青蛙"作为德国第一个重视环保的大众品牌，它不仅把属于规范范畴的环保观点当作价值广告战略的补充，而且还非常自豪地将它放在广告宣传的中心位置。短短 3 年，其产品的销售额便提高了 3 倍。它的成功，正是因为它与全球性的环保意识相吻合，从而让消费者拥有一个与之所信奉的规范相适应、相协调的良好感觉。

（三）习惯心理

习惯是长期养成而一时间难以改变的行为。不同的人、不同的民族有各不相同的习惯。例如，我国北方人以面食为主食，南方人以大米为主食；北欧人喜欢喝啤酒，南欧人喜欢喝红葡萄酒；有人爱抽烟，有人爱打扮，等等。习惯常常是无法抗拒的，它甚至比价值心理对人的决定作用还要大。消费者一般都有特定的消费习惯，这是消费者在日常生活中通过长期的消费行为形成的。例如，当消费者最初使用某种名牌商品后感觉很好，形成了对该种商品质量、功效的认识，并逐渐产生了对这个品牌的喜好，就建立了对该品牌的信任，增强了使用该品牌的信心，一般情况下不会改用其他品牌的商品，而成为该品牌的忠诚顾客。又如，有的消费者喜欢去大商场买服装、家电，去超级市场购买日常用品、食品。消费习惯一旦形成，一般不会轻易改变。品牌定位表达了一种哲理化的情感诉求，会激发消费者的消费欲望，培养消费者的消费习惯，提高消费者的品牌忠诚度。由于习惯潜移默化的影响，人们渐渐形成了固定的生活方式。这种生活方式在历史中沉淀，便成为一种文化习俗，沉淀到一定的厚度，便是一种文化底蕴。营销专家们经过多年的摸索和探讨，早已形成了一套充分利用这种潜在的文化底蕴的经营理论——利用消费者的习惯心理来实现销售目标。20世纪 90 年代初，箭牌香口胶在德国面市。在消费者心目中，它是香口胶，防龋齿是它的一个独特的附属功能。同时上市的还有混合洁口胶，在消费者心目中，混合洁口胶的主要功能是洁齿护齿，香口则是其附属功能。经过一段时间的市场竞争较量，混合洁口胶终于败下阵来，箭牌香口胶则以90%的市场占有率遥遥领先。原因其实很简单：是消费者的习惯在作怪，大多数消费者已习惯首先是香口胶然后才是防龋齿功能。

（四）身份心理

每个人都有一定的身份，人们也在不知不觉中显露着自己的身份。尤其是那些有了一定名誉、权力和地位的人，更是无时无刻不在注重自己的身份，显示自己的身份，尽可能地使自己的言谈举止与社交活动同自己的身份相符。而最能表现人的身份的是衣食住行用，如某人穿的是名牌高档服装，乘的是劳斯莱斯轿车，住的是五星级豪华酒店。当这一信息传递给外界后，那么这个人的身份就会很自然地显露出来。于是营销专家根据人性本身的这种心理，总结了一套相应的营销理论——身份原理，让品牌成为消费者表达自我身份的有效武器。对企业来说，开发比竞争对手更胜一筹的、能够显露消费者身份的产品，也就成了一个重要课题，因为这直接影响到消费者的购买决策，进而影响到产品销售。

（五）情感心理

情感是人对外界刺激的心理反应，如喜欢、爱慕、悲伤、恐惧、愤怒、厌恶等。消费者喜欢或者厌恶某种产品，都是消费者情感的自然流露。有经验的品牌经营者早已看到这一点，他们往往不遗余力地通过广告、公关等手段，挖掘品牌成长的潜力，触动消费者的情感，充分利用消费者的情感心理来提升品牌。

（六）面子心理

在面子心理的驱动下，消费会超过甚至大大超过自己的购买或者支付能力。营销人员可以利用消费者的这种面子心理，找到市场，获取溢价，达成销售。

（七）从众心理

从众指个人的观念与行为由于受群体的引导或压力，而趋向于与大多数人相一致的现象。消费者在很多购买决策上，会表现出从众倾向。例如，购物时喜欢到人多的商店；在品牌选择时，偏向那些市场占有率高的品牌；在选择旅游点时，偏向热点城市和热点线路。

（八）推崇权威

消费者推崇权威的心理，在消费形态上，多表现为决策的情感成分远远超过理智的成分。这种对权威的推崇往往导致消费者无条件选用权威所消费产品，并且进而把消费对象人格化，从而达成产品的畅销。

（九）爱占便宜

刘春雄先生说过："便宜"与"占便宜"不一样。价值 50 元的东西，50 元买回来，那叫便宜；价值 100 元的东西，50 元买回来，那叫占便宜。中国人经常讲"物美价廉"，其实，真正的物美价廉几乎是不存在的，都是心理感觉的物美价廉。

（十）害怕后悔

每一个人在做决定的时候，都会有恐惧感，生怕做错决定，生怕花的钱是错误的。按照卢泰宏先生观点就是购后冲突。所谓购后冲突是指：消费者购买之后出现的怀疑、不安、后悔等不和谐的负面心理情绪，并引发不满的行为。

（十一）心理价位

任何一类产品都有一个"心理价格"，高于"心理价格"也就超出了大多数用户的预算范围，低于"心理价格"会让用户对产品的品质产生疑问。因此，了解消费者的心理价位，有助于市场人员为产品制定合适的价格，有助于销售人员达成产品的销售。

（十二）炫耀心理

消费者的炫耀心理，多表现为产品带给消费者的心理成分远远超过实用的成分。正是这种炫耀心理，使得高端产品在国内企业普遍缺乏核心技术的情况下，更容易获取市场，这一点在时尚商品上表现得尤为明显。

（十三）攀比心理

消费者的攀比心理是基于消费者对自己所处的阶层、身份以及地位的认同，从而选择所在阶层人群为参照而表现出来的消费行为。相比炫耀心理，消费者的攀比心理更在乎"有"——你有我也有。

二、品牌与消费者心理

企业在开发产品的时候，策划人都会对产品进行一系列的品牌规划。当产品进入市场与消费者面对面的时候，产品的品牌规划成功与否，看消费者对产品的接受程度和购买心理就可以得到结论。下文我们就来分析消费者的购买商品时对品牌的选择。

当购物者确定要买的商品后，他还要决定买哪种品牌。有时他们同时作出这两项决定，例如，购物单上写的是汰渍，而不是洗衣粉。但如果消费者是先确定商品再选择品牌的话，他往往要经过以下几个步骤才能作出决定：消费者首先根据相对简单的标准考虑一系列的品牌；然后经过仔细地分析比较后选中一个。对消费者购物方式的观察表明，他们把商品从货架拿到购物筐里平均要用12 秒， 平均只能仔细考虑 1.2 个品牌。这种购物速度说明消费者选择品牌的主要依据是他们平常对各种品牌的了解，而他们获取商品信息的主要渠道就是广告。

消费者对所需商品的分类能够对他们获取商品信息的方式产生影响。例如，他们将商品分为日用品和特殊用品。日用品又细分为水果和厨房用品；特殊用品细分为法国式餐饮食品和野餐用品等。在购买特殊用品时，如果消费者不是对这类商品特别了解，他们就要更多地受到店内促销信息的影响，而不是凭记忆和经验。如果是购买日用品，则情况相反。

（一）店内因素的影响

鉴于消费者在购买特殊用途商品时更多地依赖店内信息的影响，一些超级市场已经开始按照消费者的需求对商品进行分类。例如，有些超市里出现了意大利食品专柜、国庆日及其他节日商品专柜。

就日用品和传统商品来说，超市的商品摆放形式也能影响销售情况。例如，大多数超市都将同一品牌的各类商品放在一起。在进入这样的超市时，消费者首先要考虑买哪种品牌，然后再在这种品牌里挑选他们要买的商品。另一种方式是将同类型但不同品牌的商品放在一起让消费者首先决定买什么商品，然后决定买什么牌子。

（二）对品牌的熟悉程度和发展品牌的关系

消费者对品牌的熟悉程度影响他们的购物行为。他们在货架上一般首先注意到他们熟悉的品牌，然后考虑是否购买。如果时间紧迫，这一因素对消费者的影响尤其显著。因此商品的牌子是影响消费者作出购物决定的重要因素之一。

为了加深消费者对其品牌的熟悉程度，很多企业在广告上投入巨大。一旦企业成功地树立起自己的品牌，它们就可以尝试生产冠以这种品牌的其他产品以拓展市场。

不过，企业在发展品牌时应该注意两点。首先，新产品必须要得到消费者的认同。例如，将"柯达"用在一种新冰激凌上就不会得到消费者的认同。其次，新产品同同类产品相比应该具有创新性。将一个名牌放在一种仿造产品上不大可能引起消费者的兴趣。

第三节 品牌与消费者

品牌，是一种商品区别于另一种商品的标志，是商品独特个性的代表。随着社会的进步和经济的发展，人们的生活水平不断提高，人们在精神方面的消费需求就表现得越来越突出；消费者在选购商品时，比以往更加注重心理上的、情感上的满足，在这些方面，品牌的作用越来越重要。

一、品牌功能与消费者的关系

品牌的功能可总结为：一是识别。品牌自身含义清楚、目标明确，专指性强。只要一提起某品牌，在消费者心目中就能唤起记忆和联想，以及感觉、情绪，同时意识到指的是什么；二是信息浓缩。品牌的名称、标识语含义丰富、深刻、幽默、要求具体，以消费者所掌握的关于品牌的整体信息的形式出现；三是安全性。一个熟悉的品牌，特别是著名的品牌，在长期市场竞争中，享有崇高声誉，给消费者带来了信心和保证，能给予消费者所期待获得的物质、功能和心理利益的满足；四是附加值。附加值是指消费者所欣赏产品的基本功能之外的东西。总之，品牌的功能就是给消费者提供除商品本身以外的各种各样的超值享受。

二、品牌情感与消费者的关系

品牌不仅仅是价值的聚合，更是情感的载体。人们感知到的事物、产品，乃至行为在很大程度上是由情感因素来决定的，也就是我们通常所说的印象感觉。如色彩，其本身并没有温度，但我们却可以在红、黄、橙等色彩系列中得到温暖愉悦的感觉；在蓝、绿等色系中体会到寒冷与春意，这种情感的体验是这种现象的长期传播在我们心里形成的记忆，并左右着人们的心理和情感反应。品牌之所以能成为价值的聚合，在很大程度上源于情感体验。消费者在选择某品牌时，其实质是被某一特定因素所感染、打动。是什么左右着消费者的感受？主要是其一贯传播的理念、形象、忠诚度、美誉度和一种令人感动而被认可的综合物质，在消费者心里留下的综合印象，这些综合因素在很大程度上左右着消费者对价值的判断，并支撑这个价值体系，使其成为价值的重要组成部分。

三、品牌与消费者满意的关系

事实上，品牌与消费者之间的关系是一个从无到有、由远及近的过程。最开始，消费者对一种品牌毫无印象；经过一段时间会逐步产生兴趣；有了兴趣随之而来的便是消费欲望；有了消费欲望接下来很可能就是购买品牌的行为；购买了品牌之后，如果满意，就会有重复购买的行为；重复购买的行为一旦经常化，消费者也就变成了某种品牌的忠实顾客。在这个与消费者打交道的过程中，企业要不断强化让消费者满意的观念。丰田公司的北京代表有句名言，"消费者对丰田车如此满意是因为我们努力改进自身的不满意"。

四、消费者与品牌忠诚度的关系

消费者对品牌的忠诚度集中反映了企业在市场中的竞争力，国内国外有一些专家认为，消费者对于品牌的忠诚度可以纳入评估企业资产的指标之中，由此可见消费者的忠诚度对企业的重要性。竞争品牌的逐渐增加，对消费者而言，选择商品的机会增加了；但对于厂商而言，市场竞争的压力也就加大了。厂家更关心的是如何让消费者对自己的品牌保持忠诚度，从而保持稳定的市场规模，面对市场竞争所做的营销投入也会少一些，从宏观的角度看，则是在以更经济有效的手段运作商品与市场。

本章小结

消费者心理是指消费者在购买和消费商品过程中的心理活动，常见的消费者心理有价值心理、规范心理、习惯心理、身份心理、情感心理、面子心理、从众心理、推崇权威、爱占便宜、害怕后悔、心理价位、炫耀心理、攀比心理等。消费者心理受到店内因素及对品牌熟悉程度两方面因素的影响。

消费者心理直接影响消费者的购买行为，常见的消费者购买行为有复杂型购买、和谐型购买、多变型购买、习惯型购买等。影响消费者购买决策的因素主要有三个：环境因素、刺激因素和消费者个性心理因素。

品牌与消费者的关系主要体现在四个方面：品牌功能与消费者的关系、品牌情感与消费者的关系、品牌与消费者满意的关系、消费者与品牌忠诚的关系。

基本概念

复杂型购买　和谐型购买　多变型购买　习惯型购买　价值心理　规范心理　习惯心理　身份心理　情感心理　面子心里　从众心理

复习思考题

1. 品牌与消费者的关系如何？
2. 消费者品牌消费心理过程怎样？试举例说明。
3. 消费者品牌忠诚度对品牌的重要意义是什么？企业应如何创建消费者品牌忠诚度？

课后案例

腾讯QQ：一个七亿人聊天的品牌

2012年3月14日，腾讯控股有限公司发布了腾讯即时通信用户账户数达到7.210亿，"QQ空间"活跃账户数达到5.521亿，是目前中国最大的互联网综合服务提供商之一，也是中国服务用户最多的互联网企业之一。

腾讯公司成立于1998年11月，成立十年多以来，腾讯一直秉承"一切以用户价值为依归"的经营理念，相继推出了即时通信QQ、腾讯网（QQ.com）、腾讯游戏、QQ空间、无线门户、搜搜、拍拍、财付通、腾讯微博、腾讯微信等中国领先的网络平台，打造了中国最大的网络社区，满足互联网用户沟通、资讯、娱乐和电子商务等方面的需求。

"QQ"是以"玩"、以"聊天"为产品定位和发展起点，牢牢抓住了16～30岁年龄段的网络用户。只要架起一根细细的网线，你就可以坐在属于自己的空间里，对着电脑屏幕和天南海北、认识或不认识的朋友进行点对点实时交流，发送信息，互换礼物，畅游在虚拟的网络世界，不亦乐乎。仰仗这个"玩"，腾讯推出广告业务、移动业务及付费会员制，并成功将品牌外包、延伸，打造了知名度和美誉度。

当然，一个小小的聊天工具是不能建造出一个"网络帝国"的。当QQ初步取得成功的时候，一个简单功能就可以满足用户的需求，但随着市场的变化，用户的需求越来越高。为了保证用户对品牌的忠诚度，腾讯所有的业务都紧紧围绕着"即时通信"这个核心点来开展，从这个点去挖掘、去拓展，将核心产品做精、做细，为QQ注入新的娱乐休闲元素，开发新功能。

2004年6月16日，腾讯公司在香港联交所主板公开上市（股票代号700）。通过互联网服务提升人类生活品质是腾讯公司的使命。2006年3月29日，腾讯与可口可乐宣布结成战略合作伙伴，联手打造全新的3D互动在线生活。此举开辟了网络与企业新型合作模式的先河。可口可乐（中国）饮料有限公司副总裁兼市场战略及创新总经理苏柏梁说：在中国，腾讯是即时信息与在线生活的领军企业。腾讯创新的强大技术使得可口可乐www.iCoke.cn网站可以通过3D形象的运用，突破性地为青少年提供无与伦比的个性主张，并为他们提供精彩纷呈的娱乐互动，体验可口可乐"要爽由自己"的激情生活。

2010年4月1日，腾讯公司推出腾讯微博，提供微型博客服务的类Twitter网站。用户可以通过网页、手机、QQ客户端、QQ空间以及电子邮箱等途径使用腾讯微博。截至2012年年底，腾讯微博注册账户数已达到5.4亿，日均活跃用户数超1亿。2011年年初，腾讯公司推出的一款为智能手机提供即时通讯服务，通过网络快速发送语音短信、视频、图片和文字，支持多人群聊的的免费应用程序——微信。微信支持智能手机中iOS、Android、Windows phone和塞班平台。截至2013年10月24日，腾讯微信的用户数量已经超过了6亿。

目前，腾讯把为用户提供"一站式在线生活服务"作为战略目标，提供互联网增值服务、移动及电信增值服务和网络广告服务。通过其中，腾讯移动端推出的闪屏联投亿触达模式，实现腾讯新闻、腾讯视频、QQ音乐、QQ空间、腾讯微博、微视、看比赛、自选股8大APP产品整合打通，帮助品牌实现移动端广告投放的瞬间最大触达。腾讯移动端已经助力如奔驰、凯迪拉克、Gucci、Burberry等众多知名品牌实现移动端营销创新、达成品牌营销效果。腾讯的发展深刻地影响和改变了数亿网民的沟通方式和生活习惯，并为中国互联网行业开创了更加广阔的应用前景。艾瑞数据显示，2013年，中国在线视频市场规模达到128.1亿元，同比增长41.9%。以PC月度视频播放覆盖人数计，腾讯视频以3.18亿覆盖量在2014年3月在中国网络视频平台中排名第一。在"精品内容+创新模式"的发展战略下，腾讯视频内容已全面覆盖电视剧、综艺节目、电影、动漫、体育赛事等方面，并以互联网的独特视角，媒体的专业制作能力打造了5大类、30余档网络原创栏目，满足消费者的多元化需求。同时，随着移动端平台的拓展，腾讯将从PC端到移动端打造全新的营销生态，创造更多共赢。

资料来源：根据全球品牌网、互联网实验室相关资料改编。

案例讨论题：

1. 对于消费者而言，腾讯 QQ 的品牌价值表现在哪些方面？
2. 腾讯 QQ 在建立和提升顾客品牌忠诚度方面有哪些值得推崇的做法？

第四章 品牌战略与决策

如何为新产品制定品牌战略十分重要。当一个企业引入一种新产品时，它主要有三种选择：（1）它可以为新产品开发一个新品牌元素；（2）它可以使用已有的品牌元素；（3）它可以把新的和已有的品牌元素结合起来使用。

——凯文·莱恩·凯勒

【本章重点】

- 品牌战略的含义
- 品牌战略的内容
- 品牌战略决策的内容

【引例】

Intel（英特尔）公司

Intel（英特尔）公司和世界主要计算机厂商的合作是合作品牌的典范。Intel（英特尔）公司是世界上最大的计算机芯片生产者，曾以开发、生产8086、286、386、486等86系列产品而闻名于世。由于86系列未获得商标保护，竞争对手（AMD/Cyrix等）的大量模仿生产使Intel（英特尔）公司的利益大大受损。为了挽回市场，从1991年开始，Intel（英特尔）公司在推出奔腾系列芯片时制定了一个促销计划，他们鼓励计算机制造商在其产品上使用"Intel Inside"标识，并规定对购买奔腾芯片并乐于使用"Intel Inside"标识的计算机制造商给予一定比例的折扣。在实施这项品牌合作计划时，Intel公司从一开始就编制了每年1亿美元的预算，结果，在计划实施短短的18个月内，"Intel Inside"标识的曝光次数就高达100亿次，使电脑用户当中知道Intel的人由原来的48%增加到80%。由于芯片相当于计算机的命根，Intel公司一直是优良芯片的最大供应商，这样一来，几乎所有的计算机厂商（包括IBM、Dell、Compaq、Gateway等著名厂商）都标上了"Intel Inside"标识，结果是，带有这种标识的计算机在市场上更为消费者所认可和接受。

第一节 品牌与企业

品牌在企业发展中有很重要的作用。在目前的国内市场上，没有打造自己"品牌"的企业竞争力就很弱，更不会有所有企业家都梦寐以求的附加值——高额利润。所以说，附加值低是中国很多企业最大的无奈——因为附加值低，企业缺乏产品研发、管理升级，以及市场推广的投入；没有强势的品牌竞争力，企业商品的市场竞争力就不敌竞争对手，其市场价格自然难以提升，由此就带来了更低的附加值，以至于使企业陷入低水平竞争的怪圈，进入更恶性的循环。因此对企业而言，品牌竞争力的高低决定着企业与企业之间利润的大与小，也决定着产品与产品之间的成功与失败，更决定着企业与企业之间的强大与弱小。具体来说，品牌对于企业发展的重要性可以从以下几个方面来分析。

一、资本积累

资本在一个企业发展的过程中是最重要的因素。当一个企业拥有了一个好的品牌时，它就拥有了吸引资本流向本企业的重要砝码。如上述关于奶制品巨头蒙牛的引例，投资商看好的是蒙牛良好的发展态势和它的品牌发展潜力，而蒙牛看重的是投资商的国际化背景。这些国际金融资本的注入，使蒙牛的股权结构更合理，管理更规范。后来蒙牛成功上市，花全球股民的钱，来做中国乳业的事，还有供应商的垫资、经销商的预付款、媒体的关注，都让蒙牛的发展道路变得更宽阔。

二、市场份额

高的市场占有率是企业发展的目标，也是持续发展的保证。市场的领导品牌一定是最高份额占有者。如手机市场——诺基亚、摩托罗拉、三星，占据了三甲之席，它们的品牌是全世界公认的，自然就会拥有 60% 的市场占有率。在移动电话产品市场上，诺基亚已经多年占据市场份额第一的位置。2008 年诺基亚公司手机发货量约 3.64 亿部，是位于第二名的摩托罗拉公司的 1.8 倍（其发货量为 2.02 亿部，市场份额约 17.7%），占了全球市场份额的 32.1%，品牌是换取市场份额的一个重要因素。

三、竞争地位

市场经济是公平的，优胜劣汰、适者生存。商场如战场，竞争力的强弱决定了一个企业在行业中的地位，要想在竞争中胜利，经营好自己的品牌是捷径。如可口可乐、娃哈哈这样的成功品牌，从来都是行业的领导者，甚至它们的标准就是行业的标准；又如水井坊，正如它的广告词"一直被模仿，从没被超越"一样，它一直是行业龙头。酒是物质的，更是精神的，尤其是对高档白酒更是如此。消费者饮用高档白酒，不仅仅是满足物质层面的需要，更多的是满足精神层面的需要，所以酒的价格一部分取决于其品质的绝对值，一部分取决于其品牌的附加值。水井坊之所以能成为中国高档白酒的典范，既源自它的高品质，又源自它的高品位和带给消费者至醇至美的享受，水井坊酒的文化魅力足以让人"人未饮酒心已醉"。

四、消费者的选择

面对越来越理智的消费者，企业的品牌建设已经不容忽视，在消费者不能充分把握产品的信息和属性的情况下，品牌作为推断产品的信号可以在很大程度下影响消费者的品牌选择偏好。消费者在到购物地点之前，选择什么样的商品已经有了决定，而品牌就是他们选择的理由。公信力越高的品牌会更快地引起消费者的注意，成为消费者选择物品的首要因素。

五、融资

企业要发展，吸引投资是必不可少的环节，而投资者一定会先做一个评估，考察的方面很多，而品牌可能是他们最直观的印象，一个连品牌名字都没叫响的企业一定不容易抓到自有资本投资的机会。企业竞争的结果最终取决于企业融资的速度和规模，无论你有多么领先的技术，多么广阔的市场，银行贷款、股票筹资、债券融资、融资租赁、海外融资都会对企业的品牌影响力作出准确的评估。

六、人力资源

市场经济中人才结构在公司发展中绝对是起决定作用的，分工明确而且能独当一面的负责人将会带领公司向一个正确的方向前进，如何能够吸引更多的人才加盟公司是人力资源部门最重要的工作。人才的流向是有规律的，他们会选择一个能提供更广阔发展空间的平台，一个拥有高知名度品牌的公司会是首选。有第一职业经理人之称的唐骏从微软到盛大再到新华都，他的骄人业绩不得不让人刮目相看，据他自己所说，之所以有这样的选择，是因为这三个企业的品牌力影响着他。微软公司是世界 PC 软件开发的先导；盛大被波士顿咨询公司评选为新兴市场 500 强，盛大文学旗下起点中文网获得"2008 年中国版权产业最具影响力企业"荣誉称号；新华都集团经营百货、超市，投资工程机械、房地产等行业，并积极参股旅游发展公司和矿业，其中参股的紫金矿业为世界十大金矿之一。2007 年，在中国矿业中，其黄金产量排名第一，铜产量排名第三，锌产量排名第六。这些都说明品牌在吸引人才方面的作用。

七、风险抵抗能力

Coogle（谷歌）、GE（通用电气）、Microsoft（微软）、Coca-Cola（可口可乐）、China Mobile（中国移动）、IBM、Apple（苹果）、McDonald's（麦当劳）、Marlboro（万宝路）……从全世界品牌排行榜看，这 10 家公司的品牌价值都是一笔相当大的数字，拥有这样的品牌就相当于拥有了一笔无形资产。面对当前的金融危机，我们可以深切地感受到，凡是品牌知名度高的公司，在危机中面对的困难相对较少。

第二节 品牌战略

品牌是目标消费者及公众对于某一特定事物心理的、生理的、综合性的肯定性感受和评价的结晶物。人和风景、艺术家、企业、产品、商标等，都可以发展成为品牌对应物。我们在市场营销中说的品牌，则指的是狭义的商业性品牌，即公众对于某一特定商业人物，包括产品、商标、企业家、企业四大类型商业人物的综合感受和评价的结晶物。

一些意识超前的企业纷纷运用品牌战略的利器，取得了竞争优势并逐渐发展壮大。从而确保企业的长远发展。在科技高度发达、信息快速传播的今天，产品、技术及管理诀窍等容易被对手模仿，难以成为核心专长，而品牌一旦树立，则不但有价值并且不可模仿，因为品牌是一种消费者认知，是一种心理感觉，这种认知和感觉不能被轻易模仿。

品牌战略的关键点是管理好消费者的大脑，在深入研究消费者内心世界、购买此类产品时的主要驱动力、行业特征、竞争品牌的品牌联想的基础上，定位好以核心价值为中心的品牌识别系统，然后以品牌识别系统统率企业的一切价值活动。

一、品牌战略的内涵

（一）品牌战略的含义

品牌战略是企业实现快速发展的必要条件，品牌战略的定义在品牌战略与战略管理的协同中彰显企业文化，把握目标受众充分传递自身产品与品牌文化的关联识别。在战略上胜出的企业最终在销售层级才有持续增量的可能，在市场层级才有品牌资产累计的可能，在企业层级才有资本形成的可能。品牌战略是企业以品牌的营造、使用和维护为核心，在分析研究自身条件和外部环境的基础上所制定的企业总体行动计划。

品牌战略是企业经营战略的重要组成部分，是企业在市场竞争条件下竞争力的核心因素，目的是将企业建成具有强势品牌的企业。当代经济已实现了从卖方市场逐步向买方市场的转变，企业要想赢得更多的市场份额，获取更高的价值，就需要实施品牌战略，对企业品牌进行管理，提升企业品牌的市场竞争能力。而怎样实施和推进品牌战略，并恰到好处地塑造品牌就成了企业思考的重点。

（二）实施品牌战略的必要性

企业实施品牌战略可以增强企业产品的竞争力，赢得市场、获取高额利润，使企业获得持续的发展能力和强劲的动力，进而提高经济效益。

1. 实施品牌战略是适应市场竞争的需要

随着我国社会主义市场经济体制的建立和不断完善，市场机制的作用日益显现，如何应对市场竞争已成为企业迫切需要解决而且必须解决的重要问题。品牌竞争是国际竞争的重要形式，一个企业有无知名品牌是企业是否有竞争力的重要标志，"三流企业卖产品，二流企业卖技术，一流企业卖品牌"的说法就反映了企业品牌的重要性。因此，品牌战略在企业市场竞争中发挥着重要的作用，现代企业为了谋求生存与发展，必然要建立自己的品牌。

2. 品牌战略是现代企业发展的核心

品牌战略通常是根据企业自身要求和战略设计目标量身打造的，品牌战略方针是品牌制度的导向和根据。曾经有著名经济学家提出这样的观点：在现代化经济发展的境况下，企业必须明确，自身的经营战略方针以及经营方式最根本的服务目标是什么。可以这么说，品牌战略就是企业经营目标和手段的统一。因此，在不同时期，品牌战略都是实现企业服务目标的核心，也是企业发展的核心。

3. 品牌战略是推动社会经济的动力

经济的国际化和一体化让中国经济得到了快速的发展，但是面对强有力的国际品牌对手，我国的企业在实施品牌战略的过程中，可以满足消费者需求层次的提高，也可以占有更大的市场，更可以参与到国际竞争中去。通过这些方式，品牌战略无疑可以成为促进我国社会经济发展的很大动力。

（三）品牌战略的内容

所谓的品牌战略，包括品牌化决策、品牌模式选择、品牌识别界定、品牌延伸规划、品牌管理规划与品牌愿景设立六个方面的内容。

1. 品牌化决策

品牌化决策解决的是品牌的属性问题。是选择制造商品牌还是经销商品牌，是自创品牌还是加盟品牌，在品牌创立之前就要解决好这个问题。不同的品牌经营策略，预示着企业不同的道路与命运，如选择"宜家"式产供销一体化，还是步"麦当劳"（McDonald's）的特许加盟之旅。总之，不同类别的品牌，在不同行业与企业所处的不同阶段有其特定的适应性。

2. 品牌模式选择

品牌模式选择解决的是品牌的结构问题。是选择综合性的单一品牌还是多元化的多品牌，是联合品牌还是主副品牌，品牌模式虽无好与坏之分，但却有一定的行业适用性与时间性。如日本丰田汽车在进入美国的高档轿车市场时，没有继续使用"TOYOTA"，而是另立一个完全崭新的独立品牌"凌志"，这样做的目的是避免"TOYOTA"给"凌志"带来低档次印象，而使其成为可以与"宝马""奔驰"相媲美的高档轿车品牌。

3. 品牌识别界定

确立的是品牌的内涵，也就是企业希望消费者认同的品牌形象，它是品牌战略的重心。它从品牌的理念识别、行为识别与符号识别三个方面规范了品牌的思想、行为、外表等内外含义，其中包括以品牌的核心价值为中心的核心识别和以品牌承诺、品牌个性等元素组成的基本识别。如 2000年海信的品牌战略规划，不仅明确了海信"创新科技，立信百年"的品牌核心价值，还提出了"创新就是生活"的品牌理念，立志塑造"新世纪挑战科技巅峰，致力于改善人们生活水平的科技先锋"的品牌形象，同时导入了全新的 VI 视觉识别系统。通过一系列以品牌的核心价值为统率的营销传播，一改以往模糊混乱的品牌形象，以清晰的品牌识别一举成为家电行业首屈一指的"技术流"品牌。

4. 品牌延伸规划

品牌延伸规划是对品牌未来发展领域的清晰界定。明确了未来品牌适合在哪些领域、行业发展与延伸，在降低延伸风险、规避品牌稀释的前提下，谋求品牌价值的最大化。如海尔家电统一用"海尔"牌，就是品牌延伸的成功典范。

5. 品牌管理规划

品牌管理规划是从组织机构与管理机制上为品牌建设保驾护航，在上述规划的基础上为品牌的发展设立远景，并明确品牌发展各阶段的目标与衡量指标。企业做大做强靠战略，"人无远虑，必有近忧"，解决好战略问题是品牌发展的基本条件。

6. 品牌愿景

品牌愿景是对品牌的现存价值、未来前景和信念准则的界定，品牌愿景应该明确告诉包括顾客、股东和员工在内的利益关系者"三个代表"：品牌今天代表什么？明天代表什么？什么代表从今天到明天的努力？

二、品牌战略的特征

20 世纪 80 年代以来，世界经济在全球一体化浪潮的推动下迅猛发展，品牌面临越来越复杂的竞争环境，未来的不确定性和经营风险把品牌战略的研究与应用置于前沿位置。品牌战略特征呈现出以下趋势。

（一）全局性

品牌战略是品牌拥有者为了创造、培育、利用、扩大品牌资产，提高品牌价值而采用的各项具体计划和方案的指南。他所解决的不是局部或个别的问题，而是全局的问题，即从战略意识、战略思想、战略眼光角度掌握整体的平衡和发展，不能贪图局部和眼前的利益。品牌战略的制定要求通观全局，对各方面的因素和关系综合考虑，注重总体的协调和控制。

（二）长期性

品牌战略是一个长期的概念，它的着眼点不是当前，而是中期或者长期。品牌战略并不注重品牌短期经营的成败得失，主要在于谋划品牌长期的生存大计，具有相对的稳定性。

（三）导向性

由于品牌战略是站在全局的高度制定宏观总体的，从而决定了其对下属的各种具体措施和活动计划具有导向作用。在规划实施期内，所有具体行动均要与品牌战略的总体要求一致，如有背离必须调整。

（四）系统性

品牌战略的系统性包括品牌的创造、推广、安全、保护、更新、撤退等一系列环节，它是一个系统工程，而系统内的各个环节与过程都是相互联系相互影响的，并且可以转化和连接。

（五）创新性

制定品牌战略是一个创新的过程，每一个品牌拥有的自身条件不同，所处的市场环境和竞争对手也不一样，必须有针对性地制定品牌战略。品牌战略是品牌经营的核心，它的价值体现在它的独特性和创新性。如果采用简单模仿品牌战略，在激烈的市场竞争中会很快被淘汰，不可能赢得最终的胜利。

三、品牌战略的关键

（一）品牌类别的甄别

品牌规划是一个系统工程，不是完全理论性的东西，而是个个见血的定性内容，其中几个关键点是不容忽视的，而且也不能缺少。第一个判断：这是一个什么品牌。在没有搞清这是一个什么品牌的前提下，品牌规划无从谈起。这是对一个品牌管理的第一个直觉。

由于各级政府与企业对品牌的了解，特别是对品牌的结构了解还是很少的，还有很多想当然的因素在其中，他们并不了解品牌还有这么多类别，他们只是根据自己的需求或理解来塑造品牌，所以，常会犯这种致命的错误。将品牌关系搞错，将品牌模式搞乱。

（二）品牌定位的厘定

定位不光在品牌上，在其他方面：商业、工作、社会、人生都是不可或缺的。没有战略就死在今晚，没有定位就活得艰难。

在品牌规划当中，搞清楚品牌类型之后，首当其冲的就是定位，要清晰定位这个品牌的各种关系，将关系理顺，用组织来落实。关系是什么？关系就是顺序，就是位置，就是档次，就是目标，就是归属等一系列的信息处理。

定位不是一个方面的事，而是方方面面的事；定位也不是一个单独的事，而是一个系统的事。定位并不是人们常理解的一句话，不错，定位需求简洁，但完全不是一个层面就可以解决的，而是多个维度的相向交合，从而形成一个完整的定位系统。

这第二部分，做好定位最为关键。

（三）模式是品牌管理的组织构成

不同的品牌有不同的品牌管理模式，不同的管理模式会产生不同的管理效果。战略规划中，是使用多品牌模式还是单一品牌模式，是要根据这个品牌的现实处境与竞争状态来决定的。什么模式最便于管理，便于发展，就选择什么模式，况且，很多模式并非一劳永逸，还需根据细分品牌适时调整。一旦品牌选定，就形成品牌管理的基本之道，使品牌按照预定的轨道前行。

模式选择就是品牌管理的基本组织形式，有了它，品牌就可以在一个有效的组织中运行了。

（四）品牌文化的核心关系制定

一般来说，很多人将品牌文化放在规划的最后章节来表述，因为，它已进入到执行环节了。现在看来，倒是不一定这样做。在品牌规划中有许多核心关键点，需要统一集中来阐明，而且，这些关系彼此联系也很紧密，稍有不慎就会穿帮，形成彼此矛盾或者区别不清的情况。放在后面是一种常规的安排，放在前面与品牌定位系统进行联合表述，各种概念可以相互比照，一目了然，也是可以的。而且将这几个容易产生分歧的地方集中阐明，对比方便，容易获得一致通过。

品牌文化是品牌竞争的高级形式，是变品牌形象管理为文化管理的高级形态。文化一是人化，二是化人。品牌文化要有形化，也就是"物"化，所谓的"物"不是自然之物，而是人"化"之物，其实质就是将品牌价值的信息内涵物品化、有形化，观念有形化，可感知，可触摸。有了这样的品牌物化，品牌终端和物理环境都变成了品牌思想、愿景、品位的展览馆。

注意品牌文化与企业文化的区别，千万不要将两者混同起来，更不要以企业文化代替品牌文化。很多企业都将企业文化混同于品牌文化，使品牌的核心利益得不到有效的表达。

品牌文化是外向型文化，是消费者文化；企业文化是内向型文化，是员工文化。一个是与消费者进行沟通，一个是向员工宣讲。区别还是很明显的。

因此，在进行品牌战略规划之时，这部分的关系一定要明确、清晰。

（五）品牌传播系统的制定

传播系统是品牌规划管理中最外化的一部分，是看得见，感受得到的，而且是人人所见的部分。这个部分的规划理应是最难沟通的，很多机构常把这部分单独拿出来让公众参与。这当然是一个办法，只不过，是在规划之后。当你提出品牌定性要求之后，想如何传播，有许多明确的想法，确定之后，再面向社会全面征集，这样效果才会好。不然，漫无边际地去想所谓的广告语是不可能出现经典的，只能是东一句西一句的格局。品牌传播系统是品牌核心价值的外在表现。

四、企业如何实施品牌战略

（一）树立现代品牌战略意识

企业要想长远发展，就必须提高企业的竞争力，掌握市场主动权，企业实施品牌战略是实现这一目标的有效途径。品牌战略是企业竞争战略的重要组成部分，因而企业首先必须提高对品牌及品牌战略的认识，充分了解品牌战略的重要性，树立现代品牌战略意识。企业应根据自身的具体实际来选择适合自己的品牌战略，在不同时期不同阶段应采用不同的品牌战略实施方式。企业品牌战略的实施并非单一战略模式的实施，而应构建全面完备的品牌战略体系，以充分发挥战略体系的整体效用。总之，品牌战略的实施必须与企业整体战略相融合，与企业长期战略的实施相适应，要正确处理企业品牌战略与企业其他具体战略的关系。

（二）实施品牌创新

IBF 国际品牌联盟副主席麦奎尔说过：企业要持续不断地对品牌予以关注，围绕品牌的核心价值观要不断创新，不断巩固企业品牌在消费者心目中的形象。现代经济中的品牌创新，其本质是一种"全面品牌创新"，包括了产品、组织、技术、价值、传播、营销、管理、市场等方面内容的创新，是以品牌创造和品牌培育为核心的综合性一体化创新。因此，品牌创新是提升品牌竞争力和保持企业核心竞争力的重要保障。

（三）企业技术的革新

当今的经济发展是综合生产力的发展，在现代企业竞争中，生产力技术的竞争是企业产品竞争的核心。对于企业品牌的建立而言，生产技术能够保证企业生产力，也能够保证企业产品的品质。在现代企业品牌战略的实施过程中，要想建立良好的品牌，就必须保证企业的生产技术。如果产品的生产过程达到了先进水平，那么品牌的树立就会相对容易，而且也相对更容易将品牌打入市场。

（四）品牌市场多元化

品牌市场多元化主要是指企业通过自身品牌战略的制定与完善，在现代商品市场中逐步树立牢固的地位和强有力的竞争水平，进而全面实现企业品牌市场的多元化发展。目前，我国企业品牌战略实施中，由于国内企业产品单一、技术落后、管理方式陈旧等原因，所面临的品牌目标市场往往局限于某一地区或行业。在世界金融格局发生巨大转变的背景下，我国企业赖以生存的品牌战略必将严重受阻，应变能力相对较差，也就面临破产或解体的可能性。我国企业在确定品牌市场目标时，一定要坚持多元化的品牌经营原则，将有限的资金有效地应用于多个行业的品牌建设中，当某一行业发展受挫时，其他行业的品牌尚有一定的发展空间和足够的资金，不至于企业的经营风险全系于某一品牌市场目标上，进而实现降低企业经营风险的目标。

（五）创建品牌发展环境

政府应建立和完善相关制度与政策，规范市场秩序，切实保护品牌所有者权益，为品牌的建立、推广营造良好的社会环境。同时应积极组织相关的专家学者加强对品牌战略的研究，为品牌战略的实施提供理论基础和指导思想，为企业品牌战略的实施提供智力支持。再者，相关职能部门应做好协调工作，建立并完善品牌战略实施的协调机制，促进品牌战略的顺利实施。另外，政府部门要制定相关标准，规范品牌评价体系，对品牌的评价始终坚持公平、公正、公开原则，促进品牌战略的顺利实施和健康发展。

第三节 | 品牌决策

成功品牌的塑造，理性决策是不容忽视的。正确的理性决策，可以避免资源的浪费，消除前进阻碍。本书涉及的品牌决策，主要从以下几个角度和方面进行阐述。

一、品牌化决策

品牌的建立始于中世纪的欧洲，各类行业协会经过努力，要求手工业者把商标标在他们的产品上，以保护生产者并使消费者不受劣质产品损害。使用品牌可以给企业带来许多益处，以致很少有产品不使用品牌，但在有些情况下，一些日常消费品和药品等又回到了不用品牌的状态。例如，法国巨型超市家乐福在其商店经营一系列包装简易、不太昂贵的无品牌商品。企业在决定是否使用品牌时，要考虑产品的性质、种类、功能、规模等因素，还要考虑建立品牌尤其创建知名品牌是要付出高昂的成本和时间的。

二、品牌使用者决策

制造商在推出产品时一般采用属于制造商的品牌，也可以用分销商品牌，即零售商、商店或私人品牌，或者使用许可品牌名称。制造商还可能将某些产品标上自己的品牌名称，而将另外一些产品标上销售商标签出售。台湾制造商生产的服装、家电和电脑使用的大都是许可品牌，IBM的所有产品使用的都是自己的品牌，惠而浦（Whirlpool）生产的产品既用自己的品牌又用分销商的名称。

1. 使用制造商/服务商品牌

使用制造商/服务商品牌即投放到市场上销售的产品使用的是制造商自己的品牌。这样可以宣传生产企业，树立生产企业形象。目前，海尔、联想、格力、五粮液、洋河、云南白药、纳爱斯、IBM、微软、苹果、通用、福特、索尼、丰田、奔驰、宝马等中外著名品牌大部分是制造商品牌。

2. 使用中间商品牌

中间商品牌主要是指大型批发商和零售商，如大型超市、卖场和知名商场等。使用中间商品牌可以借助中间商的名气和客流量扩大产品的销售。美国西尔斯百货公司产品包罗万象，但 90%以上使用的是中间商自己的品牌；沃尔玛、家乐福、每家玛、乐购、大润发、华联等超市也有部分商品用的是中间商品牌。适用于实力较弱，难以创建自己品牌的生产企业及其产品。

3. 使用许可使用品牌

使用许可使用品牌即租用别人的知名品牌用于本企业所生产的产品上，或在使用别人品牌的同时，也使用本企业自己的品牌，以此开拓市场，提高企业知名度和产品竞争力。在美国零售市场上1/3 的产品使用许可使用品牌，它已被证明是一种行之有效的品牌运作捷径，被西方国家视为 21世纪最有前途的商业经营模式之一。适用于产品质量好但品牌知名度不高的企业。

三、品牌名称决策

购买者想通过品牌来实现其购买目的，品牌名称的选择是非常关键的。品牌名称应易读、易认和易记，要简短，应与众不同，容易发展且有意义。如汰渍、柯达等都是这方面的成功典范。品牌名称的选择不要采用在其他国家有不良意思的词。如：中文的"芳芳"译成英文为毒蛇的牙。从语言学角度来说，必须注意不要把难以发音的字母结合在一起。除了语言问题外，品牌名称应该有体现产品特征、性能方面的能力。解决这个问题可以有多种方法，从独立名称，联想性名称，到完全描述性的名称，均可采用。独立名称是完全抽象化的概念与产品及其特征并无关系，柯达就是一个很好的例子。联想性名称显示产品的某种特征、形象或缺点，但方式常常是间接的，如碧丽珠（Pledge，家具上光品牌，意思是"誓言，诺言"）。描述性名称像巧克力橘汁、粘性胶条，明确告诉你产品是什么样，但是毫无想象力也不容易得到消费者的青睐。

品牌名称决策可以分为家族品牌名称、个别品牌名称、个别家族品牌名称和企业—个别品牌名称。

（一）家族品牌名称，即公司内所有产品均采用同一品牌名称。优点：可以节省传播费用；可以集中资源塑一个大品牌；可以彰显品牌形象；可以顺利推出新产品。缺点：同一品牌旗下产品太多，容易模糊品牌个性；同一品牌下的产品之间反差不宜过大，要有一定的共性；一个产品出现问题，会殃及池鱼，产生恶性连锁反应。所以，家族品牌名称适用于品牌核心价值兼容性强、新老产品之间关系度高、技术性强、品质要求高的情况。

（二）个别品牌名称：即公司内一种产品使用一个品牌。优点：帮助企业全面占领大市场，提高市场占有率；帮助塑造品牌个性以满足不同层次的需求；提高企业抗风险能力等。缺点：需要巨额的品牌传播费用；管理难度较高；品牌众多，易瓦解企业的统一形象等。所以，个别品牌名称决策适用于财力丰厚，品牌管理能力强大，目标市场有相当规模的情况。

（三）个别家族品牌名称：即企业所经营的各类产品分别使用不同品牌（一类产品一个品牌）。如松下：音像制品名称为Panasonic，家用电器为National，立体音响则为Technics。再如安利，营养品为纽崔莱，化妆品为雅姿，牙膏为丽齿健等。

（四）企业—个别品牌名称：即一种产品一个品牌，但在各品牌名前加个企业名称，这样就出现两个以上品牌。品牌传播的重心是企业品牌。例如吉列—锋速，吉列—威锋，吉列—超感，吉列—犀牛等。

四、品牌战略决策

品牌战略决策应该围绕企业的竞争实力来进行，企业要根据自己的情况，根据行业的特点，根据市场的发展，根据产品的特征，选择合适的品牌战略。下面我们将具体分析几种典型的品牌战略决策：单一品牌策略、主/副品牌策略、多品牌策略、产品线扩展策略、品牌延伸策略、新品牌策略、合作品牌策略。

（一）单一品牌策略

单一品牌又称统一品牌，它是指企业所生产的所有产品都同时使用一个品牌的情形。这样在企业不同的产品之间形成了一种最强的品牌结构协同关系，使品牌资产在完整意义上得到最充分的共享。

单一品牌策略的优势不言而喻，商家可以集中力量塑造一个品牌形象，让一个成功的品牌附带若干种产品，使每一个产品都能够共享品牌的优势。比如大家熟知的"海尔"就是单一品牌战略的代表。海尔品牌 2007 年以 786 亿元的品牌价值连续 6 年蝉联中国家电企业品牌价值榜首，比第二名高 128 亿元。海尔集团从 1984 年起开始推进自己的品牌战略，从产品名牌到企业名牌，发展到社会名牌，现在已经成功地树立了"海尔"的知名形象。海尔产品从 1984 年的单一冰箱发展到拥有白色家电、黑色家电、米色家电在内的 96 大门类 15100 多个规格的产品群，并出口到世界 100 多个国家和地区，使用的全部是单一的"海尔"品牌。不仅如此，海尔也作为企业名称和域名来使用，做到了"三位一体"。而作为消费者，我们可将海尔的"真诚到永远"的理念拓展到它名下的任何商品。一个成功的海尔品牌，使得海尔的上万种商品成为了名牌商品，单一品牌战略的优势尽显其中。

单一品牌的另一个优势就是品牌宣传的成本低，这里面的成本不仅仅指市场宣传、广告费用的成本，同时还包括品牌管理的成本，以及消费者认知的清晰程度。单一品牌更能集中体现企业的意志，容易形成市场竞争的核心要素，避免消费者在认识上发生混淆。

当然，单一品牌战略也存在着一定的风险，它有"一荣共荣"的优势，同样也具有"一损俱损"的危险。如果某一品牌名下的某种商品出现了问题，那么在该品牌下附带的其他商品也难免会受到株连，甚至整个产品体系都可能面临着重大的灾难。作为单一品牌缺少区分度，差异性小，往往不能区分不同产品的特征，这样不利于商家开发不同类型的产品，也不便于消费者有针对性地选择。因而在单一品牌中往往出现"副品牌"。

单一品牌策略适用于以下情况：产品具有密切关联性；产品质量水平大致相同；产品的目标客户群大致相同。

（二）主/副品牌策略

主/副品牌策略又叫做母子品牌策略，是指在生产或经营多种产品的情况下，以一个统一的成功品牌作为主品牌，涵盖企业的所有产品，同时又给不同产品起一个富有魅力的名字作为副品牌，副品牌可以从功能、品位、规格、档次等各种角度进行区分，以突出产品的个性形象。

主品牌和副品牌之间的关联，既可以是口头语言联系，也可以是视觉设计联系。例如，三九药业的产品品牌都由"999"作为主品牌，对不同的产品冠以各种副品牌：三九胃泰、999 感冒灵、999 皮炎平、999 帕夫林、999 汉莎创可贴。又如海尔的冰箱系列，海尔虽然在它所有的产品之上都使用同一个商标，但是为了区分彼此的特点，仅就冰箱来说，就分为变频对开门的"领航系列"；变频冰箱"白马王子系列""彩晶系列"；电脑冰箱"数码王子系列"和"太空王子系列"；机械冰箱"超节能系列""金统帅系列"，等等。

对主品牌而言，其主要功能是向消费者再次确定，这些产品一定会带来所承诺的优点，因为这个品牌的背后是一个已经成功的企业。当一种产品是全新的时候，主品牌策略显得更有意义。因为这种保证，消费者会觉得与这个产品之间有了某种联系，而不再陌生。但在提供这种保证的同时，主品牌也会有受副品牌产品负面影响的危险。

主/副品牌策略的重心是主品牌，副品牌应该处于从属地位，既能形象表达副品牌的优点、个性，同时也弥补了单一品牌过于简单、不生动的缺点。副品牌的使用通常比较口语化、通俗化，具有时代感和冲击力，但是适用面较窄。主、副品牌之间的设计要注意和谐与协调一致，如长虹红双喜、长虹红太阳等都是红系列，就不要出现白××之类的名称。

（三）多品牌策略

多品牌策略是指企业生产同一种产品，使用两种或两种以上的品牌。一个企业使用多种品牌，当然具有的功能就不仅仅是区分其他的商品生产者，也包括区分自己的不同商品。多品牌策略为每一个品牌分别营造了一个独立的成长空间。目前，中国电信运营企业针对自身越来越多的产品线较多采用多品牌策略。

采用多品牌策略的代表非"宝洁"莫属。宝洁的原则是：如果某一个种类的市场还有空间，最好那些"其他品牌"也是宝洁公司的产品。因此，宝洁的多品牌策略让它在各产业中拥有极高的市场占有率。举例来说，在美国市场上，宝洁有八种洗衣粉品牌、六种肥皂品牌、四种洗发精品牌和三种牙膏品牌，每种品牌的特征描述都不一样。以洗发水为例，我们所熟悉的有"飘柔"，以柔顺为特长；"潘婷"，以全面营养吸引公众；"海飞丝"则具有良好的去屑功效；"沙宣"强调的是亮泽。不同的消费者在洗发水的货架上可以自由选择，然而都没有脱离宝洁公司的产品。

多品牌策略可以从不同角度来设计。

（1）不同的产品性能，例如海尔的小神童系列、净界系列；

（2）不同的目标顾客，例如五粮液按不同的对象推出了浏阳河、京酒、金六福等产品品牌；

（3）不同的产品质量，如广州顶益食品公司旗下生产的康师傅和福满多系列方便面；

（4）促销角度，例如联想家用电脑为寒假促销而推出的家悦系列电脑。

企业采取多品牌决策的优势主要有：

（1）可以根据功能或者价格的差异进行产品划分，这样有利于企业占领更多的市场份额，面对更多需求的消费者；

（2）彼此之间看似竞争的关系，但是实际上很有可能壮大了整体的竞争实力，增加了市场的总体占有率；

（3）多品牌可以分散风险，某种商品出现问题了，可以避免殃及其他的商品。

多品牌策略虽然有着很多优越性，但同时也存在诸多局限性。

（1）随着新品牌的引入，其净市场贡献率将呈一种边际递减的趋势。对于一个企业来说，随着品牌的增加，新品牌对企业的边际市场贡献率也将呈递减的趋势。这一方面是由于企业的内部资源有限，支持一个新的品牌有时需要缩减原有品牌的预算费用；另一方面，企业在市场上壮大新品牌会由于竞争者的反抗而达不到理想的效果，竞争者会针对企业的新品牌推出类似的竞争品牌，或加大对现有品牌的营销力度。此外，另一个重要的原因是，随着企业在同一产品线上品牌的增多，各品牌之间不可避免地会侵蚀对方的市场。特别是当产品差异化较小，或是同一产品线上不同品牌定位差别不甚显著时，这种品牌间相互蚕食的现象尤为显著。例如，当初中国联通推出 CDMA 业务时，相当一部分客户就是从联通自己的 GSM 客户转网而来的。

（2）品牌推广成本较大。企业实施多品牌策略，就意味着不能将有限的资源分配给获利能力强的少数品牌，各个品牌都需要一个长期、巨额的宣传预算。因此，产品开发与促销费用能否从新品牌的销售额中收回来等是实施多品牌策略前必须考虑的问题。

（四）合作品牌策略

合作品牌策略（也称为双重品牌）是两个或更多的品牌在一个产品上联合起来，每个品牌都期望另一个品牌能强化整体的形象或购买意愿。合作品牌的形式有多种。

（1）中间产品合作品牌，如富豪汽车公司的广告说，它使用米其林轮胎。

（2）同一企业合作品牌，如摩托罗拉公司的一款手机使用的品牌是"摩托罗拉掌中宝"，掌中宝也是公司注册的一个商标。

（3）合资合作品牌，例如中国移动为动感地带客户定制的手机上会同时使用手机厂商的品牌和中国移动动感地带的品牌标识。

（五）品牌延伸策略

品牌延伸（Brand Extensions），是指一个现有的品牌名称使用到一个新类别的产品上，即品牌延伸策略是将现有成功的品牌，用于新产品或修正过的产品上的一种策略。品牌延伸策略并非只借用表面上的品牌名称，而是对整个品牌资产的策略性使用。随着市场竞争的加剧，厂商之间的同类产品的差异化变得越来越困难，因而品牌成为厂商之间竞争力较量的一个重要筹码。于是，使用新品牌或延伸旧品牌成了企业推出新产品时必须面对的品牌决策。品牌延伸是实现品牌无形资产转移、发展的有效途径。品牌也受生命周期的约束，存在导入期、成长期、成熟期和衰退期。品牌延伸一方面在新产品上实现了品牌资产的转移，另一方面又以新产品形象延续了品牌寿命，因而成为企业的现实选择。

品牌延伸策略有如下优点。

（1）可以加快新产品的定位，保证新产品投资决策的快捷准确。

（2）有助于减少新产品的市场风险。品牌延伸策略，使新产品一问世就已经取得了品牌化，甚至获得了知名品牌化，就可以大大缩短被消费者认知、认同、接受、信任的过程，极为有效地防范了新产品的市场风险，并有效地降低了新产品的市场导入费用。

（3）品牌延伸有助于强化品牌效应，增加品牌这一无形资产的经济价值。

（4）品牌延伸能够增强核心品牌的形象，能够提高整体品牌组合的投资效益。

品牌延伸策略有如下缺点。

（1）可能损害原有品牌形象。当某一类产品品牌成为强势品牌，它在消费者心目中就有了特殊的形象定位，甚至成为该类产品的代名词。将这一强势品牌进行延伸后，由于近因效应（即最近的印象对人们的认知的影响具有较为深刻的作用）的存在，就有可能对强势品牌的形象起到巩固或减弱的作用。如果运用不当，原有强势品牌所代表的形象就会被弱化。

（2）有悖消费心理。一个品牌取得成功的过程，就是消费者对企业所塑造的这一品牌的特定功用、质量等特性产生特定的心理定位的过程。企业把强势品牌延伸到和原市场不相容或者毫不相干的产品上时，就有悖消费者的心理定位。

（3）容易形成此消彼长的"跷跷板"现象。当一个名称代表两种甚至更多的有差异的产品时，必然会导致消费者对产品的认知模糊化。当延伸品牌的产品在市场竞争中处于绝对优势时，消费者就会把原强势品牌的心理定位转移到延伸品牌产品上。这样就无形中削弱了原强势品牌的优势，形成原强势品牌产品和延伸品牌产品此消彼长的"跷跷板"现象。

（4）淡化品牌特性。当一个品牌在市场上取得成功后，在消费者心目中就有了特殊的形象定位，如果企业用同一品牌推出功用、质量差异很大的产品，使消费者晕头转向，该品牌特性就会被淡化。

五、品牌重新定位决策

品牌再定位（Re-positioning）并非权宜之计，而是企业必须时刻铭记在心的商业规则。这一理念是由"定位之父"特劳特和里斯提出来的。

（一）定义

品牌重新定位就是对品牌进行再次定位，旨在摆脱困境、使品牌获得新的增长与活力。品牌重新定位与原有定位有截然不同的内涵，它不是原有定位的简单重复，而是企业经过市场的磨炼之后，对自己、对市场的一次再认识，是对自己原有品牌战略的一次扬弃。

资料 4-1

一种品牌在市场上最初定位是合适的，但随着新竞争者出现或顾客偏好改变，企业应对之重新定位。七喜（7-UP）公司通过广泛的市场调查，发现虽然大部分软饮料的消费偏爱可乐，但并非对某种品牌始终忠诚如一，有时他们也想试试其他口味。另外。尚有许多消费者并不太喝可乐饮料。于是在1968年七喜公司开始把自己的柠檬饮料推向了市场，并公开向公司宣称自己的柠檬饮料纯属非可乐饮料，通过产品的品牌再定位策略，七喜公司成了当时软饮料的巨头，当年销售量就上升了15%。

（二）品牌重新定位的原因

品牌重新定位有企业本身的原因，也有外部环境的原因。这些原因一般表现在四个方面：

（1）原有定位是错误的。企业的产品投放市场以后，如果市场对产品反应冷淡，销售情况与预测差距太大，这时企业就应该进行市场分析，对企业进行诊断，如果是因为品牌原有定位错误所致，就应该进行品牌的重新定位。如世界著名的香烟品牌万宝路，最初因定位是一种女士香烟，市场业绩极其一般，该公司及时改变策略，将万宝路重新定位为男士香烟，并用具有男子汉气概的西部牛仔形象作为品牌形象。通过这一重新定位，万宝路树立了自由、野性与冒险的形象，在众多的香烟品牌中脱颖而出，并一举成为全球驰名的香烟品牌。

（2）原有定位阻碍企业开拓新市场。在企业发展过程中，原有定位可能会成为制约因素，阻碍企业开拓新的市场；或者由于外界环境的变化，企业有可能获得新的市场机会，但原来的定位与外界环境难以融合，因此企业出于发展和扩张的目的，需要调整和改变原有定位。如我国的黄酒品牌古越龙山现在的主要消费群体是中老年人，为了维持现有消费者，并获取新一代消费者的青睐，古越龙山一改以前仅仅停留在物化表面上和传统文化上的品牌诉求，将品牌重新定位为"进取的人生、优雅的人生——品味生活真情趣"。

（3）原有定位削弱品牌的竞争力。企业在竞争中，可能会丧失原来的优势，而建立在此优势上的定位就会削弱品牌竞争力，甚至竞争对手会针对企业定位的缺陷，塑造他们自身的优势，比如推出性能更好的同类产品。企业如果仍死守原有定位不放，就会在竞争中处于被动挨打的地位，最终丧失市场。在这样的情况下，企业应对品牌进行重新定位。如莲花 1-2-3 试算表在软件业获取成功后，遭遇微软 Excel 的攻击，莲花公司面临绝境。后来公司将软件重新定位为"群组软件"，用来解决联网电脑上的同步运算，此举使莲花公司重获生机，并凭此赢得 IBM 青睐，卖出了 35 亿美元的价格。

（4）消费者偏好和需求发生变化。品牌原有的定位是正确的，但由于目标顾客群的偏好发生了变化，他们原本喜欢本企业的品牌，但由于款式、价格等方面的原因，转而喜欢竞争对手的产品；或是随着时代的变迁，消费者的消费观念发生改变，比如消费者原来注重产品的功能，而现在注重其品牌形象。这样的情况下应该进行重新定位。宝洁公司刚进入我国时，旗下品牌"飘柔"最早的定位是二合一带给人们的方便以及它具有使头发柔顺的独特功效。后来，宝洁在市场开拓和深入调查中发现，消费者最迫切需要的是建立自信，于是从 2000 年起飘柔品牌以"自信"为诉求对品牌进行了重新定位。

（三）品牌重新定位决策的情形

当出现下列情况时，公司需要实施重新定位决策。

（1）竞争者或许已经推出与公司的品牌十分接近的品牌，从而侵占了公司的市场占有率。

（2）消费者的偏好已经改变，以致对于公司原有品牌的需求降低。

在引入新品牌之前，营销人员首先应该考虑是否只需要将既有的品牌重新定位。重新定位决策意味着可以继续利用过去的营销努力以及所建立起来的品牌认知率和消费者的忠诚度。

品牌重新定位方法：可以改变产品本身及其形象，但切忌让产品的新定位与旧的定位相冲突，以免失去或使现有的忠诚使用者感到疑惑。同时应当注意权衡重新定位的成本与费用支出。 例如：P&G 公司利用加入能使织物柔软的新配方改变产品品质，从而将 Bold 牌的清洁剂重新定位。

（四）重新定位需要考虑的重要因素

在作出品牌重新定位决策时，企业必须考虑多方面的因素，但应重点考虑以下因素：

（1）重新定位所需的资金投入，比如调研费用、营销推广费用。品牌重新定位的代价是昂贵的，一般说来，新的定位离原定位越远，所需费用越高。重新定位资金投入通常超过第一次定位。因为企业要加大营销传播力度，消除原有定位给消费者的印象，同时让新的定位获得消费者认同。是否有足够的资金，就成为企业能否执行重新定位决策的重要因素。

（2）重新定位能获得多大的收益，简单地说就是一个值不值得的问题。目标市场上的消费者数量、消费者的平均购买率、竞争者的数量和实力等因素都是企业品牌重新定位收益大小的重要影响因素。因此，企业需要进行细致的分析和研究，预测投入和产出的比例，以决定重新定位是否划算。

（3）重新定位面临的困难和风险。企业在重新定位的过程中，会面临一定的困难和风险。这些困难和风险突出表现为以下几方面。

· 企业内部难以达成共识。重新定位需要在企业内部达成共识，需要全体员工齐心协力，分工合作、共担风险来完成。有时企业的一些部门或者一些高层管理人员，没有意识到品牌重新定位的重要性，而且重新定位意味着扬弃过去，因而阻碍重新定位的执行。

· 消费者不认同新的定位。如果品牌原来的定位曾经很成功，消费者已经喜欢它、习惯它，则新的定位可能不被消费者接受甚至引起反感。

· 重新定位可能丧失原有的市场。重新定位的企业往往要承担很大的风险，如果重新定位失误，可能导致失去原有的市场，甚至毁掉一个品牌。因此，只有当企业充分认识到重新定位的困难和风险，并确信有能力克服困难和承担风险时，才能进行下一步的决策和执行工作。

（五）品牌重新定位的策略

品牌重新定位的策略有多种，企业应根据市场环境、消费者的需求、自身的情况以及产品的特点来制定定位策略。一般说来，定位就是要为消费者提供某种独特的利益，从这一点来说，重新定位策略可以归纳为三大类。

1. 功能性利益定位策略

产品的功能是消费者购买产品的重要前提，消费者购买产品首先是要获得产品的使用价值。如果产品有功能上的创新，或者产品本身能为消费者提供独特的功能，能从功能上吸引消费者，那么进行功能性定位不失为明智之举。从产品的功能上为消费者进行定位，也是企业常用的定位策略。深圳太太药业集团是保健品市场的后来者，曾两次对产品进行重新定位，起初的产品诉求是治黄褐斑，后来进行"除斑、养颜、活血、滋阴"多种诉求，最后将产品定位于"含有 F.L.A，能够调理内分泌，令肌肤呈现真正天然美的纯中药制品"，成功实现了独特的功能性利益定位。

2. 情感性利益定位策略

情感性利益是指消费者在购买、使用某种品牌产品的过程中获得的情感满足。情感性利益定位必须以卓越的功能性利益为支撑，情感定位的主题可以是亲情、友情或爱情，情感性利益定位的关键在于能触动消费者的内心世界。在产品同质化越来越严重的今天，越来越多的品牌依靠情感性利益来与竞争品牌形成差异。如福建的雪津啤酒，以前的定位从"享受生活，还是雪津"到"飞越世纪，难忘雪津"都难以明确品牌的形象，后来重新定位为"你我的雪津——真情的世界"，并用亲情、友情和爱情去演绎品牌的独特个性和内涵。重新定位后雪津啤酒跻身于全国行业十强。

3. 自我表现型利益定位策略

当品牌成为消费者表达个人价值观、财富、身份、地位、自我个性与生活品位的一种载体与媒介的时候，品牌就有了独特的自我表现型利益。自我表现型利益定位也必须以卓越的功能性利益为支撑。例如，由于年轻人普遍将威士忌视作祖父辈的杯中爱物，苏格兰威士忌品牌 Dewar's 的消费群体老龄化现象日益严重，为维持现有市场、扩展新的市场，兼顾新老顾客，Dewar's 被重新定位为"自信、有个性人士的佳酿"。如果 Dewar's 威士忌的口感很一般，那么这种定位就难以取得成功。

对于具体品牌而言，可以使用其中一种定位策略，也可以兼顾使用，但究竟采用哪一种为主？这主要应按品牌定位对目标消费群体起到最大的感染力并与竞争者形成鲜明的差异为原则。比如家用电器，消费者较关注产品的技术、品质和使用的便捷性，所以常采用功能性利益定位为主；食品、饮料现在较多的用情感性利益和自我表现型利益去打动消费者；高档服饰、名表、名车则主要用自我表现型利益为主。

（六）品牌重新定位的步骤

企业进行品牌重新定位时，不能想当然地盲目进行，要按一定的程序操作。一般而言，品牌重新定位有以下五个基本步骤。

1. 确定品牌需要重新定位的原因

品牌重新定位有多方面的原因，企业应重新认识市场，从产品的销售现状、行业的竞争状况、消费者的消费观念变化、企业的发展目标上来分析市场，是什么原因要求企业对品牌进行重新定位，企业应有明确的认识。

2. 调查分析与形势评估

确定了重新定位的必要性以后，必须对品牌目前的状况进行形势评估，评估的依据来源于对消费者的调查，调查内容主要包括消费者对品牌的认知和评价、消费者选择产品时的影响元素及其序列、消费者对品牌产品的心理价位、消费者认知产品渠道及其重要性排序、消费者对同类产品的认知和评价等，并根据调研的结果对现有形势做出总体评估。

3. 细分市场，锁定目标消费群

细分市场有各种不同的细分方法和细分标准，但不管什么品牌，都会有它的目标消费群体，因此企业应根据消费者特点，将市场划分为不同类型的消费者群体，每个消费者群体即为一个细分市场。重新定位的品牌应该针对哪个细分市场？企业应根据调研来的数据和产品的特点、优势，锁定自己的目标消费群体。

4. 分析目标消费群，制定定位策略

企业确定自己的目标消费群体以后，还必须对目标消费群进行进一步的分析，对目标消费群体的生活方式、价值观、消费观念、审美观念进行广泛的定性调查，以确定新的定位策略。新的定位策略最好制定几个不同的方案，每个方案都进行测试，根据目标消费者的反应，来确定最好的方案。

5. 传播新的定位

企业定位策略确定以后，要制定新的营销方案，将品牌信息传递给消费者，并不断强化，使它深入人心，最终完全取代原有定位。企业制定营销方案应以新的品牌定位为核心，防止新定位与传播的脱节甚至背离。在现在的市场环境下，企业最好实施整合营销传播，让消费者通过更多的渠道接触品牌的信息，以强化对品牌的印象。

本章小结

品牌在企业发展中有很重要的作用，可以从以下几个方面来分析：资本积累、市场份额、竞争地位、消费者的选择、融资、人力资源、风险抵抗能力。品牌战略是企业以品牌的营造、使用和维护为核心，包括品牌化决策、品牌模式选择、品牌识别界定、品牌延伸规划、品牌管理规划与品牌愿景设立六个方面的内容。品牌战略的特征有全局性、长期性、导向性、系统性、创新性。

品牌战略的关键在于品牌类别的甄别、品牌定位的厘定、模式是品牌管理的组织构成、品牌文化的核心关系制定以及品牌传播系统的制定。企业实施品牌战略可从以下方面展开：树立现代品牌战略意识、实施品牌创新、企业技术的革新、品牌市场多元化、创建品牌发展环境。品牌决策具体表现为品牌化决策、品牌使用者决策、品牌名称决策和品牌战略决策等方面。必要时，可以对品牌进行重新定位决策。

基本概念

品牌化决策　品牌模式选择　品牌识别界定　品牌延伸规划　品牌管理规划　品牌愿景　品牌使用者决策　品牌名称决策　品牌战略决策　品牌重新定位决策

复习思考题

1. 品牌战略的意义及特征。
2. 品牌化的含义及品牌化决策的影响因素。
3. 对比分析家族品牌名称与个别品牌名称的优势和劣势。
4. 品牌决策的内容及步骤。

课后案例

向全球化品牌战略迈进的海尔集团

海尔集团是世界第四大白色家电制造商、中国最具价值品牌。旗下拥有240多家法人单位，在全球30多个国家建立本土化的设计中心、制造基地和贸易公司，全球员工总数超过5万人，重点发展科技、工业、贸易、金融四大支柱产业，已发展成全球营业额超过1000亿元规模的跨国企业集团。自2002年以来，海尔品牌价值连续7年蝉联中国最有价值品牌榜首，2008年海尔品牌价值高达803亿元人民币。

一个曾经亏空147万元的集体小厂是如何迅速成长为拥有白色家电、黑色家电和米色家电，产品包括86大门类13 000多个规格品种，产品市场占有率均居全国首位的中国企业的？在短短的20多年时间中，海尔是如何做到如此飞跃的呢？从探析海尔的成长历程以及海尔战略制定实施过程我们或许可以找到答案。

海尔集团在发展中先后实施名牌战略、多元化战略和国际化战略，2005年年底，海尔进入第四个战略阶段——全球化品牌战略阶段，海尔品牌在世界范围的美誉度大幅提升。

1. 名牌战略阶段（1984—1991年）

这一阶段海尔的名牌战略的提出是当时企业内部和市场外部的客观条件造成的。海尔1984年起步时是一个濒临倒闭的集体小厂，海尔艰难起步并确立冰箱行业的名牌地位，其代表事件就是"砸冰箱"，通过砸掉76台有问题的冰箱砸醒职工的质量意识，树立名牌观念。海尔决定引进世界上最先进的电冰箱生产技术，生产世界一流的冰箱，创出冰箱行业的中国名牌。1988年海尔获得了中国冰箱行业历史上第一枚国家级质量金牌，标志着名牌战略初步成功。这一阶段在海尔的发展史上不可磨灭的一点是通过专心致志做冰箱，做世界一流的冰箱，积累了丰富的管理经验和技术人才，初步形成了海尔的管理模式，为第二个阶段的腾飞打下了基础。自1990年以来，海尔采取"先难后易"的出口战略，即首先进入发达国家建立信誉，创出牌子，然后再占领发展中国家的市场，取得了显著成效，因而出口量逐年翻番。以海尔产品的高质量树立了国际市场信誉。并坚持在发展中对国际市场布局进行多元化战略调整，因此创出了在国内市场稳固发展的同时，有力地开拓了国际市场的大好局面。海尔在走向国际市场时由于坚持了创中国自己的国际名牌的战略，因此，出口产品都打海尔自己的品牌，并努力通过质量、售后服务等树立海尔品牌的国际形象。

2. 多元化战略阶段（1992—1998年）

海尔从1984年到1991年做了7年冰箱，从1992年开始，海尔充分利用世界家电产业结构调整的机遇以及国内的良好发展时机，在国内家电企业中率先开始了多元化经营。1997年，海尔从白色家电领域进入黑色家电，如电视机等，随后又进入米色家电领域电脑行业。海尔进入了冷柜、空调、洗衣机等白色家电领域，从一个产品向多个产品发展，从白色家电进入黑色家电领域，以"吃休克鱼"的方式进行资本运营，以无形资产盘活有形资产，在最短的时间里以最低的成本把规模做大，把企业做强，并取得了辉煌的业绩。与此同时，产品开始大量出口到世界各地。这期间，海尔为国际化经营打下了坚实的基础。有了名牌战略和多元化战略打下的基础，海尔集团作为国内家电知名品牌的生产厂家，在国内市场上占据了明显的优势。但它认为，正是由于有了较高市场份额，才为积极向外扩张发展跨国经营创造了最好时机与充要条件，内在动力已经具备。

3. 国际化战略阶段（1998—2005年）

海尔的产品批量销往全球主要经济区域市场，有自己的海外经销商网络与售后服务网络，Haier品牌已经有了一定知名度、信誉度与美誉度。在这一阶段，海尔提出由海尔的国际化向国际化的海尔转变，海尔的国际化是国际化海尔的一个基础，只有先做到了海尔的国际化才能去做国际化的海尔。国际化是海尔的目标。在做海尔的国际化时，就是要海尔的各项工作都能达到国际标准：质量要达到国际标准，财务的运行指标、运行规则应该和西方财务制度一致起来，营销观念、营销网络应达到国际标准。"出口"是针对海尔的国际化而言，但国际化的海尔就不同了，"海尔"已不再是青岛的海尔，设在中国的总部也不再仅仅是向全世界出口的一个产品基地。中国海尔也将成为整个国际化的海尔的一个组成部分，还会有美国海尔、欧洲海尔、东南亚海尔等。国际化的海尔是"三位一体"的海尔，即设计中心、营销中心、制造中心"三位一体"，最终成为一个非常有竞争力的具备在当地融资、融智功能的本土化的海尔。国际化的战略其最终目的就是成为一个真正在每一个地方都有竞争力的，而且辐射到全世界各地的国际化海尔。

4. 全球化品牌战略阶段（2006至今）

"创新驱动"型的海尔集团致力于向全球消费者提供满足需求的解决方案，实现企业与用户之间的双赢。面对新的全球化竞争条件，海尔确立全球化品牌战略，启动"创造资源、美誉全球"的企业精神和"人单合一、速决速胜"的工作作风，为创出中国人自己的世界名牌而持续创新。全球化品牌战略和国际化战略有很多类似，但是又有本质的不同。国际化战略阶段是以中国为基地向全世界辐射，但是全球化品牌战略阶段是在当地的国家形成自己的品牌。国际化战略阶段主要是出口，但现在是在本土化创造自己的品牌。海尔努力在每一个国家的市场创造本土化的海尔品牌。

海尔集团是中国目前为数不多的国际化经营较为成功的企业之一，海尔在企业发展战略上的超前以及以创新为核心的海尔企业文化是海尔国际化经营不断成功的基础与保证。海尔正在进行中的业务流程再造能够从根本上使海尔的内部管理同国际化的发展要求相适应，有力地促进着海尔的国际化经营。海尔创本土化海尔名牌的过程分为三个阶段，即本土化认知阶段、本土化扎根阶段、本土化名牌阶段。这就是海尔走向世界的"三部曲"：第一步，按照"'创牌'而不是'创汇'"的方针，出口产品开拓海外市场，打"知名度"；第二步，按照"先有市场，后建工厂"的原则，当销售量达到建厂盈亏平衡点时，开办海外工厂，打"信誉度"；第三步，按照本土化的方针，实行"三位一体"的本土发展战略，打"美誉度"。第一步是播种，第二步是扎根，第三步是结果。

早在从1984年开始的海尔名牌战略阶段，海尔就按照国际化品牌的质量与标准来生产、制造、营销产品。海尔认为要树立国际名牌形象，首先必须保证产品的国际品质。海尔一直致力于生产具有国际品质的产品，使产品质量与国际接轨，具体体现在质量保证体系的国际化。当国内的企业认识到产品质量的重要性时，海尔又超前地认识到，在未来的年代里，产品的市场份额将成为决定企业命运的关键，而市场份额的多少又取决于用什么样的服务来争取消费者。通过建立与国际接轨的国内最大、最先进、最完整的星级一条龙服务体系，海尔获得了消费者对海尔品牌的忠诚，提升了海尔的核心竞争力。从海尔产品出口到海外的那一天起，海尔就将国内也已成熟的服务体系自然地延伸到海外，所有海尔的海外经销商和海外经理人都必须到青岛接受海尔的服务培训。

海尔集团在国内制造业企业中是较早进行国际化经营的。此前，并没有可以全面参照的"蓝本"供借鉴与学习。在探索中国家电企业国际化经营的过程中，海尔凭借其以创新为核心的企业文化，在对国内外经济、政治、文化格局的正确理解与把握的基础之上，以超前的战略眼光，创造性地走出了一条成功之路。以创新为核心的海尔企业文化有力地支撑着海尔的国际化经营。扎根于海尔文化之上，海尔开始了独具海尔特色的以理念创新为核心的国际化经营之路。

尽管海尔与国际跨国家电巨头相比较，仍是较小的规模。在风险的防范与控制上，海尔与跨国家电巨头相比有许多不足之处。海尔在海外市场没有对消费者进行特定层次和区域的划分，而是统一使用海尔品牌。海尔在海外的品牌推广上只是强调产品特点，而很少有像美国GE等跨国家电巨头那样的针对消费者的价值观来进行的品牌推广。此外，虽然与国内公司相比较，海尔具有一定的研发优势，但与大跨国公司相比较，海尔仍处于下游。但是，相信随着海尔全球化品牌战略的逐步实施，在不远的将来海尔会成为优秀的大型跨国企业。

案例讨论题：

1. 海尔发展中的四个关键阶段有哪些？请评价每个阶段所采取的策略的成功之处。
2. 请谈谈你从海尔案例中得到的启示。

第五章 | 品牌生命周期

【本章重点】

- 品牌生命周期的含义
- 品牌生命周期各阶段的特点
- 品牌生命周期与产品生命周期的关系

【引例】

芭比娃娃惊觉年危机

算起真实年纪，她已经是43岁的中年女性了，但是她跨进了21世纪，不仅外表依旧年轻貌美，而且仍然引领风骚、话题不断。

她就是最近才获得评鉴品牌价值的"Interbrand"公司选为最有价值的玩具品牌"芭比"，她身价高达20亿美元，品牌价值只比《华尔街日报》稍低一点，还高于星巴克、亚曼尼、帮宝适与西门子等品牌。

从1960年至今，芭比的销售已经超过10亿个；3～11岁的美国女孩，平均每人拥有10个芭比娃娃，意大利与英国女孩平均每人拥有7个，法国、德国女孩有5个，亚洲地区的香港，小女生也平均每人拥有3个芭比。

过去关于芭比的形象一直有所争议，例如许多人认为她是个褊狭的代表，将女人形象定位为双唇微启、大胸、水蛇腰的模样。另外也有不少人将芭比视为可口可乐、麦当劳之外，资本主义势力的另一种代表（因为有不少芭比以豪华挥霍、穿金戴银的造型出现）。

尽管如此，各方反对势力还是无法阻挡这位永远踮着脚尖准备穿上高跟鞋的塑料美女。她的形象与影响力随着时间的累积，仍然越来越往正面上升。在美国问世的《美国梦的脸孔》一书的作者Christopher Varaste，就形容芭比不仅只是个玩具，更是美国女性独立、自主、自我表现精神的代表。

在美国许多大学，"芭比学"甚至可以成为专门一堂课，透过芭比现象探讨女性心理、角色、男女关系，以及女性与社会的互动等问题。而最大的肯定，或许是在今年年初，美国政府在一个为纪念妇女保健工作而埋设的时间囊中放入了芭比，将她作为女性的代表。"芭比从一开始的设计，就是反映生活形态的玩偶，她能够随着社会潮流改变而改变，才是她成功的地方。"生产芭比的美泰玩具公司（Mattel）女童部总经理方坦雷娜表示。

危机来自"童年缩短"，消费群降至三到五岁

每年美泰玩具生产约150款芭比娃娃，其中有120款是新造型，这些造型除了跟着时装的潮流走，更重要的是随着时代女性角色演变而演变。20世纪70年代有戴着反战头巾的嬉皮芭比，也有女航天员芭比、有氧舞蹈教练芭比、飞行员、饶舌歌手、总统候选人等角色，甚至出现女子保镖芭比。

不过，即便芭比历久弥新，最近她却似乎出现了中年危机。

去年，芭比的全球销售额为16亿美元，这个数字比1997年的18亿美元少了3%。也许在许多人看来并不严重，不过，美泰公司却发现从1997年最高峰开始，芭比的销售每年都呈现微幅下滑。这让他们深为警惕。

芭比的中年危机，有可能来自于所谓的"童年缩短"现象，或称为"KGOY"（kids getting older younger），就是儿童心智年龄提前成熟。过去12岁的女孩子可能还会玩娃娃，可是今天洋娃娃最主要的消费群却是3～5岁的小妹妹。"若是姐姐不玩芭比，将会是我们最大的危机。"美泰的方坦雷娜表示。

资料来源：浙江在线 http://www.zjonline.com.cn。

创立品牌是一种竞争策略，为了防止别人的产品取代自己的产品，企业就会想方设法建立自己的品牌，以便更好地控制市场。可以说，品牌的产生是竞争的结果。品牌也像动植物一样，也会经历一个出生、成长、成熟和衰退的过程，这种变化的规律就像人和其他动物的生命一样，从诞生、成长到成熟，最后到衰亡。品牌的生命周期是品牌的市场寿命。产品经过研究开发、试销，然后进入市场，逐渐形成一定影响力，产生了品牌。然后，在此基础上一步步成长，直至最后产品在市场上失宠，品牌不再具有影响力。

第一节 品牌生命周期概述

一、品牌生命周期

所谓生命，一般是指自然所赋予的存在过程。任何物质现象或者精神现象，都可以表现出一个存在状况的变化过程，类似于生命。产品主要是一种物质现象，企业是一种物质和精神统一的综合现象，品牌则主要是一种精神现象或者文化现象。品牌作为一种精神文化现象，表现为从建立、成长到超越的过程，这就是品牌生命。

（一）概述

品牌生命周期指品牌的市场生命周期，它包括孕育期、成长期、成熟期、衰退期四个阶段，其生命周期曲线如图 5-1 所示。品牌的孕育期是指品牌随产品或企业进入市场到被绝大多数目标市场消费者感知的过程；品牌的成长期是指一定数量的目标市场消费者在消费了已熟悉的品牌所代表的产品后感到满意，或通过其他途径认识其品牌后，从而对该品牌产生认同感和信赖感，这种认同感和信赖感通过一定的方式传播和扩散，最终成为普遍的社会共识；品牌成熟期是指对具有较高知名度的品牌进行维护，并随着企业内外环境的变化而不断完善其良好的品牌形象，提高目标市场消费者对品牌的认识、认同和信赖程度的过程；品牌的衰退期是指品牌退出市场的过程。

（二）孕育期

由于品牌与产品是两个不同的概念，许多品牌可能伴随产品的消长而消长，但更有许多品牌、产品，老板换了好几代了，但品牌依旧是那个品牌，像通用汽车、福特、松下就是这种情形。下面讨论的着重点是与品牌伴随的情形。

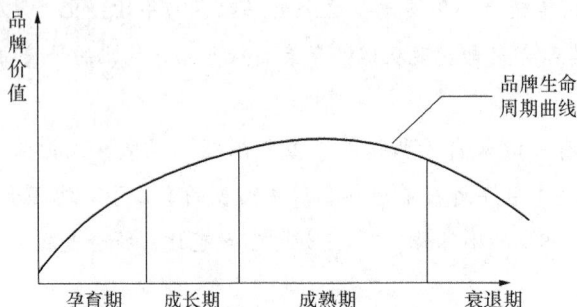

图 5-1　品牌生命周期曲线

品牌孕育期品牌尚处于出笼阶段,此阶段的主要工作是在设计、生产、销售之间进行协调,做好充分的市场调查,以确保产品能够符合消费者的需要,在市场上受欢迎。

有人认为此时期产品的研究开发工作应该尽量充分,对市场的调查也要尽量细致。只有在确保产品具备了一定的优势之后才可以把它推向市场,否则将难以建立品牌。新产品的推出终究带有风险性,所以许多企业为了尽量减少风险,不得不对产品进行周密的市场营销研究。如日本一家轿车厂为了真正地了解市场,把他们的开发研究队伍派到一个村镇居住下来。这些人的任务是对轿车的行驶环境进行评价。他们让居民们使用他们的汽车,了解他们所反馈的信息,然后把这些信息综合起来进行研究。奔驰公司为设计出优质而成本又较低的新车型,到处网罗人才,甚至请来流体动力专家、美学家、心理学家、商人等。新车型从研究、设计,到做出模型,每一个环节、每一个零件都要用最科学的仪器进行测量和测试,而且细微到测定行进时的空气抵抗系数。当比老式车体积更小,更安全,更结实,更舒适的新车型"奔驰"车上市后,订单如雪片般飞来。奔驰公司对产品革新所投入的巨大人力物力使它得到了市场的丰厚回报。它的市场占有率不断提高,竞争能力越来越强。

但是,在市场竞争中,时机又是非常宝贵的。因而另一种观点认为,市场的变化异常迅速,容不得过分深入的产品研究。如果开发期过长,等到产品开发出来时,可能已经是落伍产品了。因此,只要具备了基本的条件,就可以把产品推向市场,然后根据消费者的反馈信息再对之进行改造,一步步使产品趋于定型,品牌也就依此建立起来。虽然中间消费者可能会产生一些抵触,但最终会得到消费者的认可的。

（三）成长期

当产品在幼稚期的销售取得成功之后,便进入了成长期。这时顾客对产品已经熟悉,产品已有一定的知名度,品牌的影响力在逐渐加强,大量的新顾客开始购买,市场占有率提高。产品由于逐步实现了规模化,成本降低,销售额上升,利润增长迅速。之后由于竞争也越来越激烈,同类品牌增多,价格下降,利润率下降。

1. 促销策略

幼稚期说服消费者试用产品将给品牌的成长提供条件。促销应该说是比较有效的手段。这些手段在品牌幼稚期已经获得了一定数量的消费群。在成长期,使消费者产生再次购买的欲望就显得非常重要了。对于那些已经试用过产品的人来说,只有在产品提供给他们的满意度大于他们对产品缺陷的失望度时,他们才会重复购买。同时,也有一些对原来品牌已产生了一定程度依赖感的消费者，他们只有在新产品所提供的附加价值远远大于他们所熟悉的品牌的功能价值时，他们才会产生购买欲望。在成长期，可以通过直接或间接地给批发商、零售商折扣的方式来促进销售。这种方式鼓励销售商对商品进行展示，也可能会导致零售商通过降低销售价格而将销售折扣中的部分利益转移给消费者。

品牌成长期中销售量一般而言是逐步上升的，但也有上升至高峰然后下降的情况，即呈波浪式的前进方式。造成这种情况的原因有可能是一部分初次使用者发现新产品不足以令他们满意而放弃再次购买，还有可能是生产商削减了促销和广告的费用。一般而言，这个时期的产品销售量在达到顶峰后就会下降，然后在最高销售量的 4/5 左右保持较稳定的销售水平。

此期要注意假冒伪劣产品。大凡一个新品成功推向市场，就会有大量的跟随者推出同类产品，甚至是明目张胆地仿制和假冒。这时候除了运用法律手段加以解决之外，还需加强市场，引导消费者深刻认知，从而形成较强的辨别真伪的能力，假冒伪劣产品也就失去了市场。

2. 广告策略

在成长期能够建立起消费者群体。在品牌生命周期的初级阶段，广告的作用一般不太明显，广告对品牌使用价值的累积影响还没有表现出来。但在成长期，广告的作用将越来越大。成长期的广告目标是吸引顾客，使其形成品牌偏好，以扩大市场占有率，此时应进一步加强广告宣传，广告的内容要突出畅销商品的特色和使用价值。品牌最先遇到的障碍无非是市场渗透度和消费者重复购买的问题，如果在这两个方面做好了，品牌就会继续成长。此时产品的需求量在逐渐增大，人们已对产品有一定的认识，宣传应着重突出本产品的优势，使消费者在诸多同类产品中选择自己的产品。但广告宣传应以突出品牌形象为主而不必过多注意产品本身，因为产品是可变的，而品牌则是比较稳定的。

3. 为品牌注入感情

人都是感情化的动力动物。没有任何一名消费者是完全理性地处在市场环境之中的，非理性化因素时刻在影响着消费者。一个品牌在树立过程中或者在树立之后，能否在感情上与消费者建立某种关系，就显得十分重要。消费者对一个品牌的反应与感情有一个过程，如宝洁公司以一个护发使者的形象出现，消费者会被它慢慢地感化。如果把品牌比作一个人，她应该是什么样子呢？首先，她给人的第一印象如何？是诚实可靠，还是变化无常？是温柔恬静，还是咄咄逼人？万宝路给人的第一印象是"刚强，有力"，而飘柔则是"漂亮，柔顺"，两者各具韵味。一个品牌，如果未能与消费者建立某种感情方面的联系，消费者对它的反应将会是冷淡的。

因此，品牌管理者在成长期就应该思考一系列的问题：品牌是否富有感情？消费者在购买该品牌的产品和享受该产品的服务的时候，会产生什么样的感情？如果他们缺乏热情，会是什么原因呢？应该怎样去与消费者进行感情交流呢？

4. 改进和提高

成长期的产品的需求不断上升，产品的市场占有率在提高，品牌的影响力在进一步扩大，知名度也在逐步提高。此时企业可以扩大生产能力，使产品的生产规模化，这就要求有持续不断的投资。消费者已经比较熟悉该品牌，销售量不断增长。老顾客已对品牌产生了一定的忠诚度，新顾客在老顾客传递的口碑信息中也不断加入购买者行列。销售量的增长促使企业不断地扩大规模，成本随之而降低，因此企业的利润会不断升高。促销费用也随着销售量增加而增加。由于竞争的日趋激烈，要想保持品牌的影响力，首先应从产品本身入手，及时做好市场调查，根据消费者的需要及时推出有特色的产品，不断地加以改进和提高，增加新功能，推出新款式等，因为产品的差异性常常是品牌成功的一个重要因素。同时，在售后服务的环节上，建立好完善的销售网络，培训高素质的售后服务队伍。这些措施为长久地吸引顾客打下了基础。总之，成长期得不断地加强品牌形象。

在品牌的成长期，品牌特征基本明朗，消费者对品牌已经有了一定的认知度，口碑也比较好。同时竞争者会越来越多，类似品牌不断涌现，新品牌要取得更大的市场份额难度也会越来越大。这一趋势加速了品牌的成长，有的品牌的初始成长期甚至只有几个月。但是产品开发和研制的费用会越来越高。此时本行业中竞争比较激烈，进入壁垒比较高，这就为品牌走向成熟提供了条件。

（四）成熟期

1. 成熟期特征

成熟期产品的销量基本已经达到最大值，市场占有率亦趋稳定，需求很少再增长或增长较为缓慢直至趋于稳定。利润也从最高峰降至一个稳定的水平。市场基本上已经达到饱和状态，潜在消费者少，潜在消费者已经了解或者试用过这种产品。

成熟期竞争加剧，产品供大于求，用户在选购商品时越来越挑剔。成本、售价、服务方面的竞争更加激烈。产品由于已经成熟定型，新产品的开发及产品新用途的开发难度大为增加，随着产品历经多次的重新设计与改造而日趋稳定，制造工艺的革新就逐渐成为主要事务直至最后完全代替技术革新。要使企业的产品在技术性能、系列、款式、服务等方面不断有所变化，会使成本及风险增加。此时企业要认真调整自己的研究和开发战略。在成熟期，企业各方面的策略都必须作出相应的转变和调整。

品牌在这个阶段具有很高的知名度和忠诚度，消费者一旦认可这种品牌就很少发生改变。在这个阶段，本行业里进入壁垒很高，因为现有的品牌已经形成了相当强大的影响力，新进入者要在这种情况下建立自己产品的知名度相当困难。显然，成熟期是品牌影响力最大的时期。此期的目标是稳定顾客，战胜竞争者，保持市场占有率。因此要加强营业促销和人员促销。

成熟期品牌的市场地位已经确立，消费者的需求亦趋于稳定。这时期的策略重心，应该是尽量使这个时期品牌的影响力维持现有的地位，亦即尽量使成熟期得到延长。

2. 成熟期对策

（1）强化产品的功能性特征。严格质量管理，以可靠的、优质的产品来赢得消费者的继续信赖。同时可以在产品功能上进行扩展，开发多种功能组合，为消费者提供功能更加完善的产品。同时，积极改良和提高服务水平，进一步完善服务网络，因为服务是质量的延伸，如果服务水平跟不上去，产品的信誉度将大打折扣。

由于竞争空前激烈，竞争者也都在努力争取消费者。推出系列产品是强化产品的功能性特征的主要方法之一。成熟期企业应注意及时开发产品的新系列，免得进入成熟后期陷入被动的局面。系列产品可以提高市场占有率，扩大品牌与消费者的接触点。不过要注意系列产品与原来产品的关联性，如果缺乏关联性则会分散消费者的注意力，从而影响品牌的整体性。

品牌的稳定性与忠诚度有着密切关系。一个出众的品牌，其产品质量和服务都是一直处于上乘地位的，也就是说，消费者由于看到了品牌的这些稳定性因素而信赖它。对于品牌的管理者而言，短期行为虽然可以获得一些暂时的利益，但从长远来看却不值得的。任何一种损害品牌的行为都有可能造成毁灭性的后果，这也正是要强化产品的功能性特征的原因。

此外，在营销方面不妨多下些工夫，从而获得较多的利润。

（2）降低成本。企业在生产量上不可能再有急剧的增长，而是要在节约成本、提高质量上下工夫，在市场营销上要进一步在市场渗透和市场开拓方面争取有新的进展。

成熟期中的用户行为和竞争者的竞争行为都已发生了很大的变化，用户数量不再持续增长而呈稳定趋势；竞争者中已有很大一部分因为该品牌的成熟而使自己的品牌失去竞争力，他们不得不退出竞争行列或勉强维持。企业要抓住时机，扩大战果，在价格、营销手段、科研投入等方面作适当的调整，以免给竞争对手可乘之机。这个时期生产工艺的改进比新产品的开发更为重要，因为品牌的地位已经确立，企业的主要任务应该是提高生产率，使产品标准化，并降低成本，以便取得价格优势。消费者在认可了一种品牌之后，就会对价格提出更高的要求。

（3）营销的再加强。成熟期应进一步作市场分析，寻找更细的目标市场，以增加产品的销售量。利用各种宣传工具进行组合宣传，加强效果。采取更为广泛的促销手段，必要的时候可适当降低产品价格。成熟期是一个转折点，能否抓住机会尽量延长之，决定着品牌总体价值的大小。

在成熟期，广告就显得不是十分重要了。广告应以突出产品差异性为主，即相对于其他产品，它的竞争优势何在。此阶段商品广告的目的在于吸引一大群较为成熟的消费者，不过产品本身已经不需要作太多的宣传，此时如果能够突出地宣传企业的整体形象则是最有效的办法。

此期由于国内市场竞争日趋激烈，国内市场已基本没有什么大潜力可挖，企业可以把目光瞄向国际市场，努力向其他国家出口并进行国际投资，促进企业实力进一步增强。因为一个品牌在国内市场成熟，在国际市场则可能刚刚处在幼稚期。

（4）维持现有消费者。成熟期扩大现有用户的使用量很重要，这时候可以通过提高产品等级、扩展产品系列、提供服务质量的方式来实现。保住现有用户比争取新用户成本更低，意义更大。具备了忠诚度的消费者不会像普通消费者那样对广告反感，相反，他们对于自己认同的品牌会更有兴趣，更愿意接受这些信息，进而会加入重复购买者的行列。一旦消费者对某个品牌产生了信赖感，要使他改变购买习惯也是不容易的事。即使成功了，也需要很大的投入，即初次购买成本会很高。如某位消费者向来用佳洁士牙膏，要使他对两面针牙膏感兴趣进而产生购买欲可能需要大量的广告和促销活动。因此说成熟期维持已有消费者比花精力去寻找新消费更为重要，也更有价值。

（五）衰退期

月有阴阳圆缺，品牌的出生、成长、成熟和衰退的过程也顺应了自然规律。当一个品牌在市场上失宠时，也就意味着品牌已经进入衰退期了。

在衰退期，产品的需求下降，产品销量下降甚至出现滞销的现象，市场增长率下降，利润也越来越小，一部分竞争者已经处境艰难甚至不得不退出市场。品牌影响力逐步降低直至从消费者的心目中消失，消费者的目光被其他的新产品所吸引。

在产品的衰退期，大多数情况下广告一般不会起太大的作用，此时广告的主要目标在于获取后期利润以期在产品退出前实现最大价值。此时企业应当重新设计广告或是进行新一轮的营销及公关活动，如果不明显，就应该考虑推出新的产品以塑造新的品牌了。

这时候产品可能仍然会有稳定的、下降较为缓慢的需求，如果出现这种情况，企业则仍应在品牌上作少量的投资，不要轻易撤出。可以采取逐步收缩的策略，直至产品自然退出市场为止。企业一方面要尽量把品牌的潜力利用尽，另一方面要有目的有步骤地撤退。这种策略应该说是比较完美的，但具体执行起来难度比较大，许多环节不容易掌握。

还有一种策略是快速退出，即如果继续经营某种品牌，不会获得很大利益或者是将会妨碍企业在别的方面取得抢先优势，这时候企业就应该及早退出。现实中最常见的做法是停止一切新的投资，及早减少生产量，快速削减各种研究和营销费用，转移资金，撤销该品牌有关的运营部门等，以便能够及时集中企业资源，转向新的品牌。

1. 缓慢退出

有的品牌在达到衰退期后，仍然能够在市场中保持一定的市场份额。如果能够不断地调节品牌的功能，使它保持竞争性，那么这个品牌有可能还会继续发挥其潜力，在市场上重振雄风。

对旧品牌进行追加投资，其目的是为了最大限度地获得旧品牌的价值。在旧品牌到了穷途末路之前，最好不要轻易放弃。明智的投资者更注重对已占据了一定市场地位，尚有潜力可挖的旧品牌的追加投资，而不是一味专注于新品牌。天津手表厂（今天津海欧集团股份有限公司）的"海鸥"手表历史悠久，在瑞士、日本等国际著名手表生产商的夹击下也曾生存艰难，但天津手表厂没有轻易放弃"海鸥"这个品牌，他们研制了新的款式，面向普通消费者推出实用型的"海鸥"手表，仍然很受欢迎。

对原有产品进行改进，仍然有可能重新发掘品牌的潜力。如我国第一汽车制造厂生产的解放牌汽车曾经统治中国市场数十年之久。转向市场经济体制后，由于新企业不断推出新产品，解放牌汽车在走下坡路。面对这种形势，一汽对老解放牌汽车进行了大规模的技术改造，生产出性能、质量全面提高的新型解放牌汽车，投放市场后大受欢迎。接着又研制出了 CA142 解放牌卡车，扩大了市场占有率。

2. 快速退出

采取快速退出策略的时候要谨慎，不要轻易地下品牌已经没有前途的结论。有时候，产品销售量下滑，但并非预示着品牌已经肯定地失宠了。不到万不得已的时候，最好不要放弃对产品的投资和研究。影响品牌生命周期的因素是很多的，有市场因素，也有非市场因素，一个品牌是否已处于无可挽回的地步，必须综合考虑各方面的情况，只有在结论得到了充分的论证和确认之后，才能采取快速退出战略。如果品牌尚有进一步发展之可能而贸然采取快速退出战略，极有可能失去发展的良机而造成资源的浪费。因为塑造一个新品牌毕竟比利用一个老品牌要困难。让"休克"的品牌"复活"，无论如何也要比重新开发一个新品牌要经济得多。

采取快速退出策略，企业所要面临的关键问题就是重新推出新产品以抢占原来的市场阵地，重新构建另一种品牌。我国计算机产业的先驱者联想在最初的时候。依靠汉卡立足市场并且占着主导地位。随着计算机技术的飞速发展，汉卡的体积越来越小，最后被芯片所代替，所幸的是联想已经预见到这种趋势并且早早地做了准备。当汉卡被淘汰的时候。联想开发的新产品也已经出现在市场上。

在衰退期，摆在决策者面前的主要矛盾往往是：究竟是应该想办法增加品牌的附加值，重新给其注入活力呢？还是趁早撤出投资，转向新的品牌呢？这是一个非常棘手的问题。撤出投资会有立竿见影的利润上升，但在重新构建新品牌的时候，风险也是极大的。在大多数情况下，新品牌是以失败而告终的。品牌管理者最好作充分的论证和研究，然后采取相应对策。

然而，实际生活中，我们看到了两种完全相反的现象。许多品牌只经历了某个或某几个阶段便迅速退出了市场；也有些品牌可能在某些阶段会无限延续下去，丝毫没有露出一点老态龙钟的迹象。也就是说，人不可能长命百岁，返老还童，但品牌可能长命百岁。事实上，品牌在管理者的精心经营下可以永远存在，这是动物、人、产品生命周期与品牌生命周期不一样的地方。所以说，品牌生命周期是一个自我实现的概念，其或长或短取决于企业的营销策略正确与否，成效如何。

二、品牌生命周期与产品生命周期的关系

（一）产品生命周期的概念

产品从进入市场到退出市场所经历的过程，即产品从孕育期到成长期、成熟期直至衰退期的整个过程，称为产品生命周期；品牌生命周期是指品牌从进入市场到退出市场的全过程，也包括孕育期、成长期、成熟期和衰退期四个阶段。两者之间的关系如图 5-2 所示。

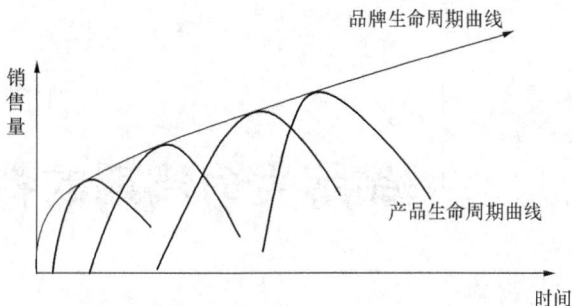

图 5-2　品牌生命周期与产品生命周期的关系

（二）品牌生命周期与产品生命周期的关系

1. 相互独立的关系

产品生命周期是有限的，品牌生命周期却可能是无限的；在营销策略和传播方式上，产品的重点是销售，品牌的重点是理念传播。

2. 相互依存的关系

第一，品牌生命周期涵盖了产品生命周期。品牌生命周期是可以无限的，而产品生命周期都是有限的，品牌价值的累积和提升是在产品的不断更新换代的良性循环中实现的，所以，品牌生命周期曲线涵盖或包络了产品生命周期曲线。

第二，产品生命周期支撑着品牌生命周期的延续。产品生命周期各阶段的营销策略和传播方式以具体的产品为对象，产品的生命周期越长，对品牌生命周期的支撑作用越大。一个产品倒下，则会有新的产品出来接力支撑品牌。因此，企业不断开发的新产品是对企业品牌的有力支撑和保障。

第三，品牌生命周期对产品生命周期产生贡献。企业通过各种努力来建立和完善品牌形象和提高品牌价值，其重要目的之一就是希望能够促进品牌下属产品的销售，提高其产品的市场份额和利润。使产品缩短进入市场的导入期和成长期，延长其获利的黄金成熟期并延迟其衰退期的到来。

📚 **资料 5-1**

有一种新的观点认为，有三种类型的品牌生命曲线图：强势品牌、普通品牌、弱势品牌，其生命曲线如图5-3所示：由图5-3可知，强势品牌的生命周期如同无替代产品生命周期曲线，一般情况下只有引入期、成长期和成熟期三个阶段。如"同仁堂"、"五粮液"、"可口可乐"等。

而弱势品牌刚进入成长期便突然走向衰退期，该种品牌市场份额刚刚有所提高却骤然下滑，走向死亡。如"三株（口服液）"、"小霸王（游戏机）"、"三鹿"等。实际上，品牌是没有生命周期的，品牌生命周期应划分为三个阶段：引入期、成长期，成熟期。品牌生命曲线图应该如强势品牌一样，不会走向死亡。品牌是属于消费者的，只有获得消费者承认的品牌才是成功的品牌，而品牌成功与否取决于企业的营销策略是否正确。因此，品牌生命周期是一个自我实现的概念，其或长或短取决于企业本身。

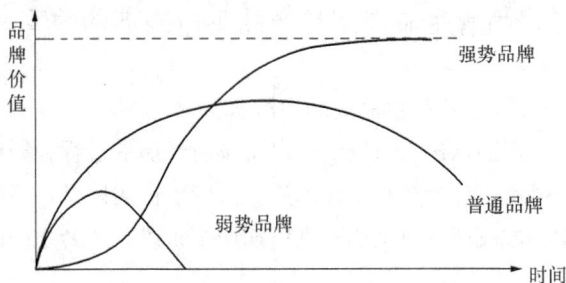

图 5-3   现实品牌生命周期曲线图

第二节 | 品牌生命周期的特征及管理

一、品牌生命周期的特征

产品和企业是外在的实体，品牌是内在的精神文化本体。品牌是一种价值符号，它代表着精神文化的意义，在某种意义上可以超越产品或者企业而存在。因此，品牌生命周期带有不同于产品生命周期、企业生命周期的特征。

（1）引入期：品牌的创建需要经过较长的时间。一般地说，建立企业所需要的时间不长，具备了场地、资金、设备和人力资源就可以开办一家企业；创造产品所需要的时间也比较短，具备了技术和设计就可以创造一种产品。而创建品牌则需要比较长的时间，它在开始的时候就需要以企业或者产品为载体，但是有了企业或者产品还不会成为品牌，而只有在建立了企业和创造了产品的基础上，再经过构思、设计和传播，才能创建一种品牌。

（2）成长期：品牌的成长需要更多的精神资源。产品的制造是以技术为基础的，创造一种新技术就可以创造一种新产品，因而创造产品所需要的资源主要是物质资源；企业的成长比产品的创造要复杂一些，它需要资金、技术、设备等物质资源，也需要人力资源及其相应的精神资源。与此相比较，品牌的创建和成长需要更多的精神资源。随着经济的发展，人们的精神需求越来越重要，因而品牌需要更多地满足人们的精神需求，它成了代表特定文化意义的符号。这种文化符号的创建和成长，自然需要整合各种精神资源，包括时代现象、消费观念、民族精神、群体意识等。

（3）成熟期：品牌可以通过创新来超越生命周期。产品的生命周期是比较短暂的，它到达成熟期后就会逐渐走向衰亡，这就是产品的更新换代；企业的生命周期会长一些，既有建立不久就倒闭的企业，也有数十年经久不衰的企业，一个企业可以创造出许多的产品。一般来说，品牌的创建需要较长的时间，但品牌一旦成为品牌，就不会在短暂的时期衰亡。而且，有的品牌会因为历史悠久深厚，加上不断适应时代的发展而注入新的内容，从而超越一般的生命周期。它们往往经了许多产品的更新换代以及企业的兼并组合，仍然兴盛不衰。

二、品牌生命周期各阶段的管理

（1）引入期：品牌随产品同时进入市场，此时品牌是一无所有的。必须依靠细致的市场分析来进行市场细分找到准确的切入点，寻求不同于竞争对手的立足点。这一阶段企业营销的重点在于：准确的市场定位、快速提升品牌的知名度、在广大消费者心中建立品牌认知度。

（2）成长期：产品销售和市场份额迅速增长，品牌具有一定的附加价值。品牌策划人员要根据品牌发展的实际情况，有计划、有步骤地推进品牌知名度、美誉度和忠诚度的提升，完善明晰品牌联想，吸引更多的潜在消费者，实现品牌的重复购买。

（3）成熟期：品牌在市场中已形成一定的知名度，拥有一定的忠诚客户，实力比较雄厚。此时，品牌策划的目标是不断巩固品牌的知名度、美誉度和忠诚度，提升品质认知，在品牌联想完整上下工夫，当然创新是这一阶段需要思考的重要问题。该阶段，企业的营销重点应侧重于品牌的维护。企业可以根据自身的情况通过相应的营销策略来维护品牌，如产品革新、品牌再定位、转移目标市场、恰当的品牌延伸等。以此来控制品牌的衰退，而不是说企业是不可控制地必然走向衰退。

加强品牌生命周期各个阶段的管理和控制，其目的在于维持品牌的成熟期，以避免因为管理不当，或者错误的营销策略促使品牌走向灭亡。通过维护和经营管理巩固品牌的地位，积累品牌资产，提升品牌价值。持久的改进和优秀的产品是品牌不倒的重要原因。

本章小结

广义的品牌生命周期包括品牌法定生命周期和品牌市场生命周期。前者是指品牌在注册后受到法律保护的有效使用期；后者是指品牌从进入市场到退出市场的全过程。它包括孕育期、成长期、成熟期、衰退期四个阶段。各阶段的特征表现有所不同，管理控制和投资决策也有所不同。孕育期的品牌创建需要较长的时间和较大的投入；成长期的品牌需要更多的精神资源，产品销售和市场份额迅速增长，品牌慢慢具有了一定的附加价值；成熟期的品牌在市场中已形成一定的知名度，并拥有一定的忠诚客户，利润也达到了最高峰，企业可以通过创新来延长生命周期；而如果确定品牌已进入了衰退期，果断退出也不失为一种明智之举。

基本概念

品牌生命周期　缓慢退出　快速退出　产品生命周期

复习思考题

1. 品牌生命周期的含义及其各阶段的特点。
2. 品牌生命周期与产品生命周期的关系。
3. 品牌生命周期理论对我们开展品牌建设实践活动有何指导意义？

第二部分

品牌建设实务

品牌定位与品牌个性 | 第六章

定位并不是对你的产品要做的事，定位是你对预期顾客要做的事，是在预期顾客心智上所下的工夫……把产品定位在预期顾客的大脑中。

——A·里斯和J·特劳特

【本章重点】

- 品牌定位的原则、步骤和方法
- 品牌个性的含义和塑造方法

【引例】

美特斯邦威 不走寻常路

美特斯邦威2006年荣获"2004/2005中国服装品牌年度策划大奖"、"2006中国大学生至爱品牌奖"，"美特斯邦威"商标被认定为中国驰名商标，集团总裁周成建被评为2006年中国最佳商业领袖，受众心目中的年度最佳CEO。

公司从创立开始，始终把诚信经营作为企业发展的基石，其独具特色的经营管理理念和品牌文化内涵，引起了业内和各界的广泛关注。在产品设计开发上，美特斯邦威建立了上海产品设计中心，培育了一支具有国际水准的设计师队伍，并与法国、意大利、中国香港地区等地的知名设计师开展长期合作，每年设计服装新款式1000多种。在品牌形象提升上，以"美特斯邦威，不走寻常路"为品牌口号，彰显其不同流俗的品牌个性。公司以郭富城、周杰伦等比较受青少年欢迎的偶像为品牌形象代言人，以极具创意的品牌推广公关活动和全方位品牌形象广告投放相结合的策略，迅速提升美特斯邦威的品牌知名度和美誉度。

面对未来，美特斯邦威集团公司将抓住机遇，加快发展，力争将"美特斯邦威"打造成世界服装行业的知名品牌。

资料来源：http://wenku.baidu.com/view/32da6e1d59eef8c75fbfb3be.html，2011年1月11日。

第一节 | 品牌定位

当今的市场是繁荣的买方市场，品牌数量日渐增多。同一种商品的品牌数量少则十几个，多则几十个甚至上百个。若想在若干同类品牌中脱颖而出，并在消费者心目中占据有利的位置，就必须要进行品牌定位。品牌定位是品牌建设的基础，成功的品牌定位能够迅速吸引消费者并在其心目中留下鲜明、深刻的品牌形象，从而为企业带来竞争优势。

一、什么是品牌定位

美国广告人 A·里斯和 J·特劳特于 1969 年在美国营销杂志《工业营销》和《广告时代》上发表了系列文章，首次提出了"定位"一词。1979 年，两人又合作出版了第一部品牌定位名著《广告攻心战略——品牌定位》，系统地论述了定位理论。其核心思想是：定位不在产品本身，而在消费者的心智。

品牌定位，是指建立一个与目标市场有关的品牌形象的过程与结果，是勾画品牌形象和所提供的价值，使细分市场的消费者理解和认识某品牌区别于其他品牌的独特性的过程。简言之，品牌定位就是建立本品牌在消费者心目中的与众不同的形象和地位。

品牌定位以消费者心理需求为依据，挖掘出本品牌相对于竞争者的优势来，将本品牌定位在消费者的心中。比如，劳斯莱斯汽车品牌的定位是"皇家贵族的坐骑"，奔驰是"豪华、尊贵、成功人士的象征"，沃尔沃是"安全的"，宝马是"驾驶的乐趣"，雪佛兰新赛欧是"全民的理想家轿"，等等。这些汽车品牌的明确定位，在消费者心目中已然形成非常清晰的印象，只要一提到这些品牌名称，消费者大脑中就会浮现出这些品牌鲜明的形象。因此，这些品牌的定位都是非常成功的。品牌定位是各个企业在激烈的市场竞争中赖以取胜的重要手段，品牌定位有着重大的战略意义。

二、品牌定位的意义

1. 品牌定位是塑造品牌个性的必要条件

产品的同质化即产品功能价值的雷同使得产品本身日益无法满足消费者情感上的需求，消费者渴望能够在产品的品牌定位当中找到自己情感上需要的东西。而品牌个性则是消费者品牌情感诉求的集中表现。如耐克充满了运动之美，万宝路充满了阳刚、强壮之气，可口可乐是真实可信的，百事可乐则是年轻的、活泼的。这些品牌个性都必须建立在明确的品牌定位基础上，如果品牌定位不明，则品牌个性难以鲜明。

2. 品牌定位是品牌传播的基础

品牌传播是指通过广告、公关等手段将企业设计的品牌形象有计划地传递给目标消费者，以期获得消费者的认知和认同。品牌定位必须依赖积极有效的传播来树立品牌在消费者心目中的形象，显示其优异于其他同类品牌的特性。品牌定位是品牌传播的基础，任何品牌知名度的提高都必须依赖于其独特的品牌定位。品牌定位所确立的品牌整体形象，必须经过有效的品牌传播，才能长驻消费者的心中。

三、品牌定位的原则

品牌定位需要深刻地把握消费者的认知心理。同时，应遵循以下一些基本的定位原则，以帮助企业更好地进行品牌定位。

1. 消费者导向原则

品牌定位的关键在于把握住消费者的心理，对消费者心理理解得越准确，定位效果越好。一般来说，企业需要将产品定位在目标消费者所偏爱或钟情的位置上，并通过一系列传播活动将这些定位信息传递给目标消费者，使他们注意到这一品牌并逐渐感知到这正是自己所需要的，从而真正占据消费者的心灵。因此，企业要想打开消费者的心智之门，必须要牢牢把握消费者的心理，想消费者所想，倾听消费者的心声，让消费者在"听"到企业的宣传信息时怦然心动，在使用企业的产品过程中真正感到满意，由此产生一种归属感。

2. 与产品本身的特点相结合原则

品牌是产品的形象化身，产品是品牌的物质载体。品牌定位要结合产品本身的特点和价值来进行，脱离了产品特点的品牌定位如同空中楼阁，失去了依托和价值。因此，品牌定位时要充分考虑产品的质量、结构、性能、款式、用途等相关因素，以便使品牌的定位更富特色。

3. 与企业的资源条件相适应原则

品牌定位时应充分考虑企业的资源条件，以合理利用资源为宜。既不能妄自菲薄，定位过低，造成资源浪费，也不能好高骛远，追求过高的定位，造成资源供给乏力，负荷沉重。因为，品牌定位最终是要靠企业资源来支撑和保障的。比如，将品牌定位为创新的、前沿的，就需要企业有尖端技术的开发实力；将品牌定位为高档的、尊贵的，就需要企业有确保产品高品质的生产和管理能力；将品牌定位为国际化的，企业不仅需要有雄厚的技术和资金实力，还需要具备全球市场营销和管理的能力。事实上，市场上已有很多品牌由于后期缺乏对品牌定位的财力等支持，导致品牌衰落。

4. 差异化原则

品牌定位必须要与竞争者相区别。因为定位本身要求自己与竞争者的品牌区别开来，提供独特的利益或价值以在消费者心中占据一席之地。差异化就是与众不同，只有与众不同，才能脱颖而出，引起消费者的注意，并使其产生品牌联想。在生活丰富多彩的当今社会，没有一个品牌可以对所有的消费者都产生吸引力。同时，媒体的信息轰炸，使消费者身处广告海洋的包围之中，一个品牌的核心价值若与其他竞争品牌没有鲜明的差异，就很难引起公众关注，更别奢望消费者认同和接受了。而高度差异化的核心价值在市场上一亮相，犹如万绿丛中一点红，令消费者眼睛为之一亮，心为之一动。例如，在品牌多如牛毛的液态奶市场上，特仑苏定位为高端天然纯奶，"不是所有牛奶都叫特仑苏"，它一推出就立即引起消费者的注意，并认定它不是一般的液态奶，是绿色纯天然令人放心的高端牛奶。当消费者需要送礼或给孩子选购奶品时，很自然会在第一时间想到它。

案例 6-1

湖南卫视的差异化品牌定位

大多数地方频道血拼电视剧市场的时候，考虑到电视频道的市场格局，湖南卫视对自己频道内容提出了明确的差异化定位——"以娱乐、资讯为主的综合性频道"，"娱乐"成为频道品牌的显著标签。湖南卫视提出"锁定娱乐，兼顾资讯；锁定年轻，兼顾其他；锁定全国，兼顾湖南"。这个准确明晰且具有前瞻性的品牌定位，从节目内容、观众对象、目标市场三个方面解决了湖南卫视"该做什么、不做什么"的问题，最终形成了湖南卫视的整体频道品牌——最具活力的中国电视娱乐频道之一。

5. 简明扼要原则

品牌定位要简洁明了，切忌啰唆繁复，模糊不清。在信息爆炸的当今时代，一个简单的定位、一条简单的信息更能够吸引消费者的注意，并长久地占据目标顾客的大脑。比如，沃尔沃汽车是安全车的代名词，"安全"成为沃尔沃汽车的成功定位。其实沃尔沃曾经把自己定位成一种可靠、豪华、安全、有趣的车，这种多功能的定位反而使得顾客对于沃尔沃车的印象十分模糊。沃尔沃在认识到这点之后，及时修正了定位，结果很快在竞争中脱颖而出。

6. 相对稳定性与动态调整相结合原则

在顾客心中形成一个品牌的定位是一项艰巨的任务，需要企业持续不断投入大量的营销资源。因此，品牌定位一旦形成，就要长久地坚持这个定位。如果随意改变品牌的定位，一方面会导致资源的浪费，另一方面也可能因为没有安稳感而招致顾客的反感。

但是，品牌定位也不是一成不变、一劳永逸的。随着市场环境的变化尤其是消费者需求的不断变化，市场竞争的加剧，品牌定位必要时也可以作出相应的调整，使品牌形象与时俱进，永葆活力。比如，江中健胃消食片最初定位为"胃药"，销量平平，后来再定位为"日常助消化"，畅销全国乃至海外。

四、品牌定位的程序和方法

（一）品牌定位的程序

品牌定位是整合分析目标消费者需求、市场竞争状况、企业资源状况的过程。一般来说，一个完整的品牌定位需要遵循以下步骤：

1. 消费者需求分析

满足消费者的需求是品牌定位的出发点和归宿。消费者需求分析是进行品牌定位的首要步骤。为达到这一目的，企业需要开展消费者行为调查，准确了解目标市场顾客的生活状况或心理需求。然后借助于各种系统化的市场需求和客户群分析模型，找到切中消费者需要的品牌利益点，即消费者期望从品牌中得到的价值满足。通常，用于定位的品牌利益点除了产品本身的功能利益外，还有品牌带给消费者的心理和精神上的满足。

2. 品牌竞争者分析

品牌定位的实质就是与竞争品牌相区别以给消费者留下独特的印象，所以对品牌的竞争者进行分析是一个重点。首先，企业需要明确自己的竞争品牌有哪些。通常，品牌竞争者包括同类产品品牌和其他种类产品品牌（替代产品品牌）。比如可口可乐的竞争品牌除了百事可乐外，还有绿茶、果汁等其他非碳酸饮料。其次，对竞争品牌的定位进行分析。目前，对竞争性品牌的定位分析可以采用竞争性框架法：即根据产品的某些属性来做一个树形图，并分别细分这样一些属性，最后把所有的竞争性品牌按这些属性在这个树形图上"对号入座"，以明确这些品牌的现有定位。比如，舒蕾洗发水在分析竞争性品牌时，首先根据洗发水的功能属性，细分出消费者对于这一产品的各种不同诉求，比如去屑、亮泽、滋养、飘逸、柔顺、护理等；然后将市场上的各种竞争性品牌与洗发水的属性对应起来，从而明确它们的定位；最后终于寻找到"健康最美"这个突破点。这既是差异化的品牌主张，又符合人们追求自然和健康的生活风尚。

3. 测试消费者的偏好

在对消费者需求和竞争品牌的定位进行分析的基础上，为深入了解消费者的具体偏好，分析这样一个特定群体对产品的哪些属性是非常看重的，而竞争性品牌没有很好地满足这些需求。我们通常使用的市场调查方法和获取的需求数据，往往是顾客需求的外在表达，并不一定是他们内心的真实感知。为了深度获取顾客对某品牌的真实潜在需求和心理感知，研究者们结合心理学的成果，开发出了一些研究消费者潜在需求的隐喻引出工具，具有代表性的有 ZMET 技术，详见资料 6-1。

资料 6-1

ZMET 技术及其应用举例

ZMET技术是Zaltman Metaphor Elicitation Technique（查特曼隐喻解释技术）的缩写，它诞生于1995年，其工作原理是取得那些人们不自觉地与某种产品或感觉联系起来的深度隐喻。这个方法尽量避免不相干因素的干扰，掌握顾客的真正需求。其应用程序的步骤如下：

（1）利用计算机技术或照相机拍摄几幅图片代表品牌可能的象征意义；

（2）请测试的顾客选择哪一幅更可能代表品牌；

（3）利用记忆联想测试技术来解释选择背后的原因；

（4）根据测试分析结果可以画出一个心智思考图。

下图是对美国消费者对于汰渍洗衣粉进行分析后获得的心智思考图。利用这个思考图进行上下对比、分析使用后感觉等，企业可以了解自我形象以及产品的可靠性等品质。

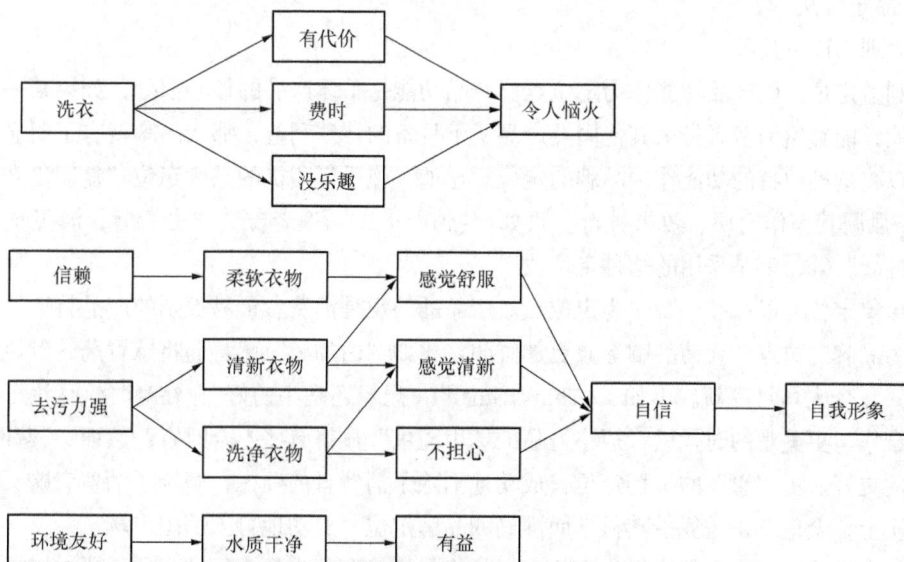

图 6-1　对于汰渍洗衣粉的心智思考图

资料来源：乔春洋，《品牌定位》，中山大学出版社，2005 年，第 55 页。

4. 从竞争优势提炼品牌核心竞争价值

通过分析与竞争品牌比较后所得到的竞争优势往往是粗糙而宽泛的，需要经过高度的概括和提炼，得到其核心竞争价值。这种核心价值是品牌的精髓，是品牌向消费者承诺的最根本利益，也是消费者认同、忠诚于品牌乃至愿意为之付出高价的原动力，是可以用来建立品牌定位的本质性的东西。比如，迪斯尼的核心价值是"快乐的家庭娱乐"，这也是迪斯尼的品牌定位。

5. 确定品牌定位

经过消费者需求的探索、竞争环境分析、差异研究、品牌核心价值的提炼之后，可以获得一些品牌的定位点。然而这些定位点还是粗略的，接下来需要对这些品牌定位点进行优化组合，舍弃不合理的方案，保留可行方案，然后继续对这些方案进行严格筛选，直至在这些相互竞争的参考体系中找到品牌的理想位置，最终形成简洁而明确的品牌定位。比如美国的米勒啤酒的定位为："地道的美国标准强度的啤酒，好喝而且相当爽口，目标对象是 18 岁至 24 岁的男性，标准啤酒的饮用者，尤其是那些关心个人外在表现的人。"

6. 品牌定位的传播和监控

品牌定位确定以后，企业需要将这些定位有效地传播给目标消费者，让目标消费者认识、理解和接受这一定位，产生心灵上的认同和共鸣。这种认同感是消费者对品牌形成特殊印象的基础，所以定位是否成功，只有消费者才最有发言权。品牌传播有公关、广告、包装、口碑等多种途径，其中最重要的是广告，因为广告可以通过图文结合、多媒体的表现形式，生动立体地展现品牌的定位。而一旦某种品牌定位在消费者头脑中建立起来以后，企业还需要进一步监控它在市场上的维持状况。企业可以通过监控记录不同时期的品牌形象来了解品牌定位的维持状况以及品牌竞争状况。

（二）品牌定位的方法

品牌定位的方法可以有多种，可以从品牌产品、品牌目标市场、品牌竞争者、品牌识别等方面去寻找和开发品牌的定位点。

1. 产品定位法

具体表现为以下几种。

（1）利益定位。以产品功能作为定位点。产品功能是整体产品的核心部分，如果某一产品具有独特的功能，能够给消费者带来其他同类产品所不具备的特殊利益，那么品牌就有了明显的差异化优势，可以将这种独特的功能作为品牌的定位。比如，施乐复印机的品牌定位"复印出来与原件几乎一样"，强调其操作简便、效果神奇。再如，"怕上火，喝王老吉"、"去头屑，海飞丝"、"高露洁，没有蛀牙"等，都是采用的这种定位法。

（2）形象定位。以产品外观作为定位点。产品的外观是消费者最易识别的产品特征，选择产品的外观作为品牌定位点，会使品牌形象更加鲜明。比如"白加黑"感冒药将感冒药的颜色分为白、黑两种形式，令人耳目一新。再如，"Think Small"（想想还是小的好），在当时流行汽车要更长、更大、更豪华、更美观的时代里，短小丑陋的"甲壳虫"显得有些不合时宜，然而，其针对工薪阶层的"小的更好、更实惠"的市场定位，成功地消除了消费者的疑虑，坚定了消费者购买实惠车的决心。事实上，金龟车正是凭借其科学而准确的品牌定位，成功地打入美国市场。

（3）档次定位。以产品价格作为定位点。价格是市场竞争中最常见的竞争手段。以价格作为品牌的定位点，借价格高低给消费者留下一个产品高档或低价形象。通常，高价意味着高档，可以显示消费者事业成功，有较高社会地位和较强的经济实力，因此容易得到上层消费者的青睐，而低价则易赢得大众的芳心。比如，"世界上最贵的香水是快乐牌（Joy）""为什么你应投资于伯爵表（Piaget）？因为它是世界上最贵的表"，以及"沃尔玛，天天低价"，等等。

2. 目标市场定位法

具体表现为以下几种。

（1）消费群体定位。即把品牌产品的目标消费群体直接作为定位点。如"太太"口服液，定位于已婚女士；"海澜之家，男人的衣柜"定位于中青年男士；"娃哈哈"定位于少年儿童等。这种定位目标清晰，能给消费者留下深刻的印象，也能很好地展现品牌定位和象征。

（2）自我表现定位。即将目标消费者的生活方式作为品牌定位点。现代社会消费者追求个性、展现自我的需要越来越强烈，因此赋予品牌相应的意义，让消费者在选购和享用品牌产品的过程中，能够充分展示自我，表达自己独特的个性。比如，动感地带"我的地盘，我做主"，贝克啤酒"喝贝克，听自己的"，佳得乐"我有我可以"等，都强调独立自主，不随大流的个性，能够赢得这部分消费者的偏爱和忠诚。

3. 竞争者定位法

从品牌的竞争角度入手，把竞争者作为定位的参照坐标来进行定位。

（1）首席定位。即强调自己是某个行业的龙头或先锋，在行业内具有领先优势和地位。企业在广告宣传中，往往使用"正宗的"、"第一家"、"市场占有率第一"、"销售量第一"等口号。这种第一或首次定位，就是要加深消费者的印象，使消费者难以忘记。如"零售巨头——沃尔玛"，"正宗凉茶——王老吉"，"香飘飘奶茶，全球销售量第一"等。

（2）关联比附定位。即以竞争者为依托，承认其领先地位，暂时甘居其次为定位点。当竞争者为市场领导者时，这种定位能够凸显相对弱小品牌的地位。比如，当年蒙牛把"向伊利学习"、"争创内蒙乳业第二名"打在产品包装上，就是这种定位的表现；美国克莱斯勒汽车公司宣布自己是美国"三大汽车之一"、"宁城老窖——塞外茅台"，等等，均属这种定位。

4. 其他定位法

（1）文化定位。即将文化内涵融入品牌，形成品牌的文化特色，提升品牌的文化品味。如，金六福酒，将渊远流长的中国"福"文化作为品牌的内涵，实现了中国"酒文化"与"福文化"的完全融合；"小糊涂仙"酒，将郑板桥的"难得糊涂"的名言融入酒中。

（2）情感定位。即用恰当的情感呼唤引起消费者内心深处的认同和共鸣，亲情、友情和爱情是人类最美好的情感，也是最能打动人心灵的法宝。如，浙江纳爱斯雕牌洗衣粉的"下岗编"——"……妈妈，我能帮你干活啦"的亲情流露，引起了万千消费者内心深处的强烈震颤和情感共鸣；优乐美奶茶"你是我的优乐美，这样我就能把你捧到手心了"，体现的是一种真挚的爱情；海尔"真诚到永远"，定位于"真诚、友好、关心"，温暖着广大用户的心；再如，"心源素"代表子女的心声"爸爸，我爱您"，"保龄参"代表女婿"健康长寿"的祝福，等等。

（3）经营理念定位。即企业用自己独特的经营理念作为品牌的定位点。一个具有良好的精神面貌和先进的经营理念的企业，采用经营理念定位容易树立起良好的企业形象，提高品牌的价值。如，"IBM 就是服务"，诺基亚"科技以人为本"，TCL"为顾客创造价值"，焦点访谈"用事实说话"，等等。

（4）市场空当定位。即从市场上尚未被满足的需求中寻找定位点，常见的有作用场合和时间定位。泰国红牛，其定位是"累了困了喝红牛"，强调其功能是迅速补充能量，消除疲劳，适于累了困了场合喝；马克力薄饼声称是"适合8点以后吃的甜点"，米开威（Milky Way）则自称是"可在两餐之间吃的甜点"，它们在时段上建立了区分，弥补了市场空当。

案例 6-2

王老吉品牌的成功定位

凉茶本属于中药，消费者对王老吉的品牌认知，既好像是凉茶，又好像是饮料，有一定的认知混乱。然而，王老吉的品牌定位——"预防上火的饮料"，独特的价值在于预防上火，却是非常成功的。

这样定位红罐王老吉，是从现实格局通盘考虑，由于"上火"是一个全国普遍性的中医概念，而不再像"凉茶"那样局限于两广地区，这就为红罐王老吉走向全国扫除了障碍。此外，避免红罐王老吉与国内外饮料巨头直接竞争，形成独特区分：成功地将红罐王老吉的产品劣势转化为优势。比如，把饮品中淡淡的中药味，成功转变为"预防上火"的有力支撑；"王老吉"的品牌名、悠久的历史，成为预防上火传统"正宗"形象的有力支撑。

五、品牌定位的误区

大量事实表明，目前中国企业对品牌定位策略的认识还相当淡薄，品牌定位不明确，没有正确有效的方法，甚至无定位的现象比比皆是。归纳起来，企业在品牌定位中主要存在以下问题。

1. 定位混乱

定位诉求的内容过多、过于面面俱到，或者是定位不稳定，变换过于频繁，或品牌做了不恰当延伸等，会使品牌在消费者心智中形成宽泛杂乱、模糊不清，动摇不定，难以信任的印象，从而失去客户。

2. 定位盲从

有些企业不去分析其自身特有的资源和能力，探求适宜的品牌定位点，而是盲目跟从领先企业，模仿其定位方法和广告语言，结果导致本企业的品牌定位与其他企业雷同，得不到消费者的关注甚至引来消费者的反感而失去意义。

3. 定位孤立

品牌定位需要在品牌战略的指导下开展，没有总体战略思想的指引，脱离了市场需求和专业的指导，孤立地进行封闭式的定位必定是闭门造车，难有效果。

4. 定位过时

品牌的定位点或者是品牌刻画的特性已经过时，不能引起消费者的兴趣和购买欲望，更不能够得到消费者的认同产生共鸣，从而自生自灭。

第二节

品牌个性

个性指人的性格差异，是心理学中的一个重要概念。每个人都有自己的个性，不同的个性表现出不同的性格、气质和能力特征。将个性概念沿用到品牌上，就形成了品牌个性。品牌个性往往与其目标消费群体的个性相一致。大量经验事实表明，消费者总是喜欢符合自己观念或个性的品牌。所以，一个品牌想要有效地吸引住目标消费者，就必须具有与目标消费者相似的鲜明个性，并明白无误地展示给目标消费者，让他们切实感受到并采取积极的反应。否则，即使产品质地再优良，品牌定位再明确，也极有可能石沉大海，销声匿迹。

一、品牌个性的含义

品牌个性即品牌性格，是一个品牌所体现出来的独特价值，以及企业将这种独特价值向消费者传达的过程中，所采用的独特表现方式、风格以及人格化的描述。品牌个性化就是将品牌赋予人的特征的过程。跟人一样，品牌可以具有"现代的"、"时尚的"、"可爱的"，或者是"保守的"、"顽固的"、"过时的"等特点。品牌就像一个具备个性的人，有独特的气质和文化内涵，有性格，这就是品牌的个性。如，雀巢食品是温馨、美味的；万宝路是阳刚的；苹果是叛逆的；招商银行是关爱、灵活的。品牌个性是品牌的灵魂，是识别品牌、区分品牌的重要依据。大卫·奥格威曾指出，"最终决定品牌市场地位的，是品牌的总体性格，而不是产品间微不足道的差异"。

人们需要不同个性的品牌，来满足自己的个性化需要。那些随大流毫无个性的品牌，是难以被消费者接受的，而那些具有鲜明个性的品牌正蓬勃发展。当今人们时尚消费的个性化日益明显，个性鲜明的品牌必然能在消费心中留下深刻的印象，并促使其始终不渝地追寻着它，保持着长期的购买欲望。比如，只要吃快餐，许多人立刻想到麦当劳、肯德基；一喝饮料，可口可乐、百事可乐那红色的标志、蓝色的包装立马就会浮现在眼前；一说到奶茶，香飘飘、优乐美就会在头脑中涌现出来。

二、品牌个性的作用

品牌个性对品牌效益所起的重要作用表现在以下方面。

（1）品牌个性能将本品牌的特别优势生动地传达给目标消费者，使消费者能迅速地排除各种信息干扰，认出并牢记符合自己个性的品牌。

（2）品牌个性能够将同质市场上的同类品牌的差异性体现出来，向目标消费者表明不同的价值所在，从而给目标消费者留下清晰的印象。

（3）品牌个性与目标消费者个性的融合，可以使品牌更好地适应消费者的需要。减少消费者挑选品牌所付出的成本，给消费者带来贴心的实惠。

（4）品牌个性一般都具有超越物质功能性利益的情感性感染力，这能使品牌有效地触动消费者的内心世界，并引导消费者在消费某品牌时产生特别的情感体验。

（5）品牌个性通过人格化的语言体现出品牌与消费者之间良师益友的人格化关系，富有情感性感染力，这能使品牌有效地触动消费者的内心世界，并带给消费者特别的情感体验，产生对品牌的信赖和依恋。

三、品牌个性的塑造

（一）塑造品牌个性的原则

1. 了解目标顾客的个性心理特征

大量研究表明，品牌个性与消费者自我个性认知的一致性是形成消费者品牌偏好的基石，消费者总是乐于接受与自己个性相一致的品牌并长期忠诚于该品牌。因此充分地了解目标顾客的心理是塑造品牌个性的第一要则。

2. 参照产品类别与竞争者的品牌个性

长期对产品认知的积累会使消费者对特定产品大类形成一个固定的印象。品牌个性要符合消费者头脑中已然形成的这个印象，消费者才会认同并乐于接受。同时，还要参照竞争者的品牌个性。通常，在一个确定的目标市场上，往往存在很多品牌，企业需要根据竞争者的品牌个性来确定本品牌的个性目标，为消费者提供差异化的感受。比如在豪华车市场，奔驰展露出世故的、自负的品牌个性，法拉利是男子气概的、运动的、坚韧的品牌个性，而宝马选择的是追求驾驶快乐的个性。

3. 品牌要素相匹配原则

品牌的外延、内涵等诸多要素必须相互协调配合保持一致才能凸显品牌个性，消费者也才能够真正感知相应的品牌个性。比如，美特斯邦威的品牌个性是时尚的、刺激的、外向的、活跃的，其品牌形象代言人选择周杰伦就非常合适。同理，作为雅致的休闲场所，星巴克背景音乐的选择也相当讲究，一般不会选择《两只蝴蝶》作为其背景音乐。

4. 选择合适的营销组合

营销组合有产品、价格、分销渠道、促销等因素，选择营销策略时需要注意以上各因素间的相互配合，避免相互孤立甚至冲突。比如，派克是高档的书写工具制造商，它代表着上层阶级，具有世故的、领导者的品牌个性。但是后来派克推出了低价的派克钢笔，这与原先派克的品牌个性产生了强烈的冲突。对忠诚客户造成心理上的严重打击，给广大消费者带来认知上的混乱。结果得不偿失，损失惨重。

（二）塑造品牌个性的方法

1. 通过打造产品特征来塑造品牌个性

即通过不断创新产品或服务来打造品牌的个性，塑造品牌的形象。在激烈的市场竞争中，产品同质化现象越来越严重，企业若想赢得竞争优势，必须坚持不懈地对产品或服务进行创新，切实打造出产品独特的功能和价值，保持本企业产品或服务在同行业内的领先地位。比如，劳力士公司一直致力于其手表质量的打造和创新，1926 年，劳力士出品了第一只防水、防尘手机；1929 年，劳力士推出风靡一时的"恒动"型手表；1945 年，劳力士又推出了第一只带有日期的表和能用 26 种语言表明日期和星期的表。劳力士在手表质量上总在不停地下工夫，一直走在行业的最前头，在世界各国消费者头脑中形成了劳力士品牌精确、创新的个性。再比如，招商银行一直致力于其服务的创新，其贴心、快捷、周到、人性化服务和不断提出的优质产品，给客户留下了其关爱、领先的品牌个性。

2. 通过独特的包装设计来塑造品牌个性

俗话说，人要衣装，佛要金装。品牌产品更需要包装。包装被称为"无声的推销员"，是产品在货架上的形象代言人。恰当的包装可以美化产品，吸引消费者的眼球。调查表明，50%～60%的消费者会受到包装的吸引而产生购买兴趣。健康、优良的包装材料，独具匠心的包装造型、标志、图形、字体、色彩等及其各种手段的综合运用，都有助于塑造品牌的个性。

3. 坚持一贯的价格定位来塑造品牌个性

在消费者的认知逻辑中，价格与档次几乎是一致的。如果企业一开始就选择高价策略，其品牌就会在消费者心中留下高档、富有、略带世故的个性，譬如劳斯莱斯、奔驰以其高价格为起点、高品质为基础，分别建立起尊贵、豪华的品牌个性。当然，有些企业采取了低价策略。譬如全球最大零售企业沃尔玛，长期坚持"低价销售，保证满意"的经营特色，打造出品牌朴实、节约的个性。但是需要注意的是，价格定位一旦确定就不宜经常改变，应坚持一贯地保持品牌的个性。

4. 以独特广告风格来塑造品牌个性

许多成功的品牌都会逐渐形成自身的广告风格，且其所有的广告也都会遵循这个风格，使品牌个性越来越清晰。比如五粮液的电视广告，大多采用音乐广告形式，集画面、音乐和宣传为一体。从五粮春之爱到春潮滚滚来，五粮液之香醉人间五千年，到仙林青梅酒之仙林青梅，真可谓是一部部影画绝美的 MTV，吸人眼球，扣人心弦，沉醉人心。独具特色的广告风格也凸显了五粮液高贵、优雅的品牌个性。

5. 明确使用群体以暗示品牌个性

在品牌的广告诉求中明确指出品牌的使用对象，同样可以显示品牌的个性。比如，劳斯莱斯的使用者是有地位、有声望、在某一领域做出卓越成就、处于金字塔顶尖的人，这在一定程度上暗示了劳斯莱斯尊贵的个性特征；海澜之家，男人的衣柜，则展示了时尚的、朝气的、帅气的个性形象。

6. 打造独特的标志符号来展示品牌个性

心理学家的一项调查显示，在人们接受到的外界信息中，83%以上是通过眼睛，11%借助听觉，3.5%信赖触觉，其余则源于味觉和嗅觉。视觉符号的重要性因此不言而喻。标志是品牌视觉系统中传播最广的品牌符号，它能跨越语言的障碍而通行世界。因此，一个简明大气、有意义而独特的标志符号可以第一时间强有力地吸引公众的眼球。如奔驰的"三叉星"标志、麦当劳金黄色的"M"形双拱门标志、苹果电脑缺了一角的苹果标志，都很好地展示了它们的品牌个性，给消费者留下了深刻鲜明的印象。

7. 从品牌问世的时间来塑造品牌个性

通常，诞生时间较晚的品牌具有年轻、时尚、创新的个性特点，而诞生时间较早的品牌则常常给人以成熟、老练、稳重的感觉。如百事可乐较之可口可乐由于上市时间较短，而更具有年轻的个性。老品牌由于经历了时间的考验更容易使人产生信赖和依恋，但也要注意经常给老品牌注入活力，以防止个性老化。一般而言，对于高科技类品牌，年轻的个性比较吸引人；而对大多数品牌而言，历史越悠久越容易令人信服。

8. 从出生背景来塑造品牌个性

俗话说，一方水土养一方人，由于历史、文化、经济、风俗等的不同，各个地方的人具有不同的个性，这相应地会影响到这方水土上的品牌特点。例如，德国人严谨，法国人浪漫，相应地，德国人生产的汽车和电器最让人放心，法国的香水和时装享誉世界；同理，如果白酒来自四川和贵州，会更容易得到消费者的信赖；如果香烟的产地是云南，人们也会感觉其更地道。

9. 借助公关活动塑造品牌个性

通过精心策划有效的公关活动也可以塑造品牌的个性，给消费者留下鲜明深刻的印象。耐克公司长期以来一直坚持只赞助体育活动，其他赞助从来不参与，最终塑造了耐克充满活力的品牌个性；国内仅次于中华烟的极品烟"芙蓉王"，也是通过公关拍卖活动传达了品牌个性。1994 年时，国内市场高价烟还极少，但"芙蓉王"竟通过拍卖卖到了每条 1500 元的天价，令公众咋舌，但"芙蓉王"神秘、高贵的品牌个性从此进入了消费者的脑海。

10. 打造公司领袖形象来塑造品牌个性

对于大多数企业，尤其是民营企业而言，领导人的个人风格对企业的影响力极大，他们往往会将自身的性格转移到企业和品牌上，与企业形象融为一体。如海尔集团总裁张瑞敏诚恳、儒雅、富有远见的个性形象，形成了海尔"真诚到永远"的品牌形象；比尔·盖茨作为全球知名的公众人物也同样如此，他专业、敬业、执著、富于创新的个性完全代言了微软精神。

（三）塑造品牌个性应注意的问题

塑造品牌个性既是一门科学，也是一门艺术，在塑造品牌个性时要特别注意品牌个性的可执行性和效益，防止品牌个性的创意虽好但对产品的销售没有任何作用的情况出现。具体要注意以下几方面：

第一，处理好品牌个性与品牌适用性的关系。二者之间是一对矛盾的统一体。通常，品牌个性越强越鲜明，则其适用范围越有限。比如利郎商务男装就是一个极具个性的品牌，它简约的设计风格，具有男子气概的、自信的、有效率的品牌个性，在消费者的心目中留下了深刻的印象，但是，这也为利郎延伸到女装等其他领域设置了壁垒。因此，企业在塑造品牌个性时必须注意，处理好品牌个性与品牌适用性之间的关系，既要力求品牌个性鲜明富有特色，又不能对其适用范围有太大的局限，否则，将导致市场范围狭窄，市场占有率太低，不利于品牌的发展。

第二，防止品牌个性老化。品牌个性往往带有鲜明的时代性特征，随着时代的变迁，人们的消费习惯和价值观会发生一定的变化，原来消费者一直钟情的品牌个性也可能因为不再适应人们的需求，而逐渐被市场淘汰。因此品牌个性必须随需而变，随着目标消费者需求的变化而作出相应的调整，这样品牌个性才能持续地吸引住消费者。芭比娃娃就是这个方面的典范，它在 40 年里长盛不衰的奥秘就在于其品牌个性始终紧随时代。芭比娃娃的品牌个性是"时尚、潮流"，马特尔公司一直在密切跟踪时尚的细微变化，芭比娃娃紧跟时尚及时调整其品牌形象：20 世纪 50 年代，她是热带沙滩女郎的形象；60 年代，她是派头十足的女明星；70 年代，她是追风嬉皮士，趋于随意野性；在 80 年代女权运动中，她又变成了职业女性；而当女宇航员出现的时候，她也身着宇航服出现在人们的视野里了。

第三，品牌个性塑造是一项长期工程，切勿急功近利。品牌个性的塑造并不是一蹴而就的，需要长时间的积累，需要持之以恒的努力，需要循序渐进地展开，才能在消费者心中留下深刻的印象。试图通过地毯式轰炸广告在较短时间内塑造一个鲜明的个性是不现实的。即便短时间内能赚取消费者的眼球，迅速提高产品销量，也无助于其品牌个性的形成。因此，品牌个性塑造是一项系统工程，需要和产品包装、价格策略、分销渠道策略、公共关系等营销组合策略密切配合。

本章小结

　　品牌定位，是指建立一个与目标市场有关的品牌形象的过程与结果，是勾画品牌形象和所提供的价值，使细分市场的消费者理解和认识某品牌区别于其他品牌的独特性的过程。品牌定位不仅关系到营销资源的合理有效配置和使用，而且会影响消费者心目中的品牌整体形象。品牌定位是品牌营销的起点，它是确立品牌个性和品牌形象的基础。品牌定位应遵循以下原则：品牌定位要以消费者为导向；品牌定位要与产品本身的特点相结合，还要考虑企业资源条件和竞争者的行动；品牌定位要简明扼要，还要始终如一，不要随意改变。

　　品牌定位的程序有六步：一是消费者需求分析；二是确认品牌竞争者并明确其定位；三是测试消费者的偏好；四是从竞争优势提炼品牌核心竞争价值；五是确定品牌定位；六是品牌定位的传播和监控。品牌定位的方法有产品定位法、目标市场定位法、竞争者定位法、其他定位法等。

　　品牌个性即品牌性格，是一个品牌所体现出来的独特价值及其存在形式，以及企业将这种独特价值向消费者传达的过程中，所采用的独特表现方式、风格以及人格化的描述。品牌个性的作用表现在以下方面：品牌个性能将本品牌的特别优势以独具一格、令人心动的方式展示与传达给目标消费者；在同质市场上，品牌个性能把同类产品品牌差异性体现出来；品牌个性与目标消费者个性的融合，可以使品牌更适应消费者；品牌个性一般都具有超越物质功能性利益的情感性感染力；品牌个性在许多情况下能够用人格化的语言体现出品牌与消费者之间的朋友关系。

　　塑造品牌个性的原则有：了解目标顾客的个性心理特征；参照产品类别与竞争者的品牌个性；品牌要素相匹配原则；选择合适的营销组合。塑造品牌个性的方法有十种，分别是产品特征、包装设计、价格定位、广告风格、使用群体、标志符号、问世时间、出生背景、公关活动、公司领袖等。

基本概念

　　品牌定位　品牌个性　品牌个性化　产品定位法　目标市场定位法　竞争者定位法

复习思考题

1. 什么是品牌定位，品牌定位的常见方法有哪些，请举例说明。
2. 什么是品牌个性，品牌个性的作用有哪些？
3. 品牌个性的塑造方法有哪些，请举例说明。

课后案例

案例1:

李宁,跟随战略能创出自己的品牌吗?

自1990年以来,李宁成就了中国运动服装第一品牌的地位,这十几年来对李宁品牌的讨论不绝于耳。世界品牌实验室认为无论是从最早的"中国新一代希望"到"把精彩留给自己",到"我运动我存在"、"运动之美世界共享"、"出色,源自本色"等,还是现在的"一切皆有可能(Just do it)",李宁始终找不到明确的品牌方向,找不到清晰的品牌定位,没有具体的品牌焦点。事实上,现在的李宁正逐渐在衰退。

一、李宁为什么成功

从品牌塑造的角度来看,首先,李宁公司的成功得益于李宁是世界级体操王子。当初李宁退役之后依靠在中国体育界的影响力,依靠个人作为体育明星的魅力,能够迅速扩大李宁服装品牌的影响力;其次,李宁是第一个站出来大声说话的中国体育品牌。占据第一就有天然的优势。谁都知道许海峰是中国第一个夺取奥运金牌的运动员,在奥运史上夺取第二块金牌的运动员是谁,恐怕就没有几个人记得。许海峰被载入了史册,正如刘翔也会被载入史册一样,这就是占据第一所能取得的优势。李宁占据了这个优势,为品牌迅速崛起提供了更大的可能性。最后,当时没有强有力的竞争对手。耐克是谁?阿迪达斯是谁?恐怕当时很多消费者并没有清晰的认识。即使知道,也觉得遥不可及,这为李宁的崛起提供了市场机会。

二、李宁品牌战略暗示李宁的衰势

李宁成功了,但从李宁的品牌战略来看,又不可避免地开始衰落。李宁的品牌战略是典型的跟随战略。自李宁的消费者心中产生认知以来,一直都是跟随耐克的战略。从品牌视觉识别来看,李宁的Logo与耐克的Logo非常相像;从品牌传播来看,当耐克在提倡"Just do it"的时候,李宁提倡"我运动、我存在";当耐克提倡"I can"时,李宁提倡"一切皆有可能"。李宁的运动主张简直就是耐克的中文版。这种跟随战略,在耐克不想与其竞争,各守一块阵地时相安无事。但是,一旦耐克对李宁发动进攻,李宁就很容易溃不成军。从目前的市场情形来看,耐克正一步步侵蚀李宁的市场,李宁还能"一切皆有可能"吗?

李宁曾经依靠个人在体育界的影响力将李宁服装做大,但是这种影响力能持续多久?如果李宁只是做一代人或现代人的市场,那也没必要讨论。如果要做成百年老牌,那李宁的个人影响力能继续支撑下去吗?20世纪90年代出生的人对李宁已经感到陌生,在他们的印象中,李宁与安踏一样是国产品牌,不在他们的考虑范围之内,他们只相信耐克。那么延续下去,到21世纪20年代、30年代出生的人呢?李宁的个人影响力将会越来越弱,作为服装品牌,李宁必须要依靠自身的品牌核心理念在消费者心中建立明确认知,才有可能成为真正的百年品牌。

案例讨论题：

1. 20 世纪 90 年代李宁品牌能够做成中国体育界运动服装第一品牌，背后的原因是什么？

2. 从市场角度来看，李宁品牌营销策略有哪些不足之处？你认为，李宁品牌到底应该如何定位？

案例 2：

哈雷—戴维森：品牌个性造就的经典

1901年，在美国的北部小镇——威斯康星州密尔沃基，年仅21岁的威廉姆·哈雷和20岁的阿瑟·戴维森在一个德国技师的帮助下，在一间150平方英尺的小木房子里忙碌不停，两年以后，终于制造出第一台哈雷摩托车。2001年，哈雷公司共生产销售整车23.4万辆，销售收入30.36亿美元，被《福布斯》杂志评为"2001年度公司"，被《财富》杂志评为"最受尊敬企业之一"。

哈雷——戴维森来自美国的西北部。西部的蛮荒和辽阔对生存在那里的人们来说，意味着自由、粗犷、奔放、洒脱和狂放不羁，甚至带有浓郁的野性。身怀绝技、独来独往的西部牛仔们没有高贵的出身，凭着过人的胆识、精湛的枪法和骑术就可以在辽阔的天地间建功立业。牛仔文化彰显力量、个性、正义和激情，其精髓就是自由、平等、富有和进取。哈雷—戴维森品牌文化与牛仔文化一脉相承，是牛仔文化的演绎和物化。哈雷—戴维森彻头彻尾都流淌着美利坚的血液，如果说可口可乐代表着美国精神，那么骑上哈雷—戴维森摩托就像在世界性的体育盛会上披上米字旗。一个世纪的沉浮、一个世纪的文化沉淀，孕育出灿烂丰富的哈雷摩托车文化——自由、个性、进取，一直作为哈雷品牌的特种精神含义，令无数的哈雷车迷们为之倾倒、为之痴狂。

哈雷车独有的颜色——橄榄绿色在战后一直沿用下来，甚至成为象征胜利的流行色，在人们心目中，它代表勇敢、活力和必胜的信念。从外形看，哈雷摩托车的最大特点就是体积硕大，给人一种突出的存在感，外观庄重、装备整齐、整装豪华，马力强劲，接近汽车的大排量大油门带来的独特的轰响、炫目的色彩、硬朗的线条、独特的造型，甚至烫人的排气管都令哈雷车迷疯狂。哈雷之所以如此受欢迎，主要就是因为经得起时间考验的经典设计，哈雷车的造型是那样的古典、浪漫、粗犷，甚至最流行的车型往往是最古典的车型。哈雷还有一个美学原则是裸露美，能裸露的地方尽量裸露，尽管哈雷裸露的钢铁的心脏、金属的质感，但在男人心目中犹如裸露的女神。与其说哈雷车是交通工具，不如说哈雷车是一件巧夺天工的艺术品。模仿哈雷的有很多，宝马、雅马哈，它们都试图模仿哈雷，但他们都没有获得哈雷的真谛，无法做到形神兼备。哈雷车的发动机也是相对落后的，但这不意味着哈雷车的落后。从选料到加工工艺，以及将CAD技术运用到车驾设计当中，令模仿者望尘莫及。尤其是驾驶哈雷的那种从容，那种卓而不群的气度，那种无与伦比的自豪感是很多人心驰神往的，加上沉重的车身，没有强健的体魄、过人的胆识是不够资格驾驭哈雷的，驾驭哈雷其实就是一种征服的快感，能够驾驭哈雷的人没有理由不骄傲。怪不得有人说哈雷是自由的钢铁，流动的风景。

哈雷车最大的一个特点就是比轿车还贵。一般流行的哈雷车的售价在15 000～20 000美元，五六十年代的哈雷经典车型的身价为25 000美元，三四十年代的老车型现在仍然可以卖到30 000～

40 000美元。不菲的价格让普通的消费者望尘莫及，玩得起哈雷摩托车的人大都是商界名流、影视大腕、体育明星和政界精美。哈雷的驾驭者来自不同国家的不同领域，但他们有共同的梦想和追求，他们都追求个性、崇尚自由、积极进取，有很高的经济收入和不俗的生活品味。哈雷时尚的始作俑者，恐怕要算美国摇滚鼻祖猫王了。当年猫王的一大嗜好就是驾驶一辆哈雷——戴维森摩托车。猫王的这一做法相当于担当了哈雷的形象大使，免费为哈雷做了广告。现在，哈雷车迷的名单中又增加了我们熟悉的名字——约旦国王侯赛因，伊朗前国王巴列维，著名演员施瓦辛格，中国艺人王杰、许巍、叶童、钟镇涛等。美国亿万富翁福布斯就是哈雷车迷，他是世界上个人拥有哈雷车最多的人（100辆），他的一大爱好就是驾驶一辆哈雷车出门游玩。不论是好莱坞的明星大腕、F4赛车手，还是MBA、律师以及政界要员无不以哈雷为乐、以哈雷为荣，他们都在为哈雷做广告，人人都宣传自己的爱车是精品，哈雷是他们的价值和精神依托。哈雷逐渐成为一个阶层的生活方式。

资料来源：中国进口网，http://www.import.net.cn/bus/hyml，2007年3月9日。

案例讨论题：
1. 哈雷—戴维森的品牌个性来源于哪几个方面？
2. 哈雷—戴维森的消费者有些什么个性？他们的形象与哈雷的品牌个性有何关系？

实训题

搜集某行业两个代表性品牌，对比分析其品牌定位和品牌个性。

在定位时代，你要做的最重要的营销决策便是为产品取个名称。

——A·里斯和J·特劳特

【本章重点】

- 品牌 VIS 系统的含义、内容和设计原则
- 品牌名称设计的原则和策略
- 品牌标志设计的作用、原则和方法

【引例】

联想启用新的品牌标志

2003年4月28日，联想集团正式放弃旧的品牌标志，以LENOVO取而代之。进入21世纪，联想确立了"高科技的联想、服务的联想、国际化的联想"的发展目标。

国际化是联想既定的发展方向。联想要国际化，首先需要一个可以在世界上畅通无阻的、受人喜爱的英文品牌和新的品牌标志，为国际化的战略部署提前做好准备。LENOVO这个新的英文名称，是在继承已有品牌资产基础上的发展与升华。"LE"代表联想过去的英文名称"Legend"；"NOVO"是一个很有渊源的拉丁词根，代表"新意，创新"；整个品牌名称的寓意为"创新的联想"。

新标志赋予联想新品牌四大重要特性：诚信，创新有活力，优质专业服务和容易。整个标志创新的过程，也是联想对多年来形成的企业文化的总结、提炼和创新，为企业的进一步发展打下了坚实的基础。

资料来源：黎群，《企业品牌标志的独特魅力》，《中国文化报》，2004 年 5 月 18 日。

第一节 品牌设计概述

一、品牌设计的含义

品牌设计有广义与狭义之分。广义的品牌设计包括品牌战略设计和品牌表现设计，其中，战略设计是无形的，是一个品牌的价值定位过程，包括品牌目标市场界定、品牌理念设计、目标消费者设计、产品概念设计和市场设计等内容；品牌表现设计是化无形为有形，用准确的视听觉语言表现出来，包括规范性的品牌视觉识别设计和应用型的产品造型设计、包装设计等内容，是战略设计的外在表现。狭义的品牌设计是指后者，又称品牌视觉识别设计、品牌形象设计。目前企业界普遍采

用的品牌形象识别设计方法是 VIS。

二、品牌VIS系统

品牌具有较强的识别作用，使之从众多同类产品中凸显出来，以利于消费者识别和购买。这种识别既表现在品牌文化、个性等内涵方面，也表现在品牌名称、标记、符号、图案等方面，令消费者产生视觉上的差别。

品牌 VIS（Visual Identity System），即品牌视觉识别系统，是一种具体化、视觉化的符号识别传达方式。它将品牌经营理念、品牌文化、服务内容、品牌制度等抽象语言，以独特的名称、标志、标准包装等视觉要素具体而形象地表现出来，从而区别于其他企业。如由醒目的运动员运球转身动作和"NBA"三个字母组成的 NBA 标志图案、麦当劳黄色大写的 M 型黄金双拱门等都给人以强烈的视觉冲击。

VIS 包括基础设计系统和应用设计系统。基础设计系统的要素有品牌名称、 品牌标志、标准字体、标准色彩、标志造型和品牌广告语等；而应用设计系统要素包括事务用品、包装、环境、交通运输工具和制服等，如图 7-1 所示。

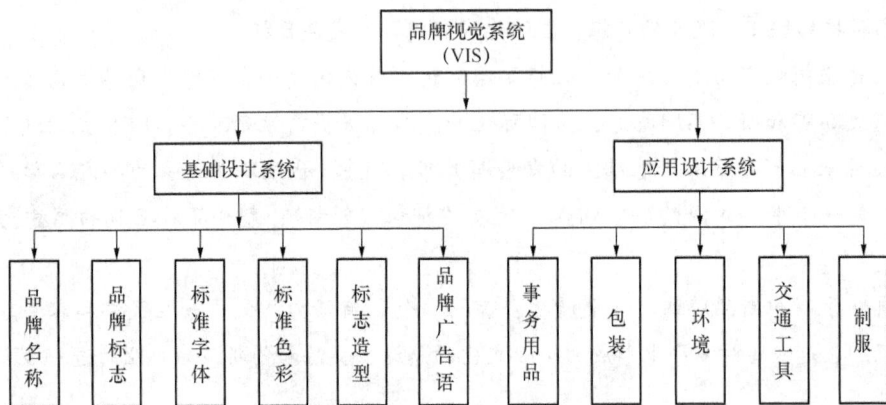

图 7-1　品牌视觉识别 VIS 系统

第二节 | 品牌名称设计

一、品牌名称的意义

每个品牌都有自己的名称。品牌名称是品牌识别中可以用文字来表述并用语言来传播的部分，也称"品名"。如可口可乐（Coca-Cola）、奔驰（BENZ）、奥迪（Audi）、海尔（Hair）等。好的产品好比一条龙，而为它起一个好的品牌名字就犹如画龙点睛，大大有助于品牌与外界的传播和沟通。

品牌名称能够提供品牌联想，它能最大限度地激发消费者对于品牌的一种感知联想。一提到某个品牌名称，人们马上就会自然而然地对该品牌所代表的产品或服务的质量、形象、特色等产生一个整体的印象。

品牌名称也可以从不同侧面诠释品牌的核心价值，成为品牌传播的最好载体。比如"古驰"（Gucci）皮具突出了产品古典朴素的设计；"易趣"（eBay）拍卖网站，传达的是"交易的乐趣"；帮宝适（Pampers）给宝宝提供最贴心的照顾，让他们舒适惬意，令人联想到它的柔软。这些品牌名称我们一听就可以了解到其品牌核心价值能够带给消费者怎么样的利益。

我国绝大多数品牌，汉字名称取得尚可，但在走出国门时，有些企业直接用汉字品牌的拼音作为品牌名称，结果因为外国人并不懂拼音所代表的含义而失去市场。例如长虹，其汉语拼音CHANGHONG 被直接用作商标，而 CHANGHONG 这个音节在外国人眼里没有任何含义。海信，在走出国门前，从全球战略角度重新注册了"Hisense"这个英文商标，其 high sense "高灵敏、高清晰"的含义，非常符合家电产品特性。此外，high sense 还有"高远的见识"之意，体现了品牌的远大理想，非常巧妙，赢得了海外消费者的广泛欢迎。

二、国内外著名品牌名称设计的类型

国外众多知名企业对品牌命名都十分重视：据 P&G 报告，在其 Coast 肥皂导入市场前，为取该名花费了 100 万美元；美孚石油公司曾拨款 140 万美元用于选定品牌名字，它们组织了心理学、语言学、社会学和统计学等方面的专家，耗时 6 年，对 55 个国家的语言、民俗进行调查分析，提出了 1 万多个草案，最后才选定"Exxon"这一名字；美国 IBM 公司，为了给产品起好的、适合消费者的名字，还专门成立了品牌命名部，专门负责品牌的命名，等等。

纵观国内外一些著名品牌，它们的名称各具特色，又都遵循着共同规律，概括起来，主要有以下一些类型。

（一）地域命名

地域命名即以产品的出生地或所在地名称作为品牌的名称，以突出产品的原产地效应。原产地通常具有生产某产品的独特资源，具有独一无二的产品品质，消费者对该地域及其产品形成了信任。如青岛啤酒，人们看到青岛两字，就会联想起这座城市"红瓦、黄墙、绿树、碧海、蓝天"的壮美景色，使消费者在对青岛认同的基础上产生对青啤的认同。类似的还有蒙牛、宁夏红、鄂尔多斯、景德镇等品牌，都是以突出产地来证实这种产品的正宗的。

（二）人物命名

人物命名即以产品的发明者、企业创始人或者与商品相关的某个明星的名字作为品牌的名称，以利用名人效应，吸引消费者认同。如中国的"李宁"牌，就是体操王子李宁利用自己的体育明星效应，创造出的一个中国体育用品品牌。类似的还有"戴尔"电脑、"松下"电器、"本田"汽车等。这样取名能够借助名人的威望及消费者对名家的崇拜心理，激发人们的回忆和联想，对品牌留下深刻的印象。

（三）目标顾客命名

目标顾客命名即以目标顾客群作为品牌名称，以明确该品牌所服务的对象，使目标客户产生认同。"太太口服液"是太太药业生产的女性保健口服液，此品牌使消费者一看到该产品，就知道这是专为已婚妇女设计的营养品；类似的还有"太子奶"、"好孩子"、"娃哈哈"、"乖乖"、"商务通"等。这种命名法可以有效地获得目标消费者的认同。

（四）形象命名

形象命名即运用动物、植物或自然景观等来为品牌命名，以使人产生联想并留下深刻的印象。比如圣象地板、小天鹅洗衣机、金丝猴奶糖、盼盼安全门、苹果牌电脑等。但要注意的是，这种联想应该是积极的，与品牌的核心价值相一致，否则会适得其反，引起消费者的反感而拒绝购买。

（五）企业命名

企业命名即将企业名称直接用做品牌名称，以利于打造企业品牌，提升企业形象。企业名称有两种类型：全称式和缩写式。全称式如摩托罗拉手机、索尼电器等；缩写式名称是用企业名称的缩写来为品牌命名，即将企业名称每个单词的第一个字母组合起来，如 IBM，全称是 International Business Machine，汉译名称为国际商用机器公司；3M，全称为 Minnesota Minning & Manufacturing Co.，汉译名称为明尼苏达采矿制造公司，公司所有的产品都以 3M 为品牌名称。类似的还有 TCL、LG、NEC 等。

（六）利益价值命名

利益价值命名即用企业追求的价值来为品牌命名，以便让消费者感受到企业的价值观念以及从品牌中能够获得的利益。比如"飘柔"洗发水，明确其产品能够带给使用者飘逸柔顺的秀发；而"快译通"、"好记星"等，强调了产品的功能利益；武汉"健民"品牌突出了其为民众健康服务的企业追求；北京"同仁堂"、四川"德仁堂"品牌，突出了"同修仁德，济世养生"的药商追求。

（七）数字命名

数字命名即以数字或数字与文字联合组成品牌名称。这可以使品牌增强差异化识别效果，借用人们对数字的联想效应，打造品牌的特色。如"三九药业"的品牌含义就是："999"健康长久、事业恒久、友谊永久。"7-11"是世界最大的零售商和便利店特许商，在北美和远东地区有 2.1 万家便利店，该公司用"7-11"为企业命名的意思是开店时间是早 7 点到晚 11 点之间，目前已成为世界著名品牌。

采用数字为品牌命名容易为全球消费者所接受，但也需考虑各国对数字的含义的不同理解，避免不必要的麻烦和冲突。如日本人回避数字 4，西方人忌讳数字 13。其他较著名的数字品牌还有"001"天线、"555"香烟、香奈儿 5 号香水（Chanel No.5）等。

案例 7-1

樱花胶卷取名的失败

以胶卷市场为例，20世纪50年代，樱花公司在日本胶卷市场上的市场占有率超过了50%，与富士公司一起同时成为日本胶卷市场的两大巨头。然而后来富士的市场份额越来越大，最终击败樱花公司，成为市场霸主。根据调查，樱花公司失败的原因并不是产品的质量问题，而是产品名称。在日文里，"樱花"一词代表软性的、模糊的、桃色的形象，而在消费者的印象中，这一形象几乎有悖于胶卷的品质优良、清晰的定位，因而无法在脑中形成有力的品牌定位。樱花公司因此而受到其樱花牌胶卷名称的拖累。相反，"富士"一词则同日本的圣山"富士山"联系在一起。樱花牌胶卷受制于这一不幸形象，各种广告宣传均无济于事，只有节节败退。

直到1987年，樱花胶卷在中国台湾市场的占有率仅仅为6%，远远低于富士和柯达。当年，以樱花胶卷为主打品牌的小西六摄影工业株式会社，只得更名为柯尼卡（Konica）。樱花胶卷借其日本总部在全球统一品牌，改称"柯尼卡"（Konica）之机，推出强势广告及SP活动，而在转换品牌名称时，借演技派明星李立群在电视广告中面对观众，要求"跟我念一遍——Konica"，并取得了预想效果，李立群遂成柯尼卡"大使"，小朋友见了他，便齐声喊"柯尼卡……"借助令人印象深刻的广告，以及清晰的品牌定位和有力的市场推广活动等，柯尼卡当年大获丰收，一举夺得23%的市场份额，名副其实地与富士、柯达"三足鼎立"，分庭抗礼。

资料来源：改编自彭健，《试论报纸栏目的品牌》，《新闻传播》，2004年第2期。

三、品牌名称设计的原则

一个好的品牌名称是品牌被消费者认知、接受、满意及至忠诚的前提，品牌名称在很大程度上影响着产品的销售和市场份额。一般，品牌名称设计应遵循以下原则：

1. 简明独特

为便于消费者识别和记忆，迅速提高品牌的知名度。要求：音节不要太长，汉语品牌应以 2～3 个汉字为主，英语品牌应以 5～8 个字母为宜；不使用生僻字词；取材广泛，不盲从，忌抄袭。如联想、海尔、格力、奇瑞、现代、茅台、五粮液、Kodak、Kraft、Parker、Pepsi、Compaq、Crest、Disney、Dole 等。

2. 寓意深刻

深刻的寓意可以引发消费者产生联想和思考，在心里产生品牌价值的认同感，从而在内心留下深刻的印象。如"三九胃泰"寓意天长地久人长久；"红豆"蕴含思念之情，情深浓重；"同仁堂"蕴含"同修仁德"之意；"海尔"蕴含"海尔是海""海之胸怀"之意；Hermes，世界高端品牌，中文名"爱马仕"蕴含高贵的身份和品位；Poison，世界著名香水品牌，原意是"毒药、毒液"，寓意独特，吸引了众多的猎奇族而风靡世界。

3. 发音响亮

品牌传播一靠媒体宣传，二靠消费者口耳相传，而发音响亮的品牌，抗干扰力强，说得清楚，听得明白，有利于品牌的传播。如英语品牌常以"K"、"P"、"C"、"B"、"D"、"G"等字母开头，以保证品牌的发音更响亮，提高传播的效果。

4. 视觉美观

品牌既是听觉符号，又是视觉符号，既要听起来悦耳，也要看起来悦目。调查表明，人们每天所接收到的信息中有 83%来自于视觉感知。可见视觉效果对于品牌的重要性。一般来说，需要做到以下三点：一要选择形体较好的字词，如结构稳定、笔画适中、繁简适宜的字词；二是选择适宜的字体；三是慎选颜色。以保证品牌名称看起来也很美。

5. 适应性广

现代社会，产品销售已经突破了地域限制，从而品牌命名不能只考虑为某一个国家或地区的消费者接受，还必须适应全球消费者的需要，这样产品才能畅通无阻。

6. 符合《商标法》

资料 7-1

《商标法》中关于商标使用的禁止和限制方面的规定

《商标法》规定禁止在商标中使用下列文字和图形：①同中华人民共和国的国家名称、国旗、国徽、军旗、勋章相同或者近似的，以及同中央国家机关所在地特定地点的名称或者标志性建筑物的名称、图形相同的；②同外国的国家名称、国旗、国徽、军旗相同或者近似的，但该国政府同意的除外；③同政府间国际组织的名称、旗帜、徽记相同或者近似的，但经该组织同意或者不易误导公众的除外；④与表明实施控制、予以保证的官方标志、检验印记相同或者近似的，但经授权的除外；⑤同"红十字"、"红新月"的名称、标志相同或者近似的；⑥带有民族歧视性的；⑦夸大宣传并带有欺骗性的；⑧有害于社会主义道德风尚或者有其他不良影响的。另外，县级以上行政区划的地名或者公众知晓的外国地名，不得作为商标。但是，地名具有其他含义或者作为集体商标、证明商标组成部分的除外；已经注册使用地名的商标继续有效。

资料来源：中国法律网，http://www.cnfalv.com/a/jd23/8402.html，2007 年 2 月 28 日。

四、品牌命名的程序

现代品牌命名是一个科学、系统的过程。一般遵循以下步骤：提出方案—评价选择—测验分析—调整决策直到确定命名。

1. 提出备选方案

品牌设计者根据品牌命名的原则，广泛收集可以描述产品特征的单词或词组。常常运用的方法是头脑风暴法。它可以通过集思广益的方式在一定时间内得到大量的候选品牌名称。如丝宝集团在为洗发水起名字的时候，便让营销人员尽可能列出与头发相关的字，并要求打破语言文字的常规组合，但要富有寓意，"舒蕾"、"风影"等名称便是这样产生的。此外，在媒体上刊登广告广泛征集品牌名称也是一种不错的方法，这样既可以为企业造势，也可能收获优秀的创意。

2. 评价选择

有了若干个符合条件的候选品牌名称之后，组织一个专业的评价小组，评价小组成员宜涉及语言学、心理学、美学、社会学、市场营销学等各领域的专家，由他们对备选品牌名称进行初评。初评出来的品牌名称既要能反映企业的经营理念，也要符合企业的长远发展。

3. 测验分析

事实上，消费者才是品牌名称的最终决定者。因此，对专家们初评出来的方案进行消费者调查，了解消费者对这些品牌名称的反映，是非常关键的一步。这一环节常采用调查问卷的方式展开。调查问卷应包括以下内容：名称联想调查，即选定的品牌名称是否使消费者产生不理解的品牌联想；可记性调查，品牌名称是否方便记忆，通常的做法是挑选一定数量的消费者，让他们接触被测试的品牌名称，经过一段时间后，要求他们写出所有能想起来的名称；名称属性调查，即品牌名称是否与该产品的属性、档次以及目标市场的特征一致；名称偏好调查，即调查消费者对该名称的喜爱程度。

4. 调整决策

如果测试分析结果不理想，消费者并不认同被测试的品牌名称，就必须重新对品牌进行命名，直到最后获得消费者认可为止，切不可轻率决定。

五、品牌命名的策略

（一）品牌来源策略

品牌来源策略即以产品的创始人、生产者、加工者或产地作为品牌名称，或者用文学作品中虚拟的人名或地名作为品牌名称，从而引起人们的美好联想，比如太阳神、孔乙己等。这种策略应用十分广泛，香格里拉（Shangrila），原本只是美国作家詹姆斯·希尔顿创作的小说《失落的地平线》中一个虚构的地名，风景宜人，犹如世外桃源，后来先后被用做饭店的品牌名、云南的一处地名。香格里拉·藏秘青稞干酒则再一次把香格里拉作为酒品牌予以应用。

（二）目标市场策略

目标市场策略即以目标消费者为对象，根据目标市场的特征进行命名，以暗示产品的消费对象。需要注意的是这种品牌名称要符合消费者的心理、文化和品位，其寓意要符合目标消费者的年龄、性别、身份和地位等。例如"太太"、"清妃"、"方太"等，其中"太太"这一名称就清晰地表明了这种口服液的消费者是那些太太们，同时也暗示了这一消费群体富足而悠闲的生活状态。

（三）产品定位策略

产品定位策略即以产品特征来命名，产品特征有产品本身的功能、效应、利益、使用场合、档次及其所属类型，使消费者从中领会到该产品所带来的利益。这种利益包括功能性利益和情感性利益。诉求功能性利益的比如奔驰（汽车）、飘柔（洗发水）、波音（飞机）、佳能（相机）、捷豹（汽车）、美加净（香皂）、固特异（轮胎）、锐步（运动鞋）、快捷（相纸）等；诉求情感利益的比如登喜路（服装）、金利来（服装）、美的（家电）、百威（啤酒）、家乐氏（食品）、七喜（饮料）、定康（汽车）等。

（四）本土化与全球化的选择策略

随着全球营销时代的来临，品牌命名需要考虑全球通用的问题。一个完善的品牌应当易于为世界上尽可能多的人发音、拼写、认识和记忆，在任何语言中都没有贬义，这样才利于品牌名称在全球市场上传播。由于世界各国消费者的历史文化、风俗习惯、价值观念等存在一定的差异，使得他们对同一品牌的看法也会有所不同。在一个国家非常美好的意思，到了另一个国家其含义可能完全相反。比如，在我国"蝙蝠"的"蝠"与"福"同音，被认为是美好的联想，就有厂家把生产的电扇命名为"蝙蝠"牌，而在英语里，"蝙蝠"（Bat）却是吸血鬼的意思。当然，品牌名称绝对全球通用往往不现实，因此在实际执行时，可以采用"全球思考，本土执行"和"全球兼顾当地"的做法。在向全球推广时，可采用另外起名或翻译原有名称的做法，如宝洁公司的飘柔洗发水在美国叫Pert-Plus，在中国则叫飘柔。

资料 7-2

汉语和英语的品牌名称记忆

亚太地区的语言（如汉语）是基于形意的书写体系，而西方语言（如英语）采用的是字母体系。有学者研究了语言差异对思维影响的差异，这会进一步影响消费者对口头信息（品牌名称）的记忆。他们在北京和芝加哥分别以中国学生和美国学生为样本进行了实验研究，结果发现：汉语的口头信息的表示主要以视觉方式编码，而英语的口头信息的表示主要以音韵方式编码。因此，营销者应进一步增强讲汉语的消费者信赖视觉表示的倾向，以及讲英语的消费者信赖音韵表示的倾向。这可以通过针对汉语消费者选用视觉独特的品牌名称的书写或书法以及强调书写的图案设计来实现。另一方面，目标针对英语消费者的营销者应通过采用押韵和拟声的名称设计，努力运用其品牌名称的发声特点。

资料来源：Bernd h.Schmitt,Yigang Pan & Nader T.Tavassoli,Language and Consumer Memory: The Impact of Linguistic Differences between Chinese and English,Journal of Consumer Research, December, 1994, Volumn21, pp.419-431.

第三节 品牌标志设计

品牌标志是指品牌中可以识别但不能用语言表达出来的部分。运用特定的造型、图案、文字、色彩等视觉语言来表达，象征着该品牌的形象。品牌标志可以分为标志物、标志色、标志字、标志包装等，它们同品牌名称共同构成品牌的外显要素或品牌视觉识别系统。事实上，品牌标志应用相当广泛，从产品的包装系统到品牌延伸，从营销网络到零售空间，随处可见到它的身影，是品牌视觉系统里应用最为广泛的要素。一个成功的品牌标志设计所构建的稳定的、具有差异化价值的、简明易记的品牌视觉识别系统将会为品牌带来潜在的传播价值。

一、品牌标志的作用

心理学家的研究结论表明：人们凭感官接受到的外界信息中，83%的印象来自视觉，11%来自听觉，3.5%来自嗅觉，1.5%来自触觉，另有 1%来自口感和味觉。标志正是品牌给予消费者的视觉印象，其重要性不言而喻。与品牌名称相比，品牌标志更容易让消费者识别，品牌标志作为品牌形象的集中表现，充当着无声推销员的重要角色，其功能与作用体现在以下几方面。

（一）品牌标志生动形象，让消费者容易识别

品牌标志包括标志物、标志字、标志色、标志包装等内容，这些内容大多以图案或符号等形式表现出来，简洁独特、富有寓意的图案符号总是很容易赚取公众的眼球，给公众留下鲜明深刻的印象。比如，不识字的幼童看到麦当劳金色的"M"，便知道是汉堡包；喜欢汽车的幼童看到四个相连的圈圈，就知道是奥迪车；看到三叉星环标志会大声叫出奔驰等。这些简洁形象的品牌标志使

消费者十分容易识别品牌，并且能够给消费者留下深刻清晰的印象。

（二）品牌标志能够引发消费者的联想

品牌标志往往能够引发消费者产生一定的联想，带给消费者不同的感受。风格独特的标志能够刺激消费者产生美好的联想，联想到品牌独特的定位、价值观和目标消费群体，因而对该品牌产品产生良好的印象。例如，奔驰的三叉星标志，使人联想到奔驰汽车在旷野上急驰的潇洒形象和它卓越的性能，及其带给消费者的成就感和满足感；星巴克"双尾鱼女神"标志能引发消费者充满异域风情，富有浪漫色彩的联想。

（三）品牌标志能够提高品牌附加值

品牌标志和包装设计的不同带给消费者不同的价值感受。因此，优秀的品牌需要优良的品牌设计和包装，这不但能突显品牌产品优良的品质，还能提升品牌的附加价值。比如，在白酒领域，新生的"水井坊"将贴花工艺创新性地用在了包装上，再加上文物保护认证、地方风物的描绘图、"世界之星"设计大赛等附加信息支持，构建起独特的品牌形象，顺利打开了高端市场。

（四）品牌标志有助于品牌宣传

品牌宣传可以丰富多彩，各种艺术化、拟人化、形象化的方式均可以采用，但核心内容应该是标志。品牌标志是最直接、最有效的广告工具和手段，企业应通过多种宣传手法让消费者认识标志、熟悉标志，理解标志的含义和意义，最终喜爱这个标志，从而不断提高品牌标志的知名度和美誉度，激发消费者的购买欲望，形成购买行为。

案例 7-2

日本"三菱"品牌标志的故事

日本"三菱"品牌的创始源于该公司创办人岩崎弥太郎在狱中的经历。当初岩崎在狱中结识了一位博学多才的老人，这位长者告诫他，企业发展条件中，最重要的是"人和"（出自孟子）。在老人的开导与影响下，岩崎将"人和"理念注入商标设计，组成了一个初步图案。随后又与岩崎家族的族徽三片树叶相融合，构成了三菱的商标。

三菱品牌不仅反映"人和"理念，并含有纪念之意，同时还令人联想到池塘中的菱叶所孕育的朝气，其形又与三片钻石相似而富有高贵感，故三菱的英文"Mitsubishi"是日语英译的"三——Mitsu"与"钻石——bishi"的合成词。同时，这三片菱形又标志着三菱公司经营宗旨的三原则："承诺对社会的共同责任，诚实与公平，以及通过贸易促进国际谅解与合作。"所以，三菱把这一造型简洁而蕴含丰富的商标，用于包括从轻工、日化到重工、轻纺以及汽车机械等一系列商品上，成为世界驰名的品牌。

资料来源：倪宁、陈绚，《讲个世界品牌的故事》，《中国建材》，2003 年 9 月。

二、品牌标志的种类

标志可以从不同的角度进行分类。按照标志的构成要素分为以下几类。

1. 字体标志

字体标志即以特定的字体、字体造型或字体所衍生出来的图案作为品牌标志。中文、英文大小写字母、阿拉伯数字等都可作为字体标志的设计要素。将字母或文字变形排列来作为标志，简洁而富有表现力，是一种常用的方法。如果将企业名称变形为字体标志，则既能传达企业的信息，又同时具有图形标志的功效，达到视觉、听觉合一的效果。如 IBM、Intel、TCL、联想、东芝等品牌。

2. 图形标志

图形标志即采用象形图案或几何图案来作为品牌标志。图形标志形象性极强，如果设计恰当，能够很好地表达出品牌的核心价值观和企业经营等信息。此外，由于这类标志没有文字特征，也就没有了语言方面的障碍，因而在世界任何地方都容易看懂，识别性极强，便于记忆。如奔驰、别克、劳斯莱斯、凯迪拉克等品牌。

3. 组合标志

组合标志即将上述两类结合起来，一般是将企业名称的主要单词与某种图像组合在一起作为品牌标志。组合标志兼有前两种类型的优点，又在一定程度上弥补了它们各自的缺点，既形象生动又简洁明了，为较多企业所采用。如雀巢、奥迪、宝马、麦当劳、肯德基等品牌。

三、 品牌标志设计的原则

1. 反映企业理念，突出企业形象

企业精神是企业的理念、文化的象征，品牌标志设计必须将企业精神内涵表达出来，让消费者透过标志领会企业的独特经营理念、价值观和产品品质。因此标志绝不是一个简单的视觉符号或图形。标志设计的关键之一是将企业形象概念准确地转化为视觉形象，这既需要有新颖独特的创意，也需要用形象化的艺术语言表达出来。标志设计的关键之二是将企业深刻的思想与理念内涵注入标志设计中，使设计效果别出心裁，富有文化意蕴。这样才能激发大众的心理认同。许多名牌标志都富有其企业的经营内涵和产品的功能特色。如德国奔驰轿车的标志，圆环内的三叉星造型既表达了企业征服海、陆、空的精神，同时也十分形象地表达出了产品的功能特色。我国的东风汽车的标志，圆环内的燕形物则表现了东风汽车速度快的性能特征。

2. 寓意准确，名副其实

品牌标志要准确巧妙地赋予寓意，形象地暗示内容，以耐人寻味。牢牢把握一个"准"字，要将企业的理念真实、准确地融合于品牌标志当中，切不可将两者分离开来。如雀巢公司的标志，图文并茂，一个给雀巢中小鸟喂食的母鸟，既巧妙地吻合了"依偎（Nestle）"的英文词，又使人在母亲、婴儿、营养品之间产生无限遐想，别具一格的形式将企业的理念表现得淋漓尽致。

3. 构思深刻，构图简洁

一个成功的标志，需要设计者在构思时，根据标志设计的功能和特点，充分发挥想象力和创造力，在设计中充分体现构思的巧妙和手法的洗练，力求在信息视觉化过程中以最凝练的语言表达最丰富的内涵，尽可能将繁杂的信息用最简练明晰、最富特色、最动人的方式表达出来。一个好的灵感和创意，总是在千百次的提炼后才产生的。简练而构思独特是标志设计的王道。比如，世界全羊毛标志是最简单不过的了，就是一团绒线，然而，却是全世界公认的最好的标志之一。

4. 独具创意，易于识别

企业标志形象应力求生动，富于个性与创意，可使用夸张、重复、节奏、象征、寓意和抽象等多种手段，使创意具有独特的风格和出"奇"制胜的效果，便于识别和记忆。标志本身是以生动的造型图像构成的视觉语言，这种视觉语言能否吸引公众的眼球并传到他们的精神系统，留下深刻的印象是关键。平庸无奇、杂乱不堪的标志设计只会令人索然无味，兴趣全无。所以，创造性是企业标志设计的根本原则。名牌标志均有一流的创意，矗立在世界各地的麦当劳快餐连锁店，那金色双拱形 M 标志，像两扇打开的金色大门，象征欢乐与美味；中国银行的标志，方圆组合为中国古代"钱币"的象征，方口上下两竖为中国的"中"字，一目了然，传意明确；Intel 的标志，在"e"上作了处理，使标志易于识别。

5. 造型优美，符合审美规律

标志本身是以生动的造型图像表现出来的，标志的造型是否优美，是否符合人们的审美习惯，是非常重要的。所以，标志也是一件艺术品，设计标志时需要把握一个"美"字，使人们在视觉接触中唤起美感，引起对美的共鸣。另外，还要注意给图形符号搭配合适的色彩，以衬托主题，增强美感。

6. 运用世界通用语言，适于跨地区传播

企业标志设计必须运用世界通用的语言形态，避免过分强调本国传统的语言形态，而造成沟通上的困难，宜吸取民族传统的共同部分，努力创造具有本国特色的世界通用语言。对于出口企业来说，其标志设计应适应目标对象的国别、宗教信仰、文化背景、民族特征、社会风俗和政治制度等特征，严格避免触犯禁忌之类的事发生。

四、品牌标志设计的基本要素

品牌标志主要包括标志物、标志字、标志色和标志包装等。

（一）标志物

标志物是非语言的视觉符号，包括图形、图案、符号、吉祥物等。它以直观生动的形象诠释着品牌理念，传达着品牌风格。在品牌标志系统里，最能够有效克服语言文字的障碍，传播范围最广。标志物大多采用象征手法，高度艺术化的表达方式。其中，标志图案的象征寓意有具象和抽象之分：具象的标志设计是对自然形态进行概括和提炼后所形成的图案。人物、动植物、风景等自然元素皆是具象标志设计的原型；抽象的标志设计则是运用抽象的几何图案传达事物的本质特征，达到"形有限而意无穷"的效果。

标志物设计通常包括三个步骤：（1）制作标准标志图。对标志图的内部构成及其相互比例进行严谨的设计，以保证其有效性。（2）解说标志。对标志图的设计理念和具体含义做出详细说明，以促进人们对标志物的正确理解。（3）标志变形规范。为了扩大标志物的应用范围，在确保标志整体形象特质不变的前提下，可对标志中的关键造型和主题进行一些造型变化。当然，这种造型变化需要结合消费者的认知和联想，通常直线引发人们果断、坚毅、有力量的联想，而曲线则象征柔和、丰满、优雅、纤弱等女性美。

（二）标志字

标志字在品牌传播中应用率极高，它既能够持续传递品牌多方面的信息，也能以鲜明的文字个性和美感，传达品牌的风格。常见的有手写字体、广告字体、印刷字体或者通用字体等。风靡世界的星巴克咖啡，采用手写字体，给人一种咖啡馆里人们信手涂写的感觉，或者以粗线条的钢印字母出现，令人联想起运送咖啡的粗麻布袋上的印刷文字，体现了一种独特的风格。其实，中文作为一种象形文字，十分讲究文字间的呼应和笔触的交接，以达到图文的统一，这种独特的文字魅力具有相当的价值。

（三）标志色

色彩在标志设计中起着强化传达效果和寓意的作用，不同的色彩所传达的寓意有所不同。可口可乐标志的红底白字给人以喜庆、快乐的感觉；雪碧的绿色则带给人们清爽、清凉及回归自然的遐想。有学者认为："销售商必须用蓝色容器或至少是以蓝色为主，糖才能卖出去，坚决不能用绿色。蓝色代表'甜蜜'，绿色代表'苦涩'，谁愿意去买苦涩的糖呢？"色彩运用于品牌标志的设计同样也能给人带来丰富的联想。不同色彩带来不同的联想意义，常见的色彩与联想的意义见表 7-1。

表 7-1　　　　　　　　　　　　　　　　色彩与联想的意义

色彩	正面联想意义	负面联想意义
白色	纯真、清洁、明快、喜欢、洁白、贞洁	致哀、示弱、投降
黑色	静寂、权贵、高档、沉思、坚持、勇敢	恐怖、绝望、悲哀、沉默
灰色	中庸、平凡、温和、谦让、知识、成熟	廉价
红色	喜悦、活力、幸福、快乐、爱情、热烈	危险、不安、忌妒
橙色	积极、乐观、明亮、华丽、兴奋、快乐	欺诈、妒忌
黄色	希望、快活、智慧、权威、爱慕、财富	卑鄙、色情、病态
蓝色	幸福、深邃、宁静、希望、力量、智慧	孤独、伤感、忧愁
绿色	自然、轻松、和平、成长、安静、安全	稚嫩、妒忌、内疚
青色	诚实、沉着、海洋、广大、悠久、智慧	沉闷、消极
紫色	优雅、高贵、壮丽、神秘、永远、气魄	焦虑、忧愁、哀悼
金色	名誉、富贵、忠诚	浮华
银色	信仰、富有、纯洁	浮华

本章小结

品牌设计有广义和狭义之分。广义的品牌设计包括品牌战略设计和品牌表现设计。战略设计是无形的，是一个品牌的价值定位过程，包括品牌目标市场界定、品牌理念设计、目标消费者设计、产品概念设计和市场设计等；品牌表现设计即品牌视觉识别设计。狭义的品牌设计是指后者，亦即品牌视觉识别设计、品牌形象设计。它包括基础识别系统和应用系统设计。VIS 设计是目前企业界普遍采用的品牌形象识别设计方法。

品牌名称是品牌识别中可以用文字表述并用语言进行传播的部分，其名称来源有地域命名、人物命名、目标顾客命名、形象命名、企业命名、利益价值命名、数字命名等。品牌名称设计的原则有简明独特、寓意深刻、发音响亮、视觉美观、适应性广、符合《商标法》等原则。品牌命名可以采取的策略有品牌来源策略、目标市场策略、产品定位策略、本土化与全球化的选择策略等。而品牌命名是一个科学、系统的过程，专业化的企业品牌命名一般遵循以下步骤：提出方案、评价选择、测验分析、调整决策直到确定命名。

品牌标志是指品牌中可以被识别，但不能用语言表达的部分。包括标志物、标志字、标志色和标志包装等。它们同品牌名称等构成品牌视觉的基础系统。品牌标志的作用体现为生动形象，让消费者容易识别；能够引发消费者的联想；能够提高品牌附加值；有利于企业进行品牌传播。

品牌标志设计有六个原则：（1）反映企业理念，突出企业形象。（2）寓意准确，名副其实。（3）构思深刻，构图简洁。（4）独具创意，易于识别。（5）造型优美，符合审美规律。（6）运用世界通用语言，适于跨地区传播。

基本概念

品牌设计　品牌 VIS　品牌名称　品牌标志　标志物　标志字　标志色

复习思考题

1. 品牌名称的来源有哪些？举出相应的例子。
2. 品牌标志的内涵和意义。
3. 品牌标志设计的原则有哪些？
4. 结合本章内容思考：中国企业在品牌命名和标志设计方面存在着什么问题？

课后案例

阵前变换大王旗　英特尔发布全新品牌标志

2006年1月4日，英特尔（Intel）公司在北京正式发布全新品牌标志，新品牌标志蕴含了一句新的品牌标语"Intel Leap ahead"，见下图。英特尔还宣布将于2006年年初推出面向数字家庭的全新平台——英特尔欢跃技术。英特尔表示，此次换标进一步显示了英特尔公司正在发展成为一个市场开拓型的平台化解决方案公司。

Intel新品牌标识是对在1991年创建并被广泛认同的Intel Inside标识和原有的英特尔"dropped-e"（下沉的e）标识进行修改。"dropped-e"是罗伯特·诺伊斯（Robert Noyce）与戈登·摩尔（Gordon Moore）在37年前创立他们新的"集成电子"（integrated-electronics）公司时创造的。英特尔的新标识结合了这两大标识的精髓，构建于英特尔博大的传承价值之上，同时展示了英特尔公司当前的全新发展方向。英特尔公司高级副总裁兼全球市场营销部总经理金炳国（Eric Kim）认为，"Intel Leap ahead"清晰地阐明Intel的身份和使命，它是英特尔公司优良传统的一部分，英特尔公司的使命就是不懈追求，推动技术、教育、社会责任、制造以及更多领域中的下一次飞跃，不断挑战自我。英特尔全新品牌构架如下图所示。

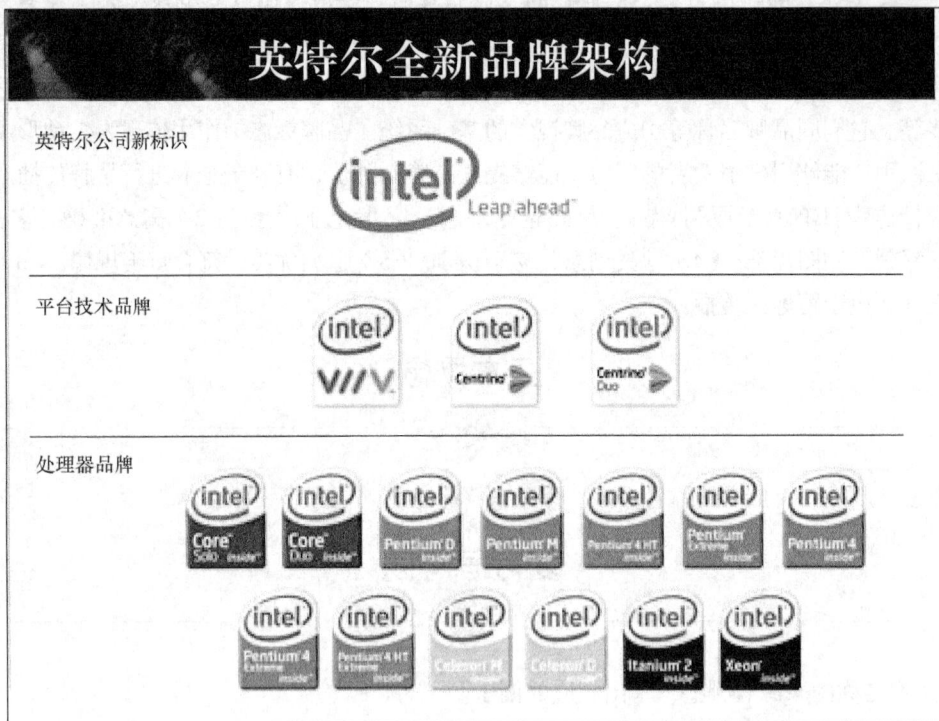

英特尔全新品牌架构

英特尔公司新标识

平台技术品牌

处理器品牌

英特尔旧标识

英特尔新标识

在谈到英特尔品牌新战略时，金炳国说："英特尔是全球最具价值的品牌之一，我们希望在发展公司的同时不断提升我们品牌的价值。此次转变将使人们更好地了解英特尔所取得的成就，与消费者建立更加紧密的情感联系，同时加强我们在市场上的整体定位。"

随着英特尔欢跃技术和移动平台NAPA的即将发布，英特尔新的品牌系统将极大地简化并统一英特尔产品与平台技术的外观设计风格。Intel新的品牌系统包括：英特尔欢跃技术与英特尔迅驰移动计算技术的新标识NAPA，以及重新设计的个别处理器、芯片组、主板及其他英特尔技术的标识。

资料来源：太平洋电脑网，http://www.pconline.com.cn/news/gnyj/0601/745057.html，2006年1月5日。

案例讨论题：

1. 英特尔是在什么环境下更换品牌标志的？为什么要更换？

2. 你认为英特尔新标识的设计成功吗？为什么？

3. 结合本案例，分析品牌标志对品牌资产附加值的影响。

实训题

1. 列举你认为最成功的三个品牌名称，并分析它们成功的原因。
2. 列举你认为最成功的三个标志设计，并分析它们成功的原因。

第八章 | 品牌价值与品牌资产

在企业全球化的浪潮中，建立强势品牌的关键是建立品牌资产，并且建立长期测量与管理品牌资产的机制。

——凯文·凯勒

【本章重点】

- 品牌价值的构成
- 品牌核心价值的含义及特征
- 品牌资产系统的内容
- 品牌资产评估的方法

【引例】

中华老字号品牌价值状况

中国品牌研究院2006年8月22日公布了《首届中华老字号品牌价值百强榜》。这是首次有机构对中华老字号品牌价值进行专业评价和研究。根据中国品牌研究院的调查，新中国成立初期，全国中华老字号企业大约有16000家，涉及餐饮、医药、食品、零售、烟酒、服装等行业。但是，由于种种原因，老字号企业经营不善，频频破产。1990年以来，由国家商业主管部门评定的中华老字号只有1600多家，仅相当于新中国成立初期老字号总数的10%。现在，即使这1600多家中华老字号企业，也多数出现经营危机，其中，70%经营十分困难，20%勉强维持经营，只有10%蓬勃发展。下表列出了中华老字号品牌价值的前十强。

排名	品牌名称	品牌价值（亿元）	行业	省份
1	同仁堂	29.55	医药	北京
2	恒源祥	25.52	纺织服装	上海
3	云南白药	25.19	医药	云南
4	冠生园	24.76	食品	上海
5	王老吉	22.44	医药	广东
6	全兴	20.56	酒业	四川
7	老凤祥	20.08	珠宝首饰	上海
8	锦江	19.77	酒店/饮食	上海
9	桐君阁	18.65	医药	重庆
10	全聚德	15.36	餐饮	北京

资料来源：中国品牌研究院，《中华老字号品牌价值状况》，http://www.brandcn.org，2006年11月25日。

第一节 | 品牌价值

菲利普·科特勒说："价值本质上就是把目标市场的质量、服务和价格正确地结合在一起。"价值不仅体现为产品的使用价值，同时也包括它所具有的文化内涵。任何品牌在向消费者提供产品价值的同时，也在传递着一种文化价值和情感价值。任何一个知名品牌，都有着它丰富的品牌内涵。

一、关于品牌价值的定义

对于品牌价值的界定，学术界目前已有两种看法：一是定位说，二是资产说。

定位说认为，品牌价值就是让消费者明确、清晰地识别并记住品牌的利益点与个性，即品牌定位。每一个成功的品牌都拥有其独特的核心价值与个性。例如，同是汽车，劳斯莱斯品牌价值定位是"皇家贵族"的坐骑，宝马则是"驾驶的乐趣"，沃尔沃则定位于"安全"；又如，海尔"真诚到永远"，诺基亚"科技以人为本"，万宝路"西部牛仔雄风"，金利来"充满魅力的男人世界"，等等。因此，一个品牌能够在日益趋同的市场竞争中脱颖而出，独树一帜，就是这个品牌的价值所在。

资产说认为，品牌价值是企业的无形资产。企业所拥有的无形资产越多，其品牌的价值越大。

总之，品牌价值是一个较为复杂的概念，应该从不同层面加以分析。从企业来看，品牌价值是品牌给企业带来的效益，这个效益就是企业的无形资产；从消费者来看，品牌价值是品牌商品带给消费者的物质和情感上的满足。因此，品牌价值是品牌提供给用户或消费者的整体实力的全面反映，是与某一品牌相联系的品牌资产的总和。品牌的价值体现在品牌与消费者的良好关系当中。

二、品牌价值的构成

品牌带给消费者独特的价值感，体现在品牌带给消费者的诸多满足、品牌在消费者心目中所占的位置、品牌给予消费者的关怀以及品牌带给消费者的美好体验等方面，这些都是消费者对品牌形成信赖的理由。品牌价值主要包括品牌的功能价值和情感价值两方面。

（一）品牌的功能价值

品牌的功能价值是指品牌产品的使用价值。是品牌下的所有产品带给消费者的功能上的满足，与产品的质量密切相关。它是品牌在市场上立足的基础，是赢得消费者信赖的最基本、最直接的因素。品牌产品的效用和使用价值决定着品牌的成败，顾客只有真正对产品的功能效用满意，才会持续购买品牌下的产品。市场上任何一个成功的品牌，都长期一贯地坚持提供高质量的、可以与任何竞争对手媲美的产品或服务。因此，品牌功能价值上的长期稳定是赢得消费者信赖的基础。但是，随着产品同质性的增强，品牌要在功能方面形成优势的难度也相应增大。具体而言，品牌的功能价值包括以下几个方面。

1. 产品质量

产品质量是品牌价值的生命，它反映在不同的产品上有着不同的要求和内容。每个行业每种产品都有相应的质量要求和标准。既符合行业质量标准又符合消费者的实际需要的产品，才是质量好的产品。

2. 设计价值

产品的设计是在产品实体形成之前的工作。产品设计水准的高低，直接影响着产品质量水平的高低。设计价值同时还体现在产品的功能设计上，如海尔健康空调、抗菌冰箱、可电视遥控的空调、搓板洗衣机等人性化的功能设计，带给消费者使用上便利的同时，也带给消费者体贴入微的感受。如今，海尔"零距离"贴近消费者，直接面对用户量身定做产品，完全按用户需要进行设计，带给消费者超值感受。

3. 工艺价值

工艺价值是指产品的生产工艺和制作技术。产品的生产工艺往往决定着产品的品质。同一产品往往有多种生产工艺和制作方法，产品的质量也会随着工艺不同、方法不同、制作水平不同而有很大差别。虽然随着现代科学技术的发展，产品生产的自动化程度越来越高，产品生产的效率大大提高，但对工艺品、丝绸绣品、艺术品、食品等众多品类来说，手工制作往往比自动化生产具有更高的价值。

4. 服务价值

随着产品同质化的不断加剧，关系营销和顾客服务将成为竞争的焦点。打造完善的品牌服务体系，为顾客提供全方位优质高效的服务，带给消费者完全的放心和信赖是品牌得以生存的法宝。未来的企业竞争就是服务竞争，服务系统带给消费者综合的满意程度，决定品牌服务价值的高低。服务包括售前服务、售中服务和售后服务三环节，每个环节有具体的要求。海尔"国际星级一条龙"服务，在产品设计、购买、上门安装、回访、维修等各个环节都有严格细致的制度规范和质量标准，比如上门服务时先套鞋套，以免弄脏消费者家中地板，安装空调时先把沙发、家具用布蒙上，服务完毕再用抹布把电器擦得干干净净，自带矿泉水，不喝用户一口水、不抽用户一支烟，临走时再把地打扫得干干净净，并请用户在服务卡上打分签字，真正体现了海尔"真诚"的服务价值。

（二）品牌的情感价值

品牌的情感价值是指顾客在消费品牌后获得的一种积极的情感体验，如安全感、兴奋感、温暖感、自我肯定、自我实现等感受。它体现了品牌给消费者带来的情感和心理上的感受。情感价值高于使用价值而存在，使品牌具有更为深刻的内涵，是建立品牌忠诚度的直接因素。消费者选择某个品牌，与其说是在选择产品，不如说是选择了这个品牌及其品牌文化。具体而言，品牌的情感价值表现在以下几方面。

1. 品牌历史

品牌历史是指品牌产生的历史起源。品牌悠久的历史本身就彰显了品牌的强大生命力，是形成品牌情感价值优势的重要因素。在品牌长期的生存与发展过程中，经历了时间和市场的双重考验，逐渐形成了消费者良好的认知和口碑，譬如上海的恒源祥、永久牌自行车，北京的同仁堂、全聚德、瑞蚨祥等。厚重的品牌历史带给消费者坚实的可靠感。

2. 人格特征

事实证明，消费者总是喜欢符合自己观念和个性的品牌，或是自己所追求的那种性格特征的品牌，因此，消费者总是容易受到与自身个性相似的品牌的吸引，并容易保持忠诚。消费者选择这个品牌的意图也是想借助品牌的形象来展示自己的个性，"让品牌成为自己个性的代言"。如一位成功的专业人士可能选择一辆宝马轿车显示他的富有和成功；一位母亲可能选择帮宝适来显示她对宝宝的关爱等。人格特征是品牌与消费者之间情感上的交流和认同，触及到消费者的精神需求，具有强大的影响力，可以促进品牌忠诚的建立。

3. 社会特征

社会特征是品牌在社会大众当中的认可度和社会地位。展现了品牌所属企业在社会上的影响力和被社会认同的程度，包括品牌的社会责任感、公益活动、对社会的回报、诚信、环保等方面。一个品牌想要长期生存和发展，一定要建立品牌良好的社会责任感并将它融入到核心业务中。这样既能受到同行的尊重，也能得到社会的广泛认可，从而为品牌创造良好的生存环境。时装品牌 Esprit 一直以宣传"绿色环保"为己任，踊跃参与世界地球日的宣传活动，把印有"绿色环保"口号的服装发给职员，在店内张贴环保海报，并鼓励顾客在市区种植树木及进行清扫活动。它还倡导健康生活，"每天一个苹果，大夫远离我"、"所有国家都应该归还本不属于他们的东西"及"在每个人决定要孩子之前，应该先上一堂为人父母的课程"，这些词句在不经意间征服了千千万万人。品牌具有的社会特征越明显，被社会认可的程度越高，带给消费者的情感价值就越高。

4. 文化特征

品牌文化是渗透在品牌经营全过程中的理念、意志、行为规范和团队风格等。当产品同质化程度越来越高，企业在产品方面难以获得竞争优势时，品牌的文化特征正好弥补了不足。品牌文化以精神、个性的塑造和推广为核心，贯穿于企业的营销策划、广告宣传、促销活动、客户关系等各方面，表现为品牌典故、故事、人物等形象。比如，可口可乐的诞生传奇、联想的创业故事、海尔的砸冰箱及送冰箱的故事等，都是品牌文化的鲜活表现。可以说，未来的企业竞争是品牌的竞争，更是品牌文化之间的竞争。

三、品牌核心价值

（一）品牌核心价值的概念

品牌核心价值是品牌价值的内核和主体部分，是品牌的精神内涵，代表着品牌对消费者的承诺和价值，是让消费者明确、清晰地记住并识别品牌的利益点与突出个性，是驱动消费者认同、喜欢乃至爱上一个品牌的主要力量。核心价值是一个品牌的立足之本。如六神花露水是"草本精华，凉爽，夏天使用最好"；宝马是"驾驶的乐趣"，沃尔沃是"安全"等。这些清晰的核心价值和个性，形成了品牌的差异化优势，在其目标市场上占据较高的市场份额。消费者会由对品牌核心价值的认同，而产生对品牌的美好联想和忠诚。打造品牌的核心价值已成为许多企业创造金字招牌的秘诀，是赢取竞争优势的关键。如果把品牌比作一个地球仪，核心价值就是中间的那根轴，不管地球仪如何旋转，轴心始终不动。

（二）品牌核心价值的特征

1. 排他性

品牌核心价值是独一无二的，具有明显的差异性和鲜明特性以与竞争者相区别。事实上，每个著名品牌都有自己独特的、与众不同的、鲜明的核心价值。比如，海信的核心价值是"创新"，其品牌主张是"创新就是生活"；科龙的核心价值是"科技"，其品牌主张是"梦想无界，科技无限"等。

2. 执行性

品牌核心价值需要企业有充分的执行力来保证其贯穿始终。比如，一个品牌核心价值定位于"创新"、"科技"，那它就必须有充足的技术优势来支撑；一个品牌的核心价值定位于"真诚"，则它必须有质量过硬的产品和细致周到贴心的服务来诠释。总之，品牌的核心价值必须能够长期执行才有意义。

3. 价值性

品牌的核心价值必须具备强大的情感感召力，以震撼消费者的内心深处，与消费者产生心理上的共鸣，给消费者亲切的感受和独特的价值体验。孔府家酒以"家文化"为核心价值，具有强大的情感感召力。一个美满幸福的家是中华民族的古老情怀，是一天紧张工作后温馨的港湾，是每一个人内心深处的梦想。因此，这一价值得到大多数人的认同。

4. 持久性

品牌核心价值一旦确定，便要长久坚持下去，绝不更改。当然，品牌核心价值在确定时，就要充分考虑其生命力，要确保其价值内涵历经若干年也不落伍，成为千年"不倒翁"。如北京同仁堂始终如一地遵循"炮炙虽繁必不敢省人工，品味虽贵必不敢减物力"的古训，历经 300 多年而不衰。

5. 包容性

品牌的核心价值需要包容企业经营的所有产品和所有行业，所以要有广泛的内涵。"健康成就未来"是海王品牌的核心价值，它能够包容海王旗下所有为人类健康服务的产品；耐克"Just do it（想做就做）"则展现了现代人敢于迎接挑战、彰显个性的性格，能够包容一切运动类产品。

（三）品牌核心价值的确定过程

品牌核心价值是品牌的生命，是赢取竞争优势的关键。品牌核心价值的确定必须科学严谨有序地进行。一般来说，品牌价值的确定需要经历以下过程。

第一步，同类品牌分析——寻找差异点

对同一环境下其他同类品牌的核心价值进行分析，尤其是对主要竞争者的核心价值进行分析，以寻找机会和差异点。如果竞争品牌都有了鲜明的核心价值并得到了消费者的广泛认可，则本品牌宜另辟蹊径，寻找差异化的消费者需要的新价值；如果竞争品牌的核心价值并不适合其长远发展，但却与自己非常贴切，则可以取而代之。比如，如果竞争对手已经提出了"创新"这个核心价值，但它又没有雄厚的资源来支持创新，但恰恰这一核心价值非常适合自己，本品牌有足够的资源来支撑，则可以将"创新"这一核心价值为我所用。通过企业不懈的努力，最终能够获得消费者的认同，在消费者的心目中，会将这一价值定格到这个品牌上。需要注意的是，每个行业的核心价值都会有所侧重，例如，食品行业，会侧重于生态、环保价值；信息产业，会侧重于科技、创新等价值；医药行业，会侧重于关怀、健康等价值。

第二步，检阅旗下产品——寻找共同点

对品牌下属的所有产品进行清理盘点，寻找它们的共同点。少数品牌只有一个产品，大多数品牌拥有数十甚至上百个产品，努力去寻找这些产品的共同点，为提炼品牌的核心价值作准备。如海尔企业的所有产品，从当初的冰箱、洗衣机、空调到后来的手机、电脑等都渗透着海尔"真诚到永远"的核心价值观。

第三步，感性提升——提出价值主张

品牌的核心价值来源于品牌下属所有产品所提炼出来的共同点，但又高于这些共同点，因为所有产品所具有的共同的物理特征，不能够直接成为品牌的核心价值。品牌的核心价值应该是一种情感，一种理念，一种人生观和价值观，是消费者在体验本企业的所有产品后所形成的综合感受。例如白沙香烟"鹤舞白沙，我心飞翔"的精神感召力使其在香烟品牌中脱颖而出，靠的就是其能兼容具体产品的理念。

最后，持续传播——强化核心价值

核心价值是品牌营销传播活动的原点和焦点，即企业的一切传播活动都要围绕品牌核心价值展开。在以后漫长的岁月中，企业要以非凡的定力去宣传这一核心价值，让品牌的每一次营销活动、每一笔广告费用都为品牌核心价值深入人心而加分，久而久之，核心价值就会在消费者大脑中留下深深的烙印，历经十年、二十年，甚至上百年也不会磨灭。品牌之王 P&G 有这样一条信念："一个品牌与产品没有核心价值是很难成为赢家的。"品牌的核心价值一旦确定，P&G 就不会轻易更改，之后一切营销传播活动都围绕核心价值来演绎。如舒肤佳的核心价值"有效去除细菌，保护家人健康"，多年来电视广告换了一个又一个，但广告主题除了"除菌"还是"除菌"；"健康亮泽"是潘婷品牌的核心价值，广告中的青春靓女换了一茬又一茬，但"拥有健康，当然亮泽"的承诺始终未变。

第二节

品牌资产

案例 8-1

联想并购 IBM 的 PC 业务

中国最大的电脑厂商联想集团2004年12月8日宣布，将以6.5亿美元现金和6亿美元联想股票，共12.5亿美元收购IBM的个人电脑业务部门，同时，IBM还将转给联想5亿美元的债务。收购完成后，联想集团将拥有作为香港上市公司的联想集团约45%的股份，IBM将拥有18.9%的股份。

联想将得到为期五年的IBM的Thinkpad笔记本电脑和Thinkcenter台式电脑品牌使用权，以及IBM的全球销售网络。并购完成后的新联想，全球总部将设在美国纽约州，并在中国和美国各设立一个运营中心，在中国、美国、日本各设立一个全球研发中心。联想控股董事长柳传志表示，今后联想海外业务与中国业务的比重为"三七开"。联想年收入约30亿美元，IBM全球个人电脑业务年收入约90亿美元。并购后的新联想将以120亿美元的年营业收入成为仅次于戴尔与惠普的全球第三大个人电脑生产商，占有约8%的全球市场份额。

联想收购IBM个人电脑业务意味着中国企业将越来越多地通过类似的并购交易走上世界舞台。联想愿意为富有未来获利潜力的IBM品牌支付一大笔溢价，收获的将是在公司财务报表上从未出现的东西，品牌就是企业的资产。

资料来源：高斯，《脱胎换骨——联想在 IBM 并购案中获得新生》，《华盛顿观察》周刊，2004 年第45 期。

一、品牌资产的含义

品牌资产（brand equity）这一概念诞生于 20 世纪 80 年代的美国广告界，并逐渐流行。日益激烈的市场竞争将品牌的价值渐渐显露出来，企业家们越来越清醒地意识到品牌对于企业的重大作用，并将品牌资产作为其企业资产的重要组成。品牌资产是企业最重要的无形资产，其价值往往远高于其有形资产若干倍，它是企业获得竞争优势的基础，是企业未来利润的源泉。

美国营销科学院（MIS）认为，品牌资产是指品牌的顾客、渠道成员、母公司等对于品牌的联想和行为，这些联想和行为使产品可以获得比在没有品牌名称条件下更多的销售额和利润，同时赋予品牌超越竞争者的强大、持久和差别化的竞争优势。

二、品牌资产的构成

品牌资产的构成如图 8-1 所示。

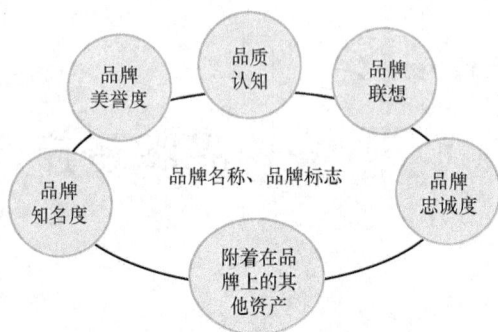

图 8-1 品牌资产系统

（一）品牌知名度

品牌的知名度，是指某品牌被公众知晓、了解的程度，它表明品牌被多少或多大比例的消费者所知晓，反映顾客关系的广度。它是评价品牌社会影响力大小的指标。

1. 品牌知名度的层级

品牌知名度的范围很广，一般可分为四个层级，即无知名度、提示知名度、未提示知名度、第一提及知名度。这是一个循序渐进的过程，越往后实现的难度越大。

无知名度：指消费者对品牌没有任何印象。原因可能是消费者从未接触过该品牌，或者虽然接触过，但由于该品牌没有任何特色，而未给消费者留下深刻印象并早被遗忘。

提示知名度：指消费者在经过提示或某种暗示后，能够想起某一品牌并说出品牌名字。比如，当问及空调有哪些品牌时，可能有人不能马上回答上来。但如果问他知道"格力"空调吗，他会给出肯定的答复，那么"格力"就具有提示知名度。

未提示知名度：是指消费者在不需要任何提示的情况下能够想起来的那些品牌。比如，说到笔记本电脑，人们马上就想到 IBM、惠普、戴尔；提到运动服，阿迪达斯、耐克、彪马、李宁就出现在人们的脑海。说明这些品牌已经在消费者脑海里形成了较深的印象，这些品牌就具有未提示知名度。

第一提及知名度：是指消费者在没有任何提示的情况下，所能想到的某类产品的第一个品牌。比如，提到碳酸饮料，人们立刻就会想起可口可乐；提到家电，会想到海尔；提到手机，会想起苹果。"第一提及知名度"的品牌，往往是市场领导者，它在消费者心目中形成了强烈偏好，是消费者购买这类产品的首选品牌。

2. 品牌知名度的资产价值

第一，品牌知名度是形成品牌资产的前提。消费者总是喜欢买自己知道、熟悉的品牌，熟悉意味着安全感。当消费者决定购买某种产品后，便会收集有关产品的信息，这时消费者所熟悉的品牌会首先进入其备选库；如果消费者不熟悉该类产品品牌，他会去搜集这类产品中知名度高的品牌有哪些，并将这些品牌纳入其备选库，然后对其备选库中的这些品牌进行进一步的筛选，直至做出最终选择。显然，品牌知名度越高，越容易进入消费者的备选库。大量研究表明，品牌的知名程度与人们的购买态度之间存在着密切的关系，各品牌在消费者记忆中出现的的先后次序不同，它们被选中的可能性就有很大的不同，对于购买频率比较高的的日用消费品，品牌知名度的作用尤为明显。

第二，高知名度可以弱化竞争品牌的影响。品牌知名度的高低是一个相对的概念，是同类品牌比较的结果。当消费者对某种品牌形成较高认知后，会降低他对同类其他品牌的认知兴趣。当然，消费者对信息的吸纳，有一个"过滤"的过程，只有那些对消费者真正有用的信息才可能被消费者"长时记忆"。因此，品牌知名度越高，消费者对该品牌的印象就越深刻，竞争品牌就越难进入消费者的备选库。

3. 品牌知名度的测量

测量品牌知名度包括公众知名度、社会知名度和行业知名度三个方面。

（1）公众知名度的测量。指某品牌在相关公众或者顾客当中的影响力。可采用简单测量法和复合测量法，前者只简单测量被访者对某个品牌名称的熟悉程度，后者需要运用多个指标来测试被访者对某个品牌了解的深度，如对该品牌的标志、广告语、品质、生产商等的了解和评价。

（2）社会知名度的测量。指某品牌在社会大众或大众媒体上出现的频率。大众传播对社会大众的舆论导向作用巨大，品牌知名度的提高主要依赖于大众传播的力度。考察社会知名度，可以先将大众传播媒体分类，然后分别计算出该品牌在各类媒体上出现的频率，就可以得到该品牌的社会知名度。

（3）行业知名度的测量。是指某品牌在相关行业（特别是在本行业）中的影响力。通常通过问卷调查的方法来研究。具体调查方法可以参照品牌公众知名度。一个行业中往往有若干品牌存在，行业知名度可以反映出某品牌在整个行业中所处的地位。

资料 8-1

一项关于品牌知名度的调查

在一项关于品牌名称熟悉度的调查中，要求4个城市的100名家庭主妇尽可能多地回忆品牌名称，并根据其回忆的品牌名称数量多少向其付费。结果表明她们平均每人能回忆出28个品牌名称，其中15%的人员能回忆出40个以上的品牌名称，其中一半以上是食品名称。这些品牌名称的存续时间也非同寻常：如表8-1所示，85%以上的品牌名称已经存续25年以上，36%的品牌名称已经存续了75年！

表 8-1 最知名品牌的存续时间

品牌存续时间	所提到的 4923 种品牌的比率
100 年以上	10
75～99 年	26
50～74	28
25～49	21
15～24	12
14 年以下	3

资料来源：Leo Bograt and Charles Lehman, "What Makes a brand Name Familiar?" Journal of Marketing Research, February 1973, pp.17-22。

4. 建立品牌的知名度

建立或提高品牌知名度的关键是建立品牌认知和加强品牌记忆。品牌认知是指消费者借助各种渠道来认识和了解某个品牌。品牌持续有效地传播能够促使消费者主动去认识品牌，并且加强对品牌的记忆。建立品牌知名度的具体方法如下。

（1）进行有效的广告传播。广告是建立品牌知名度的主要手段。广告传播要取得良好的效果，需要做到四点：第一，广告创意要新颖。在浩如烟海的广告中要想引起消费者注意并让其记住，新颖、出众的创意是关键。金霸王电池的系列广告就是有效传播的例子。第二，广告口号要独特。短小精悍的口号、脍炙人口的广告歌、美轮美奂的画面，能使品牌名朗朗上口、易于传播和记忆，能让消费者在无意中自然地记住品牌。例如，我们熟悉的娃哈哈果奶的"甜甜的，酸酸的，有营养，好味道"，农夫山泉的"农夫山泉，有点甜"。第三，品牌标志要恰到好处。品牌标志是一个以视觉为中心的标志系统，简明独特的标志符号，可以有力地提升品牌的知名度。例如我们大多数人都熟悉的奔驰汽车的标志、耐克的钩、麦当劳的金黄色拱门等。第四，持续重复播放。人们的记忆会随着时间的推移而弱化，建立记忆的基本技术就是重复。要加深消费者的记忆，必须持续不断地进行传播，让信息不断地冲击消费者的大脑。恒源祥就是在国内率先通过使用重复的手段传播其品牌而建立起知名度的。但需要注意的是，不恰当的重复会引起消费者的反感。

（2）强势公关。开展系列公关活动是建立品牌知名度的另一手段。精心策划的公关活动往往更能赢得消费者信赖。常见的公关活动有：赞助、竞赛、电视或广播访谈、展览、新闻报道、设立各种奖励基金以及与电视台共同举办娱乐节目等。例如"蒙牛"集团，从赞助快乐女声、春节晚会、到神舟五号上天，这一系列的公关活动大大提升了蒙牛品牌的知名度。

（3）注重消费者的口传效应。在品牌知名度的扩大过程中，消费者的口传效应作用巨大。有研究证明，一个消费者一次愉快的购物经历会影响 8 位其他消费者，而一次不愉快的购物经历则会影响 25 位其他消费者。特别是在中国，消费者要面子、攀比、从众等心理促使他们更容易受到别人的影响。因此，企业把好产品质量关，提升服务水平，切实促使消费者真正满意是扩大品牌知名度的根本。

（二）品牌美誉度

品牌美誉度是指某品牌获得公众信任、支持和赞许的程度。它是一个质的指标，反映消费者对某品牌的态度。只有建立在美誉度基础上的品牌知名度才能真正形成品牌资产。

1. 品牌美誉度的资产价值

品牌美誉度的资产体现在"口碑效应"上，即通过人们的口耳相传，一传十，十传百，带来源源不断的客源。一些调查报告显示：由口碑信息所引起的平均购买次数比广告高 3 倍，具体来看，口碑信息的影响力是广播广告的 2 倍、人员推销的 4 倍、报纸和杂志广告的 7 倍。可见，品牌的"口碑效应"越明显，品牌美誉度就越高，品牌的资产价值相应也就越高。

2. 品牌美誉度的测量

品牌美誉度的测量包括公众美誉度、社会美誉度和行业美誉度三方面。其中，行业美誉度影响因素比较复杂，在此不作介绍。

（1）公众美誉度的测量。可以用简单测量法和复合测量法。

简单测量法，就是只运用一项指标对品牌美誉度进行测量，即在被调查对象中有多少人或多大比例的人支持和赞许某个品牌。公式为：品牌美誉度=对该品牌持赞许态度的人数/被调查总人数 × 100%。

复合测量法，需要运用多项指标对品牌美誉度进行测量。包括技术优良程度、研究开发能力、对顾客服务的态度、企业规模的大小、是否希望入职公司、新鲜感、信赖感、国际竞争力、经营者素质、销售网络、对社会的贡献等，对这些指标进行客观科学地分析后，所得到的最后结果就是品牌的美誉度。这种方法考虑因素比较全面，数据来源比较客观，得到的最终结果也更科学有效。

（2）社会美誉度的测量。是从大众传播媒体对某品牌报道的角度来考虑，即大众传播媒体对某品牌报道的总次数当中，正面积极报道的次数所占的比率。例如，某品牌被大众传播媒体报道的次数总共为 386 次，其中 217 次为正面报道，则该品牌的社会美誉度就是 217/386 × 100%=56.22%。

3. 建立品牌美誉度

品牌的知名度和美誉度就如同人的两条腿，两者要协调一致，才不会摔倒。当一个品牌具备一定知名度后，就要着力充实品牌内涵，提升品牌的美誉度。可以从以下几方面去做。

第一，保证卓越的产品质量。产品质量是品牌的基础和核心，是保证品牌美誉度的根本，必须长期一致地保证产品的质量。光靠广告和媒体的作用是不可行的。

（1）优秀的设计质量。优秀的产品源于优秀的设计，设计的质量越好，越能满足消费者的个性化需要，做出来的产品就越受欢迎。例如欧洲国家的电源开关往往设计得比较宽大，安装在墙上的高度也比较低，家庭主妇们即使双手载物也能用胳膊肘方便地开关电源。这就是优秀的设计质量。可以最大限度地方便消费者使用，自然更受消费者的欢迎。又如，海尔内置搓衣板洗衣机的设计，洗衣更干净用水更省，免除了人们对机洗衣物不干净又浪费水的困扰，这种贴心的设计得到了市场的积极响应，当年的产销量就跃居洗衣机销量排行榜首位。因此，企业必须从源头上把好产品质量关，设计出能更好地满足消费者需要的、与众不同的好产品来。

（2）不断对产品进行改良和更新。新产品刚上市时往往不够完善，高科技产品尤其如此。比如个人计算机，平均每 3～6 个月就需要一次技术升级，技术的快速发展催促计算机厂商加速抢占市场，这样推出来的产品难保没有这样那样的缺憾。因此，企业必须不断地对这些产品进行改良和更新，并同时延长产品的保修期。否则，既会引起原有客户的不满，也会落后于竞争对手，最终被市场淘汰。

（3）确保产品品质稳定。长期稳定的产品品质是赢得消费者信赖的基础。某些品牌为抢占市场，采用强势广告拉动策略，短期内销量猛增，而企业的生产能力又不能满足这膨胀的需求，于是偷工减料、保量不保质的现象就出现了。市面上很多保健品就属于这种情况，它们利用消费者盲目跟风的心理赚了第一桶金，最终因为产品品质问题被市场所抛弃。

第二，提供优良的售后服务。服务之争是品牌竞争的一个重要方面。企业需要提供更加优良、更加贴心、更加人性化的售后服务来赢得消费者。市场在经历了产品之争、价格之争后，迎来了服务之争和品牌之争。优质的售后服务能为企业的品牌美誉度加分。海尔实施"星级服务"卓有成效。维修人员上门维修时，统一穿着有海尔公司标志的工作服。进门前，穿上自备的鞋套，拆卸的零件放在专用垫布上，维修完后，还为客户建立用户台账，并请用户签名确认。海尔星级服务在为海尔赢得巨大市场份额的同时，也为海尔品牌赢得了巨大的美誉。

第三，建立良好的企业信誉。良好的企业信誉是建立品牌美誉度的基础。而良好的企业信誉需要企业长期坚持不懈的努力才能形成。始终一贯地信守产品承诺和服务承诺，把企业信誉当成责无旁贷的社会责任，把维护企业信誉当作一种使命。正如张瑞敏所说，企业应该首先卖信誉，其次才是卖产品。事实上，当今世界 500 强企业，很多是"百年企业"，它们之所以经久不衰，关键是在长期的经营中形成了良好的信誉，得到了市场的信任和尊重。

第四，加强顾客满意管理。

（1）实现顾客满意。当顾客尝试购买一种商品后，总会有意或无意地对商品进行评价，评价结果与人们的期望值密切相关。如果顾客的感知效果与其期望值一致，则会满意；如果其感知效果超过期望值，则会非常满意；相反，如果低于期望值，则会不满意；低的程度越多，则不满意的程度越明显。所以，企业要努力提高顾客的感知效果，增加顾客的满意程度。

（2）培养意见领袖，促进人际传播。最先尝试购买某品牌的一批消费者，会形成对品牌最初的看法和评价，并且会将评价意见主动告诉他人。而人们也非常愿意相信这些现身说法，从而影响到购买决策。这些传播品牌意见并影响他人品牌选择的人就是意见领袖。他们口头传播的影响力巨大，企业要高度重视。在顾客尝试购买阶段真诚地对待他们，为他们提供更多的增值服务，着力培养他们成为品牌的"自愿推销员"，借助他们的口头传播来带动其他消费者购买。

（三）品质认知

1. 含义

从狭义上，产品品质指产品的适应性，即产品为达到使用目的应具备的性质；从广义上理解，品质是指产品的使用价值及其属性能满足社会需要的程度。

品质认知，是指消费者对产品和服务的适应性和其他功能特性适合其使用目的的主观理解或整体反应，是消费者对产品客观品质的主观认识，它以客观品质为基础，但又不等同于产品的客观品质。包括产品自身的品质和产品服务的品质。具体包括产品功能和特点、适用性、可信赖度、耐用度、外观、包装、服务、价格和渠道等。

资料 8-2

衡量产品品质的因素

产品质量：

1. 性能：例如，洗衣机洗衣服洗得如何？

2. 特色：例如，某种牙膏是否容易挤出来？

3. 与说明书一致：次品率是多少？

4. 可靠性：例如，每次使用时，割草机是否正常工作？

5. 耐用性：例如，割草机能使用多长时间？

6. 适用性：服务系统是否有效、胜任、方便？

7. 适宜与完美：产品看上去是否像高质量的商品？

服务质量：

1. 有形性：实际设施、设备以及服务人员的外表是否表现出高品质？

2. 可靠性：例如是否能够准确、可靠地完成工作？

3. 能力：修理人员是否具有做好修理工作所需的知识与技巧？他们是否可信与自信？

4. 相应速度：销售人员是否愿意帮助顾客并提供迅捷的服务？

5. 移情：例如，银行是否关心顾客、是否提供个性化服务？

2. 品质认知的资产价值

产品品质是品牌资产的基础，或者说是维系、发展长期顾客关系的一个重要方面。其资产价值表现在以下四方面：

（1）提供购买理由。产品品质是消费者选择产品的基本理由，产品品质决定产品使用价值的大小。因此，产品品质的高低直接影响着消费者的购买决策。强势品牌很受消费者青睐，许多消费者愿意购买名牌，其主要原因就是这些品牌的产品品质有保证。

（2）产生溢价。品牌商品一般比同类非品牌商品要贵 10%～30%，但是很多消费者仍然愿意支付更高的价钱购买品牌产品，例如，耐克的产品价格要明显高于同类产品，但消费者对耐克产品的高品质认知使得他们愿意花更多的钱购买其产品。

（3）提高渠道谈判力。经销商往往都乐于经营受消费者青睐的品牌，一则可以保证销售量，二则可以减少交易费用，三是能提高自身形象。事实上，经销商的形象直接与其经营的产品档次相关，高品质的产品可以有效地提升经销商的形象。所以，企业生产的产品品质越高，企业与中间商的谈判优势也越强。

（4）提高品牌延伸力。产品优良的品质是品牌延伸的基础，如果一个品牌的产品本身质量存在问题，其品牌延伸无异于放大自己的缺点，只有拥有高品质的品牌在品牌延伸上才可能产生较大的后盾，消费者也才会认同它的新产品的品质。

3. 建立品质认知

消费者对品牌的品质认知是对产品客观品质的主观认识。企业可从以下几方面去建立品质认知：

第一，高品质的产品和服务。企业要把为消费者提供高品质的产品作为长期的信念和追求，具体做到：树立产品品质目标、培养员工质量意识、提供生产高品质产品的技术支撑，并进一步形成企业独特的品质文化、追求品质的价值观和行为准则，使品质概念深入员工心底。以保证本品牌旗下所有的产品都是具有高端品质的，方便消费者能建立良好的品质认知。

第二，展示品质认知。品牌的品质首先体现在产品的质量、性能和外观等方面。运用广告可以有效地展示产品的品质，有助于消费者认知。广告必须客观展示品质信息，包括产品的原理、生产过程、技术鉴定、管理措施、售后服务及保障等方面。有时候，小细节对产品品质的说服作用也很大。例如，现在一般的食品外包装袋上都设有方便消费者撕开的锯齿，如果某家企业忽略了这一点，它的产品质量和信誉就会受到质疑。

第三，利用价格暗示。在营销活动中，价格往往是产品品质的一种重要暗示。因为顾客对产品质量的主观感知并不完全以企业提供给他们的技术规格和质量标准为唯一的依据。产品价格也是他们主观感知产品质量的重要影响因素。有研究证明，四种情况下消费者会以价格来判断产品的品质：当消费者对商品品质、性能无标准可循时；当消费者无使用该商品的经验时；当消费者对购买感到有风险时或买后感到后悔时；当消费者认为各品牌之间有较大品质差异时，容易以高价作为选择标准。该研究对企业实际营销活动极具指导意义，高价格可以在消费者心中树立起高品质的品牌形象。

第四，提供产品的品质认证证书。权威机构的品质认证证书能够给品质提供可信的支持。在美国，若产品获得"保险实验室"、"好管家"的认可证书或标签，便能得到消费大众的信任。而在国内，消费者对通过 ISO9000 体系质量验证、产品有太平洋保险公司承保的品牌会更加青睐。

（四）品牌联想

1. 含义

品牌联想是消费者在看到某一品牌时所勾起的所有联想和想象的总和，包括产品特点、使用场合、使用对象、品牌个性、品牌形象等。比如，路易威登让人联想到奢华、高贵；百事可乐让人联想到青春动感、活力无限；雪碧让人联想到清澈、透亮、凉爽等。概括起来，品牌联想大致分为三种层次：品牌属性联想、品牌利益联想、品牌态度。

（1）品牌属性联想。是对品牌下属产品或服务特色的联想。包括产品的物理属性和服务要求，也包括品牌名称、标志、产品的价格、使用者、品牌原产地等。

（2）品牌利益联想。是对品牌下属产品或服务属性能够带来的价值和意义的联想。包括产品功能利益联想、产品情感性利益联想等。

（3）品牌态度。品牌态度是指消费者对品牌的总体评价。它是消费者对品牌属性和品牌利益充分认识后所得出的结论，直接影响消费者对品牌的选择。通常，品牌态度有一定的幅度，从厌恶到喜欢可分为几个层次。需要注意的是，品牌态度一旦形成是难以改变的，企业需要付出很大的代价。

2. 品牌联想的资产价值

积极的品牌联想意味着品牌被消费者认知和接受，进而形成品牌偏好和品牌忠诚。品牌联想的价值包括如下几个方面：

（1）品牌联想有助于品牌认知，扩大品牌知名度。其实，品牌联想的过程也是品牌认知的过程，积极的联想正是在促进对品牌的认知。麦当劳在用餐形式、餐厅环境、服务特色及促销方式等方面给予中国儿童以新奇的联想。这种联想使它在中华大地遍地开花，征服了中国大量的新生代。

（2）产生差异化。产品日趋同质化的今天，品牌联想适时成为创造差异化的新手段。同样是烟草，"万宝路"让人联想到强悍刚强，"箭牌"让人联想到休闲天地，"555"让人联想到高科技，"百乐门"让人联想到温馨浪漫。差异化的联想为竞争者制造了一道无法逾越的障碍。

（3）提供购买理由。无论品牌属性联想还是品牌利益联想或消费者对品牌的态度，都直接与消费者利益有关，积极丰富的品牌联想能够促使消费者购买或使用这一品牌。例如，英特尔品牌让人联想到功能强大、高速、可靠，装上一颗"奔腾"的"心（芯）"，许多消费者被它征服。

（4）成为品牌延伸的基础。品牌所具有的联想可以延伸使用于其他产品上，多种产品可以共享同一种联想。比如海尔的"高品质、零缺陷、星级服务"造就了海尔冰箱、海尔洗衣机、海尔彩电、海尔空调、海尔电脑等一系列产品。通过品牌延伸，可以使这些联想更加强劲，并为更多的产品所共享。

3. 建立品牌联想

任何一种与品牌有关的事情都能成为品牌联想。企业若要建立良好的品牌联想，需要做到以下几点：

第一，把握品牌联想的关键因素。品牌态度是消费者对品牌的总体评价，它通常建立在品牌属性和品牌利益上。所以，品牌联想的关键因素是品牌属性和品牌利益。打造鲜明的品牌属性，充分诉求品牌的利益，让消费者产生尽可能丰富的、正面的、积极的品牌联想，以促进其购买行为。

第二，选择品牌联想的传播工具。传播是创造品牌联想的核心方法。品牌联想传播的核心工具如下。

（1）包装。俗话讲"人靠衣装，佛靠金装"，包装的重要性不言而喻。据调查，有 63%以上的消费者会受到包装的吸引而做出购买决策。事实上，与众多高品质的产品配套的无一例外都是高质量的精美包装。所以，为品牌产品打造合适的包装显得尤为必要。

（2）广告语。广告语是企业在市场营销传播中的口号、主张和理念。品牌的所有主张或服务承诺就是通过广告语来承载的，简洁而有内涵、个性而有深度的广告语有着神奇的传播力量，甚至得到目标消费者的认同而成为他们的生活信条。如动感地带"我的地盘我做主"、百事可乐"新一代的选择"等，都有着深远的影响力。广告语所主张和诉求的价值理念要与目标消费者的价值理念高度和谐统一。

（3）形象代言人。它是品牌的形象标志，最能代表品牌个性及诠释品牌的内涵。例如，阿迪达斯先后利用足球皇帝贝肯•鲍尔、拳王阿里、跳高名将哈里、大指挥家卡拉扬及一些网球巨星做广告，成功地利用名人效应传播了品牌形象，其销售额占到世界体育用品销售额的 60%左右。

（4）促销。促销是为了刺激消费者短期内大量购买。恰当的促销手段可以引导消费者积极的品牌联想，增加品牌的价值。但不宜过度运用促销，那样会降低品牌的身价，损坏品牌形象。

（5）公共关系。公共关系是创造品牌联想的一个重要手段。公共关系活动可信度较高，容易吸引人，并引发人们正面积极的联想。而且，公共关系在处理品牌危机事件时具有奇效。

（五）品牌忠诚度

1. 含义

品牌忠诚度是指一种对偏爱的产品和服务的深深承诺，在未来会持续一致地重复和光顾，反复购买同一个品牌或一个品牌系列，无论情境和营销力量如何影响，都不会产生转换行为。品牌忠诚度是品牌资产的重心，拥有一群忠诚的消费者，就像为自己的品牌打造了一道护城墙，它能有效地阻挡竞争对手的进入，它也是一个品牌所要追求的最终目标。品牌忠诚度是品牌资产中最核心、最具价值的内容。

2. 品牌忠诚的类型

按品牌忠诚的形成过程，品牌忠诚度可以划分为认知性忠诚、情感性忠诚、意向性忠诚和行为性忠诚四种类型。

（1）认知性忠诚。是消费者通过对同类品牌信息进行对比分析后所形成的某个品牌产品品质最优的认知。当其他竞争品牌的品质更好，或者性价比更优惠时，他们则会转身投入竞争品牌。认知性忠诚是最浅层次的忠诚。

（2）情感性忠诚。指消费者在使用某品牌获得持续满意后，形成的对该品牌的认同和偏爱。这种偏爱主要源自于品牌的个性与顾客的生活方式、价值观念相一致。顾客会把这个品牌当做自己的朋友和精神寄托，并产生持续购买行为。正如一位美国报纸编辑说："可口可乐代表美国所有的精华，喝一瓶可口可乐就等于把美国精神灌注体内，可乐瓶中装的是美国人的梦。"

（3）意向性忠诚。指顾客十分向往再次购买某个品牌，有重复购买的冲动，但这种冲动尚未转化为行动。这反映了顾客与品牌保持良好关系的意愿。

（4）行为性忠诚。顾客将忠诚的意向转化为实际行动，即使克服障碍也愿意实现购买。它反映顾客实际的消费行为。但由于惰性或因某个企业的市场垄断地位而反复购买某个品牌的产品或服务的顾客并不是真正的忠诚者。

3. 品牌忠诚的资产价值

据调查，在许多产品和服务业中，如果企业能够将顾客对品牌的忠诚度提高 5%，则该品牌产品或服务的利润率就会相应提高 1%。所以，品牌忠诚度是企业的一项战略性资产。概括起来，品牌忠诚度带给企业以下价值。

（1）降低营销成本。留住一个老顾客比争取一个新顾客的成本要小许多。因为老顾客对品牌及其产品早已熟知并已形成明显的品牌态度，只需花少量的沟通、推广费用就可以说服老顾客尤其是品牌忠诚者购买本企业的产品。据研究，品牌吸引一个新消费者的费用是保持一个老消费者的 4～6 倍，在汽车行业中，一个终生消费者可以平均为其所忠诚的品牌带来 14000 美元的收入；在应用制造业，一个终生忠诚的消费者价值超过 2800 美元；地方超级市场每年可以从忠诚消费者那里获得 4400 美元左右的收入。

（2）增加渠道谈判力。经销商深知，品牌忠诚度高的商品根本不愁销路和人气，销售要容易得多，他们当然愿意经营这类商品，即使放弃一些利润比例也不惜，这相应增加了企业的谈判优势和力量。在企业推出新的产品或品牌延伸的产品时，这种作用显得尤为重要。

（3）吸引新顾客。品牌忠诚者往往会成为品牌的义务宣传员，将他们的使用体验告诉周边的亲友。这种亲身体验的经验具有强大的说服力，可以吸引他们快速决策和购买。这也是口碑效应。

（4）减缓竞争威胁。忠诚的消费者对所选择的品牌有一种偏爱和眷恋，因此很难发生"品牌转换"。这就增加了竞争对手进入的难度，从而减缓了来自竞争对手的威胁。所以，品牌忠诚度越高，所拥有的忠诚客户越多，品牌受到的竞争压力就越小。

4. 品牌忠诚度的测量

顾客对某品牌忠诚的程度是可以科学测量的，其测量方法大致有以下七类。

（1）顾客重复购买次数。一般来说，消费者在一定的时间内，重复购买某种品牌商品的次数越多，说明对这一品牌的忠诚度越高；反之则越低。

（2）顾客购买决策需要的时间。消费者购买决策需要的时间长短与其对相关品牌的熟悉程度、偏好程度密切相关。通常，顾客的品牌忠诚度越高，购买决策需要的时间越短；反之，忠诚度越低，购买决策需要的时间就越长。

（3）价格的敏感程度。事实表明，消费者对于喜爱的品牌，价格的敏感度低，即使适当提高产品的价格也不会影响消费者的购买行为；而对于那些自己不是很喜爱的品牌，消费者对其价格的敏感度高，即使价格的轻微的上浮也可能引起消费者的反感而放弃购买行为。

（4）顾客对竞争产品的态度。顾客对某品牌产品的忠诚程度，也可以从其对竞争品牌的态度来测定。如果竞争品牌降价促销或推出品质更好的产品时，品牌忠诚度不高的顾客会很快移情别恋，转而购买竞争品牌产品；而品牌忠诚度很高的消费者却能对之熟视无睹。

（5）顾客对产品质量的承受能力。所有产品都可能由于种种原因而出现质量问题。当产品出现质量问题时，对该品牌的忠诚度较高的顾客会采取宽容、谅解的态度寻求协商解决，不会突然失去对它的偏好；而品牌忠诚度较低的顾客会深感失望并产生反感情绪，甚至通过法律方式进行索赔。

（6）顾客的购买比例。通过对顾客购买的所有品牌量进行排序仍可以确定忠诚度，比如在一年中某顾客购买了几个品牌 A、B、C，按比例排序为 70%、20% 和 10%，那么他就最忠诚于 A 品牌，忠诚度为 70%。

（7）顾客的口碑传播。忠诚的顾客对自己忠诚的品牌往往会极力向朋友、同事、家人等推荐、传播。

5. 建立品牌忠诚度

消费者对于某一品牌的忠诚度由于受到各种内外因素的影响，常常表现出变化无常的特征。企业只有深入了解消费者品牌忠诚度的变化规律，才能因势利导，维持和提高消费者对自身品牌的高度忠诚。提高顾客品牌忠诚的办法，有以下几点：

第一，超越顾客的期待。让产品超越顾客的期待，给予顾客更多的超额价值，是争取众多顾客、培养品牌忠诚的有效方法。品牌的忠诚度集中体现在顾客对产品的重复购买率上，事实证明，重复购买率的高低，与企业售后服务水平的高低密切相关，良好的售后服务是企业接近顾客，取得消费者信赖的最直接的途径。据 IBM 公司的经验，若对产品售后所发生的问题能迅速而圆满地解决，顾客的满意程度将比没发生问题时更高，这能够使"回头客"不断增加，市场不断扩大。

第二，加强顾客关系管理。

（1）建立常客奖励计划。对经常购买本企业品牌的顾客给予相应的让利，是留住忠诚顾客最直接而有效的办法，它能使消费者感觉到一种归属感。许多零售商为经常在本商场购买产品的顾客累积分数，达到一定分数便给购买产品者折扣或奖励，此举保持了大量的常客。

（2）成立会员俱乐部。建立会员俱乐部，能不断加强品牌与忠诚顾客的关系。会员俱乐部能让顾客有较高的参与感，使得顾客与品牌不间断地、定期地发生联系。在会员俱乐部中各会员还可相互交流、沟通、分享有关品牌的信息，核心忠诚会员可进一步带动其他顾客的品牌忠诚。如参加"任天堂欢乐俱乐部"的孩子们，可以定期收到刊物，享有电话热线咨询服务，他们几乎是任天堂的超级忠诚顾客，也是任天堂崛起的最大本钱。和"常客奖励计划"一样，会员俱乐部也能让忠诚顾客们感觉到自己被重视。

（3）建立消费者数据库。建立顾客资料库，不断保持与顾客的沟通。例如了解顾客对本企业产品的看法，征求他们对产品的改进意见，将新产品的信息及时传递给顾客等，甚至可为顾客开展定制营销。在当今网络经济时代，与顾客的这种一对一沟通交流一定要做好。以便更充分地了解目标顾客。强化品牌与消费者之间的关系，必须了解消费者的需求及其变化，在建立顾客资料库的基础上，进行个别化营销。

（六）附着在品牌上的其他资产

与品牌资产相关的还有一些专门的特殊的财产，如专利、专有技术、分销系统等。这些专门财产如果很容易转移到其他产品或品牌上去，则它们对增加品牌资产所做的贡献就很小；反之，则将成为品牌资产的有机构成。

三、品牌资产的特征

（一）无形性和附加性

品牌资产是一种无形资产，无法用感官直接感受到，价值评估具有相当的难度。品牌资产是一种财产权，需要由品牌使用人申请品牌注册，由注册机关按法定程序确定其所有权。此外，品牌资产的使用价值具有不重复性，即不可能出现两个使用价值完全相同的品牌资产。企业对该品牌资产的使用价值拥有独占权、独享权，其他企业如要占有或使用该品牌资产的使用价值，只有通过该企业转让品牌资产的所有权或使用权来实现。

品牌资产的使用价值具有依附性。品牌的使用价值必须依附于某一实体才能发挥作用。也就是说，品牌只有和企业的生产经营活动结合起来，与企业向市场提供的产品与服务结合起来，才能实现其使用价值。

（二）构成与估价上的特殊性与复杂性

1. 品牌资产构成的复杂性

品牌资产从内容上看，由品牌的知名度、美誉度、忠诚度、品质形象、品牌联想、品牌忠诚度等多方面构成，各部分是互相联系、互相影响、彼此交错的，共同构成品牌资产的庞大系统。从价值上看，品牌资产的价值包括成本价值和增值价值两部分，品牌资产价值中超过成本价值的部分便是它的增值价值。品牌资产的增值价值是由它的使用价值决定的，与使用价值成正相关关系，使用价值越高，它的增值价值越多。

2. 品牌资产的价值最终要通过品牌未来的获利能力反映出来

这种获利能力受到诸多因素的影响，品牌的市场地位或品牌在消费者中的影响力、品牌投资强度、品牌利用方式与策略、市场容量、产品所处行业和结构、市场竞争的激烈程度等。所以合理评估品牌资产价值，是一件比较复杂的事情。

（三）形成上的长期性与累积性

品牌从无名到有名，从不为消费者所了解到逐步被消费者所熟悉、接受、产生偏好，是企业不断努力与长期投入的结果。品牌知名度的提高、品牌品质形象的树立、品牌忠诚度的增强等，都需要企业长期不懈的努力，是一点一滴积累起来的。因此，品牌资产需要企业长期投入人力、财力、物力资源。许多著名品牌已经存在几十年甚至上百年，其资产价值就是在这每一年每一天中积累起来的，是他们用一贯优质的产品和服务征服消费者的心灵而获得的口碑。

（四）投资与利用的交叉性

与有形资产投资与利用泾渭分明的特点不同，品牌资产的投资与利用往往是交错在一起的。比如，广告投资既可以促进产品的当前销售，也可以提高品牌的知名度，提升品牌的资产。所以，广告促销的过程，同时又是品牌资产的积累过程，而品牌在积累过程中，也可以促进产品的销售。所以，投资与利用的交叉性是品牌资产的一个明显特征。

（五）品牌资产价值的波动性

品牌资产的价值并不是一成不变的，它会随着时间、空间的变幻而发生变化。由于品牌资产价值是一个不断积累的过程，品牌资产的价值在不同时间的表现就会不同；由于市场竞争的激烈程度、品牌的宣传力度以及市场规范程度等因素的影响，品牌资产价值在不同的国家、不同的地区也会不同。因此，即使是世界级知名品牌，且不能做到高枕无忧，更何况知名度一般的品牌呢？所以，企业要有一定的忧患意识，不断进取，努力提高品牌的资产价值。

四、品牌价值评估的方法

对品牌资产进行评估意义重大，但同时也很复杂而繁琐。常见的评估方法有会计审计法，包括成本法、股价法、市价法、收益法；品牌资产评价法，包括品牌形象力模型、品牌生产趋势模型、品牌驱动力模型、品牌资产十要素模型、品牌资产评估器、RI 品牌资产模型、LRW 品牌资产模型、品牌金字塔模型、品牌关系动态六阶段模型、品牌关系质量测定模型等；多重准则评估法，包括英特品牌公司的评估模型、北京名牌资产评估有限公司的评价方法。其中，英特品牌公司的计算方法最为客观和准确，得到全球广泛认同。

英国的英特品牌公司（Interbrand Group）是世界上最早研究品牌价值评估的机构。美国的《金融世界》杂志从 1992 年起对世界著名品牌进行每年一次的跟踪评估，其采用的方法就是建立在英特品牌公司的模型基础上。

英特品牌价值模型同时考虑主客观两方面因素。客观数据包括市场占有率、产品销售量以及利润状况；主观判断是确定品牌强度。两者的结合形成英特品牌价值模型的计算公式：

$$V = P \times S$$

公式中：V——品牌价值；

P——品牌带来的净利润；

S——品牌强度倍数（即品牌可能获利的年数）。

1. 品牌强度的确定方法

品牌强度倍数由七个方面的因素决定，每个因素的权利有所不同，如表 8-2 所示。

表 8-2　　　　　　　　　　　　英特品牌公司的品牌强度评价因素表

评价因素	含义	权利（％）
领导力	品牌的市场地位	25
稳定力	品牌维护消费者特权的能力	15
市场力	品牌所处市场的成长和稳定情况	10
国际力	品牌穿越地理文化边界的能力	25
趋势力	品牌对行业发展方向的影响力	10
支持力	品牌所获持续投资和重点支持程度	10
保护力	品牌的合法性和受保护的程度	5

英特品牌公司的品牌价值评估方法中最为关键的参数是品牌强度倍数，一般是 6～20 不等，用以表示品牌可能的获利年限。品牌的市场信誉越高，越受市场欢迎，可预期的获利年限越长，则乘

以净利润的倍数就越高，那么该品牌的价值就会越高。

2. 品牌净利润的确定方法

品牌净利润的计算步骤如下：

第一步，获得品牌销售额和营业利润的数据。这可以从公司报告、分析专家、贸易协会或公司主管人员那里得到。

例如，2012 年，吉列品牌的销售额为 26 亿美元，营业利润为 9.61 亿美元。

第二步，获得行业资本产出率数据，并计算品牌的资本额。该数据可以根据产业专家的估计而得。

$$资本额=销售额 \times 资本产出率$$

根据产业专家的估计，在个人护理业，资本产出率为 38%，即每投入 38 美元的资本，可产出 100 美元的销售额。据此可算出吉列所需的资本额为 26×38%=9.88 亿美元。

第三步，获得普通产品资本回报率，计算出品牌的税前利润。

就吉列来说，假设一个没有品牌的普通产品的资本回报率为 5%（扣除通胀因素），那么普通产品的利润为 9.88×5%=0.49 亿美元。将营业利润减去普通产品的利润，就是吉列品牌带来的税前利润，即 9.61-0.49=9.12 亿美元。

第四步，计算品牌净利润。为了防止品牌价值受经济或行业波动的影响，该模型采用最近两年（权重比为 1∶2）或最近三年（权重比为 1∶1∶2）的税前利润的加权平均值，将该平均值减去该品牌母公司所在国的最高税率计算出来的税收，即可得到品牌带来的净利润。

比如，吉列公司 2010 年、2011 年的税前利润分别为 8 亿美元和 8.25 亿美元，则吉列品牌近三年的平均税前利润=8×25%+8.25×25%+9.12×50%=8.62 亿美元。若吉列品牌母公司所在国的最高税率为 20%，则该品牌的净利润=8.62-8.62×20%=6.9 亿美元

最后，计算品牌的价值。

假设吉列品牌被评估出的强度倍数为 17，则 2012 年吉列品牌的品牌价值=6.9 亿×17=117.3 亿美元。

本章小结

品牌价值是一个较为复杂的概念，应该从不同层面加以分析。品牌价值是品牌提供给用户或消费者的整体实力的全面反映，是与某一品牌相联系的品牌资产的总和。品牌的价值体现在品牌与消费者的良好关系当中。品牌价值主要包括品牌的功能价值和情感价值两方面。

品牌核心价值是品牌价值的内核和主体部分，是品牌的精神内涵，代表着品牌对消费者的承诺和价值，是让消费者明确、清晰地记住并识别品牌的利益点与突出个性，是驱动消费者认同、喜欢乃至爱上一个品牌的主要力量。其特征有排他性、执行性、价值性、持久性和包容性。

品牌资产是企业最重要的无形资产，它能够为企业和消费者提供超越产品或服务本身利益之外的价值。这种附加的价值来源于品牌对消费者的吸引力和感召力。所以，品牌资产的实质是品牌与顾客之间的一种长期的动态关系。

品牌资产是由品牌形象所驱动的资产，具体包括品牌知名度、品牌美誉度、品质认知、品牌联想、品牌忠诚度和附着在品牌上的其他资产。品牌知名度是指品牌被公众知晓、了解的程度；品

牌美誉度是指某品牌获得公众信任、支持和赞许的程度；品质认知是指消费者对产品或服务的适应性和其他功能特性适合其使用目的的主观理解或整体反应；品牌联想是指消费者看到某一品牌时所勾起的所有印象、联想和意义的总和；品牌忠诚度是指对偏爱的产品和服务的深深承诺，在未来都持续一致地购买和光顾，因此产生了反复购买同一品牌或一个品牌系列的行为，无论情境和营销力量如何影响，都不会产生转换行为。按品牌忠诚的形成过程，品牌忠诚度可以划分为认知性忠诚、情感性忠诚、意向性忠诚和行为性忠诚四种类型。

品牌资产的特征有：无形性和附加性、构成与估价上的特殊性与复杂性、形成上的长期性与累积性、投资与利用的交叉性和品牌资产价值的波动性等。

基本概念

品牌价值 品牌核心价值 品牌资产 品牌知名度 品牌美誉度 品牌忠诚度 品牌功能价值 品牌情感价值 品牌强度倍数

复习思考题

1. 品牌价值的含义及构成。
2. 品牌核心价值的含义及特征。
3. 品牌资产的含义和构成要素。
4. 品牌资产的美誉度可通过哪些途径获得？
5. 品牌忠诚度的类型及处理方法。

课后案例

星巴克：以营销创新提升品牌资产

1992年，星巴克在美国NASDAQ成功上市，这意味着星巴克在1987年由舒尔茨接盘后迈入又一个崭新的发展征程。资本市场和投资银行家不为迷人的公司价值观而感动，他们关注的是公司业绩和各类财务指标。同时美国的咖啡零售市场的竞争也日趋激烈。当时美国精品咖啡协会估计，1992年全美约有500家浓缩咖啡馆，1999年暴增至10000家。为保持和提升品牌资产，星巴克必然顺应时局，以新的企业精神不断开拓。营销创新扮演了重要的角色。

一、市场开发

20世纪80年代末到90年代初，星巴克公司发展的战略重点是在美国西北部太平洋地区以及加利福尼亚州，芝加哥的连锁店是这一时期唯一不在西海岸地区的星巴克分店。1993年，公司在连锁店选址方面做出了重大的突破，首次将星巴克的旗帜插到了东海岸的华盛顿特区。1994年，收购当地的咖啡连锁店"咖啡关系"（the Coffee Connection），把它在波土顿的咖啡店全部转换成为自己的旗号。1994年公司还进入东南部及南部大城市如明尼阿波利斯、纽约、亚特兰大、达拉斯以及休斯敦等。1995年拿下巴尔的摩、辛辛那提、费城、匹兹堡、拉斯维加斯、奥斯汀以及圣安东尼奥。

星巴克向各地拓展采用"集簇战略",即攻进某个大城市时,会在距离相近的区域内开数家店,而后以城市为根据地进一步向郊区及小城镇市场拓展,店面的密集虽然会面临同根相煎的局面,但星巴克相信在同一地区的集中开店有助于品牌建立,同时也能为消费者提供便利。

二、产品开发

原料固然是品质的基础,而新产品的不断开发创新则是事业发展的根本所在。1995年,星巴克推出由职员自主开发的、用碎冰打成的法布基诺(Frappuccino),成了夏天热咖啡的替代品,让向来喝热咖啡的美国人爱上了冰品咖啡,也吸引了许多不太喝咖啡的客户群。这个将咖啡、牛奶和冰块按比例调和在一起的甘甜、清凉的低脂乳咖啡冰品,差点因与星巴克正宗形象抵触而被舒尔茨封杀。但在1996年会计年度,这款产品高占总营业额的7%,被美国《商业周刊》评为1996年年度最佳产品之一。舒尔茨事后总结出"业主切莫打压下属进取和创新的精神"。

通过与百事可乐公司的联手合作,星巴克生产的瓶装法布基诺打进了美国的各大超级市场,1998年,瓶装法布基诺成为美国市场最受欢迎的即饮咖啡。大获成功的星巴克公司仍然不敢有丝毫的懈怠,1998年,公司面向市场推出了几款淡咖啡饮品。这些贴有特殊标签的咖啡是针对某些特定的消费者量身定做的,而星巴克咖啡的传统口味则是比较浓的。与此同时,公司在产品多样化的道路上继续探索。1998年,名为Tiazzi的果茶饮料出现在星巴克的连锁店中,这是一款混合有芒果和浆果香味的饮品,针对的消费对象是那些并不习惯咖啡口味但渴望在炎热的夏季得到一杯清凉饮料的顾客。

三、多元化发展

星巴克突破传统咖啡连锁店格局的转折点是在1994年。公司决定开发瓶装咖啡饮品、冰淇淋或其他有创意的产品,让消费者能有更多元的方式来享受咖啡。推出爵士乐CD是最有代表性的一例。

1994年公司同西雅图著名的音乐家肯尼·G联袂进军CD市场,在圣诞节前后的6个星期内销售量超过了60 000张。舒尔茨相信音乐"对于星巴克咖啡的外观感受和内在灵魂来说都是一个重要的组成部分"。在获取成功后,公司继续在自己的连锁店内销售限量的CD唱片:其中大多数是应消费者的强烈要求才组织的。每一张CD的问世都经过了公司的精挑细选,它们或迎合消费者的品位,或弘扬公司的品牌形象,或强调季节性旋律,张张精雕细刻,备受消费者青睐。20世纪90年代中期,星巴克公司推出了自己的系列产品,包括一种以布鲁斯乐曲命名的咖啡。这个举动引发了一场声势浩大的商业运动,其核心就是以首都唱片(Capital Records)发行的爵士音乐CD和星巴克的布鲁斯音乐商标。星巴克进入音乐市场的意义,除了增加营业额外,更重要的是向消费者宣告:"星巴克将继续推出意想不到的新产品,来满足或取悦广大客户。"让星巴克永远是个令人惊喜的名字。

四、战略联盟

星巴克提升品牌资产的另一大战略是采用品牌联盟迅速扩大品牌优势。它在发展的过程中一直寻找合适的合作商,拓展销售渠道,与强势伙伴结盟,扩充营销网络。品牌联盟使星巴克在顾客心中创造出了单个品牌无法实现的精彩效果。它寻找那些能够提升自己品牌资产的战略伙伴，为此要求合作伙伴能够清晰理解和掌握星巴克品牌的精髓和宗旨。仅在1991年至1997年间，星巴克就发展了与12个战略联盟的伙伴关系，星巴克相信，将来的成功依旧要靠培育与企业内部和外部的合作关系来实现。

Barnes & Noble书店是同星巴克合作最成功的公司之一。该书店曾经发起过一项活动，即把书店发展成人们社会生活的中心，这与星巴克"第三生活空间"的概念不谋而合。1993年Barnes & Noble开始与星巴克合作，让星巴克在书店里开设自己的零售业务。星巴克可吸引人流小憩而不是急于购书，而书店的人流则增加了咖啡店的销售额。

1994年8月，星巴克和百事可乐发表联合声明，结盟为"北美咖啡伙伴"。致力于开发咖啡新饮料，行销各地。星巴克借用了百事可乐100多万个营销据点，而百事则利用了星巴克在咖啡界的商誉，提高了产品形象。两者共同推出的罐装"法布基诺"造成了轰动。

1996年，星巴克和全美最大的联合航空公司（United Airline）合作，在飞机上供应星巴克咖啡。这次的合作每年至少为星巴克增加了2000万客人，大大提高了品牌的知名度，高空品尝星巴克，增加了星巴克的浪漫品位。

五、渠道创新

1998年，全美国通过超级市场和食品商店销售出去的咖啡占当年总销售额的一半。在超过26000家的食品杂货店中蕴藏着比星巴克零售连锁店和特种销售渠道更加广阔的市场。充分利用这个渠道可以为公司带来几百万的消费者。除此之外，将产品打入超级市场还能够节省公司的运输费用，降低操作成本，公司的零售能力也将进一步强化。舒尔茨等公司高层决策者认为，超级市场是继续拓展星巴克咖啡销售量的重要途径。尽管当初舒尔茨因不忍新鲜咖啡豆变质走味而立下"拒绝进军超市"的规矩，但环境变化不断要求公司修改行事原则。1997年，舒尔茨和他的高级管理层下令进军超级市场，尽管风险和困难重重——毕竟超级市场并不是公司能够控制的销售场所，毕竟家庭煮制咖啡无法做到像公司那样通过严格的制作过程保证咖啡的味道，然而，令舒尔茨担忧的情况并没有发生，相反，当初的决策却产生了良好的效果。

六、国际营销

星巴克在美国市场的地位巩固后，于1996年正式跨入国际市场，在东京银座开了第一家海外咖啡店。至2002年星巴克已在日本开设了467家分店。借鉴了开发日本东京市场的成功经验，星巴克公司于20世纪90年代末相继在欧洲和东亚地区开设了多家连锁分店。到2002年，星巴克已经打入了全球32个市场，现在更以每一天开张三四家店的速度成长。公司的目标是到2005年年底之前，在全球建成10000家星巴克咖啡店。

星巴克的国际市场营销策略是在坚持品质等标准化的同时，又融入当地文化，寻找适合地方的市场开拓策略。融入当地文化一直是星巴克的追求之一。它对所在地的历史、地理和文化的尊重不只限于海外，即使在美国本土，一家开设在韩裔人居住区的星巴克，其风格也会特别关注与周围韩国古董店、茶叶店的协调，从而达到与整个社区总体上的一种融洽。

在国际经营模式上，星巴克在全球普遍推行三种商业组织结构：合资公司、许可协议、独资自营。星巴克根据各国各地的市场情况采取相应的合作模式。以美国星巴克总部在世界各地星巴克公司中所持股份的比例为依据，星巴克与世界各地的合作模式主要有四种情况：

①星巴克占100%的股权，比如在英国、泰国和澳大利亚等地；②星巴克占50%的股权，比如在日本、韩国等地；③星巴克占股权较少，一般在5%左右，比如在夏威夷，中国的台湾、香港和增资之前的上海等地；④星巴克不占股份，只是纯粹授权经营，比如在菲律宾、新加坡、马来西亚和北京等地。

一般而言，美国星巴克在某一个地区所持的股权比例越大，就意味着这个地方的市场对它越重要。另外，星巴克制定了严格的选择合作者的标准：如合作者的声誉、质量控制能力和是否以星巴克的标准来培训员工等。

舒尔茨坦言，1987年以前的星巴克还不知道建立品牌这回事，或者说不曾刻意建立品牌，但当时为稳定咖啡饮料的品质以及塑造咖啡馆气氛所做的努力，却在无形中强化了星巴克的声誉。舒尔茨戏称，"这是我们无心插柳柳成荫的另类做法，教科书上绝对找不到。"

资源来源：何佳讯、丁玎，《星巴克：时尚铸就的品牌传奇》，《销售与市场》，2004（1）。

案例讨论题：

1. 星巴克的品牌资产在案例中是如何体现出来的？
2. 星巴克营销创新成功的关键因素是什么？
3. 在与其他企业的合作过程中，星巴克怎样保持原有的品牌特性？

实训题

给你一个苹果，如何提升其品牌价值？

品牌传播 | 第九章

在品牌和品牌传播中，最重要的是消费者或者他们的消费行为，而不只是他们对你的品牌感觉良好、能够辨认出你的品牌或者穿上你生产的 T 恤衫。

——唐·舒尔茨

【本章重点】

- 品牌传播的特点和功能
- 品牌传播的模式和原则
- 品牌传播的媒介及其特点
- 品牌传播的手段
- 品牌整合传播的含义及特点

【引例】

奥运营销：联想大幅度提升品牌知名度

面对2008年北京奥运会，联想制定了更为完备的奥运营销战略。与北京奥运会的理念和企业自身的特点紧密吻合，联想奥运战略确定了"科技奥运"和"人文奥运"两大主线，以及根据这两大主线制订的更具针对性的十项奥运计划。围绕"科技奥运"战略，联想针对赛事运营和组委会，推出技术设备和IT运营服务计划，各国代表团、各国记者和现场观众推出奥运网吧、多品牌电脑维修和数字奥运体验馆计划。围绕"人文奥运"战略，联想针对全球公众、中国公众，以及各国的运动员和运动队，推出奥运火炬推广、系列公益传播、全球冠军、全球贵宾接待以及千万客户奥运分享五项计划。

在北京奥运火炬计划发布以后，联想就联手央视，推出《你就是火炬手》节目，在全国选拔火炬手，让无数普通人有机会参与奥运、展示自己，实现奥运梦想。火炬手选拔活动产生了巨大的影响力，其中总报名人数近百万人，联想奥运火炬手选拔网站独立访问人数超过800万。此外，联想还策划了一系列产品、业务和奥运相结合的营销活动，如火炬巡展、奥运千县行、奥运科技快车等，将产品和奥运激情带到全国各地，不仅提升了联想的品牌形象，更带动了业务的发展。例如在火炬接力境外传递过程中，联想在各传递城市开展丰富多彩的品牌推广及产品营销活动。作为北京奥运火炬设计单位，结合境外火炬传递，联想派出三位奥运火炬主设计师携带"祥云"火炬，在传递日前夕去往全球十个城市，以媒体见面会的形式现场介绍火炬及设计历程，让世界了解"祥云"火炬所承载的中华五千年文明。在此期间，联想的ThinkPad系列产品、IdeaPad系列产品也得到了进一步展示。

资料来源：梁瑞、范素锋，《联想大幅度提升品牌知名度》，《经济日报》，2008 年 5 月 6 日。

第一节 | 品牌传播的特点和功能

一、品牌传播的定义

品牌是由企业来建设和打造的，却是由消费者来认可和决定的。企业必须将精心打造的品牌通过各种途径传递给消费者，让消费者充分了解、认识、认同并深深接受，品牌才会有意义和价值。品牌形成的过程，其实是品牌在消费者当中传播的过程，也是消费者对某个品牌逐渐认知的过程。

所谓品牌传播，是指品牌制造者找到自己满足消费者的优势价值，利用各种媒介将品牌信息有计划地与公众进行交流沟通的活动，以此促进消费者的理解、认可、信任和体验，产生再次购买的愿望，不断维护对该品牌的好感的过程。可以说，任何一个品牌的诞生，都必须依赖于良好的传播沟通，没有传播沟通，就没有品牌。

二、品牌传播的特点

（一）信息的聚合性

品牌信息的内容是丰富的，既包括品牌的名称、图案、色彩、包装、地址等外显信息，也包括品牌的特点、利益与服务的承诺、品牌认知、品牌联想、品牌形象等内在信息。因此，品牌传播的信息内容是多元的、聚合的。

（二）受众的目标性

从传播对象上看，品牌传播者最关注的是目标受众，因为品牌都有自己的目标消费对象，真正打动他们，才会给企业带来预期的收益。尤其要关注目标消费对象中的那些"意见领袖"，他们会对品牌进行二次传播，对他人购买行为产生重大影响。加强与他们的沟通交流，争取他们的理解支持，"意见领袖"则可能变为"品牌消费领袖"。在现实生活中，某一群体里确实存在那么一些人，他们在一段时间里确实钟爱一些品牌，他们不仅自己带头"消费"，无意间在群体里起着活广告的示范作用，他们还喜欢把品牌推荐给自己的亲朋好友。

（三）媒体的多元性

加拿大著名的传播学家麦克卢汉有句名言："媒介即信息。"这是他对传播媒介在人类社会发展中的地位和作用的一种高度概括。现代社会，传播媒介丰富多样，既有以报纸、杂志、广播、电视为代表的传统媒介，也包括以互联网为代表的新媒介。新媒介的诞生与传统媒介的并存，共同形成了一个传播媒介多元化的新格局。这为品牌传播提供了空前的机遇，也对媒介运用的多元化与整合提出了崭新的课题。

（四）操作的系统性

品牌传播是企业利用各种媒介将品牌信息有计划地与公众进行交流沟通的活动过程。因此，传播过程是一个科学有序的决策过程。

（五）传播的艺术性

到了 21 世纪，企业形象作为企业经营的重要资源，已经成为企业越来越重要的无形资产。品牌传播利用各种媒介传递品牌信息的过程，体现了传播的艺术效果，影响着企业形象。目前，CIS（企业形象识别系统）是树立企业形象的最主要的手段，也是一种艺术的品牌传播方式。

三、品牌传播的功能

传播对品牌的塑造起着关键性的作用。具体而言，品牌传播具有以下作用：

首先，品牌传播是使消费者认识并忠诚某个品牌的必要手段。品牌主要是站在消费者的角度提出的，而要使有关品牌的信息进入大众的心智，唯一的途径是通过传播媒介。如果没有传播环节，品牌打造得再漂亮也只能束之高阁，而无法到达消费者那里。

其次，传播过程中的竞争与反馈对品牌有很大的影响。传播是由传播者、媒体、传播内容、受众等方面构成的一个循环往复的过程，其中充满竞争和反馈。在现代传播日益发达的社会中，人们"逐渐学会了有选择地记取、接受，即只接受那些对他们有用或吸引他们、满足他们需要的信息"。比如，在电视机前，当你不满某个品牌的广告时，就会对该品牌的产品不满。如果绝大多数的人都产生这样的情绪，传播者在销售的压力下，就得重新考虑他的传播内容。因此在传播中塑造品牌就必须考虑到如何才能吸引、打动品牌的目标消费者，如何在传播中体现出能满足更大消费需求的价值。

再次，传播过程是一个开放的过程，随时可能受到外界环境的影响。在现实生活中，外界环境通常会对传播过程产生制约、干扰，从而影响传播的进行。

第二节 | 品牌传播的模式和原则

一、品牌传播的要素及模式

美国学者拉斯韦尔于1948年提出传播过程模式，该模式由五个基本要素构成，故又叫"五W模式"。

1. 品牌传播主体"WHO"

品牌传播主体"WHO"即品牌信息内容的发出者，是对传播过程产生直接影响的重要因素。品牌传播主体多是品牌的构造者，如企业、国家、组织、个人等。

2. 品牌传播对象"WHOM"

品牌传播对象"WHOM"即品牌信息内容的接收者。一般需要通过调查研究才能界定并且掌握其特点来实施传播策略。品牌传播的最终目的是在受众心目中产生所需的品牌影响力，因此研究传播对象种种习性心态尤为重要，需要有的放矢。

3. 品牌传播内容"WHAT"

品牌传播内容"WHAT"即品牌信息的内容，是传播活动的核心。传播内容诉求的重点要着眼于目标受众，以满足消费者利益和需求为目标来确定。传播内容可以是有形的，也可以是无形的；

可以是产品，也可以是理念。以信息内容简单、实在，同时又能直接切入消费者心理为宜。

4. 品牌传播渠道 "WHICH CHANNEL"

品牌传播渠道 "WHICH CHANNEL" 即品牌信息的传播途径。包括选择什么载体、什么时机、什么理由、什么方式等内容。

5. 品牌传播效果 "WHAT EFFECT"

品牌传播效果 "WHAT EFFECT" 即品牌信息对目标受众的影响程度。即目标受众能否识别或记住该信息，看到它几次，记住了哪些，对该信息的感觉如何等。并进一步收集目标受众的行为数据，如多少人购买这一产品，多少人喜爱它并与别人谈论过它等。测定传播效果，看其是否达到了预定的品牌传播目标，并为下一次传播活动的开展提供反馈信息。

对品牌效果的测量目前有两种方法，一种是销售效果法。即直接比较传播活动开展前后的销售效果，这是一种较为简单的方式，很多营销传播者把这种方法视为衡量传播效果的唯一方法。另一种是态度测量法。即消费者在接收到品牌信息以后的态度如何，是否有所改变，有多大幅度改变等。

二、品牌传播的原则

（一）主动性原则

在今天"眼球经济"时代、产品同质化时代，"酒香不怕巷子深"的理念早已过时，优良的质量也需要强势的传播，以吸引消费者的"眼球"。注意力的竞争成为市场竞争的实质内涵，品牌传播的成败决定了品牌市场的竞争力。所以，企业要把握传播的主动权，充分发挥媒体的传播功能，以优质、过硬的产品与服务为基础，通过多种传播手段，打造品牌知名度与美誉度。

（二）持续性原则

世界著名广告大师大卫·奥格威说过，广告传播是品牌建设的一项长期的投资行为。因此，品牌必须坚持长期、持续地传播才能有效地占领消费者的脑海，获得消费者的青睐。耐克的品牌主张是 "Just do it"（尽管去做），表达人们对前途、命运操纵在自己手里的乐观情绪，这一品牌主张已坚持了将近 20 年，从未改变；力士香皂一直定位于请国际影星做其形象代言人，诠释其"美丽"的承诺，达 70 年之久而不变。这些品牌形象由于其企业长期不断的宣传而在广大消费者头脑里留下深刻的印象。

（三）统一性原则

维护统一的品牌形象是品牌成功的法则之一，全力维护和传播品牌形象已成为许多国际一流品牌的共识，是创造百年金字招牌的秘诀。品牌形象表现为品牌的名称、标志、包装等外显要素，也表现为品牌的核心价值、品牌的个性等内在要素。无论在哪一种媒体上传播，无论在世界的哪一个角落出现，它的形象都是统一的。比如肯德基分布在全球 60 多个国家的 9900 多个分店，不论是在中国的长城，或是巴黎繁华的市中心，还是保加利亚风光秀丽的苏菲亚市，或是在阳光明媚的波多黎各，大家所见到的都是桑德斯（Sanders）上校熟悉的面孔。

（四）相关性原则

品牌传播的方式、途径、时机等的选择必须切合品牌的核心价值以及目标人群的喜好。品牌是一个以消费者为中心的概念，围绕品牌的任何活动都要与消费者的需要相契合。因此，在设计品牌传播策略时，要针对品牌价值与品牌目标人群的个性、喜好进行设计，如万宝路一直都积极赞助各项国际体育活动，尤以国际一级方程式车赛最有声望，这是万宝路最有影响、最重要的赞助活动之一。在大众心目中，一级方程式赛车被视为自由、奔放、竞争、极具挑战性的运动。这种个性正符合万宝路要塑造的"男子汉"形象，也是万宝路的目标人群感兴趣的活动方式。

第三节 品牌传播媒介

广义的媒介指一切能使双方发生关联的人或事物；狭义的媒介专指大众传媒（报纸、广播、电视、网络等）。一切形式的品牌信息最终都必须经由特定的媒介传递出去。各种传播媒介的日益丰富为品牌的广泛传播提供了更多的平台和便捷，促进了消费者对品牌的更全面深入的认识。

一、媒介种类

（一）传统大众媒介

1. 印刷类媒介

印刷类媒介即以印刷作为物质基础，以平面视觉符号（文字和图像符号）作为信息载体的传播信息的工具。印刷媒介主要有报纸、杂志、招贴、传单、书籍及其他印刷品。

2. 电子类媒介

电子类媒介即以电波形式来传播声音、文字、图像等符号，并需运用专门的电器设备来发送和接收信息的传播工具。电子媒介主要有广播、电视、电影、幻灯等。其中，电视媒介对大众传播的影响力已居首位。

（二）互联网

互联网被称为继报纸、广播、电视三大传统媒体之后的"第四媒体"。它集三大传统媒体的诸多优势为一体，是跨媒体的数字化媒体。其个性特点具有即时性、海量性、全球性、互动性、多媒体性和新媒体性等多种特点。其中，互动性是互联网最本质的特征。即时交互的特质可以使传播双方的沟通了解更加深入。在营销和品牌传播领域，互联网这一新生媒介将越来越被广泛关注。

（三）直邮媒介

直邮媒介，英文为 direct mail，这里指通过邮寄网络将品牌相关信息，如广告、促销等信息有选择性地直接送到用户或消费者手中的传播形式。其类型主要包括商品目录、商品说明书、商品价目表、明信片、展销会请帖、宣传小册子等。

（四）户外媒介

户外媒介，英文为 out door medium，是指设置在露天、没有遮盖的、承载品牌相关信息的各种设施，主要包括路牌、灯箱、气球、霓虹灯等。作为地球上最古老的媒介，户外媒介利于其"标志"的固有本性和现代平面设计与技术的结合。事实上，正是由于现代技术的出现，企业才得以在户外进行一些他们几年前连做梦都想不到的活动。

（五）售点媒介

售点媒介，通常称为 POP 媒介，即 point of purchase medium，意思是销售点和购物场所的媒介设施。销售现场媒介是一种综合性的媒介形式，从内容上大致可分为室内媒介和室外媒介。室内媒介主要包括货架陈列、柜台、模特儿、卖场墙体、空间设置等媒介形式。室外媒介是指购物场所、商店、超级市场门面和周围的一切媒介形式，主要包括广告牌、霓虹灯、灯箱、电子显示屏、招贴画、商店招牌、门面装饰和橱窗等。这些媒介各自的优缺点及管理重点见表 9-1。

表 9-1　　　　　　　　　常见媒体的优缺点分析和关键事项

媒介	优点	缺点	关键事项
电视	覆盖面积大 接触频率高 有光、声、动态的影响 声望高 易引起注意 千人成本低	选择性低 信息生命短 绝对成本高 生产成本高 干扰大	聚集于恰当的目标市场 创意应简单明了 抵制干扰，吸引注意力 品牌标识要清晰地出现 注意设计展示者的体态语言、脸部表情、举止、服装、姿势和发型
广播	地方性覆盖 成本低和接触频率高 有弹性 生产成本低 受众充分细分	只有听觉效果 干扰大 不易引起注意 信息易逝	在广告中尽早地提出品牌 反复提到品牌利益点 注意广告用词口语化、语速适中、发音清晰、语调生动、富于变化
杂志	易于细分目标受众 易重复阅读 信息容量高 有多种读者	前置时间太长 只有视觉效果 缺乏弹性	信息要清晰直观，一眼能看清 品牌利益点放在最显著位置 标注出品牌的标识
报纸	覆盖面高 成本低 前置时间短 广告能置于读者感兴趣的地方 及时 读者控制信息展露 可以使用赠券	信息生命短 干扰大 不易引起注意 不易重复阅读 有选择性的读者 信息展露有限	同为纸质媒体，见上
户外广告	地点具体 重复率高 易被注意	信息展露空间有限 形象不好 受地域限制	选择人流量大的地点 注意排除干扰 画面富有冲击力
交互式媒体	用户选择产品信息 用户注意和参与 交互式关系 直销潜力 弹性信息平台	有限的创作能力 主页干扰 落后的技术 无效的测量技术	信息形式生动有趣 定期更新

（六）3G——新一代移动通信技术

3G 时代已经到来，它作为全新的信息技术革命正在改变人类的生活，颠覆了传统的营销手段，成为企业面临的又一个信息平台。

3G 是英文 3rd Generation 的缩写，即第三代移动通信技术，它将无线通信与国际互联网等多媒体通信相结合，能够处理图像、音乐、视频流等多种媒体形式，提供见面浏览、电话会议、电子商务等多种信息服务。手机移动终端媒体必将成为新广告媒介，成为 3G 时代最快、最便捷获取信息的方式。

二、影响媒介选择因素

各种媒介各有优势和劣势，选择哪些媒介来开展品牌传播，主要考虑以下因素：

1. 目标沟通对象的媒介习惯

目标对象平时接触媒介的习惯往往不同，企业要针对目标沟通群体的习性、偏好进行有效的沟通。如老年人平时习惯听广播，生产老年保健用品的企业就适合在收音机里做广告；白领阶层平时愿意看报纸和杂志，汽车、计算机等产品信息在报纸、杂志上传播就比较合适；学龄前儿童及其妈妈看电视比较多，生产或销售玩具的企业就可以在电视上做广告。

2. 产品特性

不同的媒介在展示、解释、可信度与颜色等各方面分别有不同的说服力。例如，照相机之类的产品，最好通过电视媒介做活生生的实物广告说明；服装之类的产品，最好在有色彩的媒介上做广告，以凸显其产品优势。

3. 信息类型

品牌传播的信息类型多样，具体的要求也有所不同。譬如，近期的销售活动信息，需要尽快传递给消费者，所以必须在电台或报纸上做广告；含有大量的技术资料的信息，需要详细地向消费者做宣传介绍，所以在专业杂志上做广告比较合适。

4. 成本

不同媒介所需成本也是一个重要的决策因素。到目前为止，电视是最昂贵的媒介，而报纸则较便宜。当然，这种成本有绝对总成本和相对成本之分，企业在考虑绝对总成本的同时，更应考虑目标沟通对象的人数构成与成本之间的相对关系。如果用每千人成本来计算，可能会表明，在电视上做广告比在报纸上做广告更便宜。

第四节 | 品牌传播手段

品牌传播实际上就是对各种传播手段综合运用的过程，在这个过程中，如何控制和利用好这些传播资源，成为品牌传播制胜的关键。一般而言，品牌传播的手段包括广告、公共关系和人际传播等。

一、广告

广告是塑造品牌的主要手段。是指品牌所有者以付费方式，委托广告经营部门通过传播媒介，以策划为主体，以创意为中心，对目标受众所进行的以品牌名称、品牌标志、品牌定位、品牌个性等为主要内容的宣传活动。广告一直被认为是塑造品牌的重要工具。广告作为重要的传播工具，具有以下特性：（1）公开展示。广告是一种高度公开的信息传播方式。它的公开性赋予产品一种合法性，同时也使人想到一种标准化的提供。因为许多人接受相同的信息，所以购买者知道他们购买这一产品的动机是众所周知的。（2）普及性。广告是一种普及性的媒体，它允许销售者多次重复这一信息。它也允许购买者接受和比较各种竞争者的信息。一个销售者可以做大规模的广告，充分地介绍销售者的经营规模、名望和成功，使消费者充分了解企业的信息，为其后续的购买决策作准备。

（3）夸张的表现力。广告可通过巧妙地应用印刷艺术、声音和颜色等将一个公司及其产品戏剧化地展示出来，以独特的表现手法引起受众的注意。（4）非人格化。广告不会像公司的销售代表那样有强制性，受众不会因此感到有义务去注意或作出反应，广告对受众只能进行独白而不是对话，因而不会对受众造成压力。

广告既能用于建立一个产品的长期形象，也能促进产品的快速销售。具体说来，广告能起到下列作用：（1）建立知名度。大量有效的广告宣传可以扩大公众对品牌产品知晓了解的程度，这样那些知道这家公司或产品的潜在顾客可能会愿意与销售代表见面，销售代表也不用再花费大量时间来描述公司及其产品。（2）促进理解。大量有效的广告宣传可以充分地诉求某一产品的新特点，以促进消费者的理解和认同。（3）有效提醒。大量长期的广告宣传可以不断地提醒那些有潜在需求的顾客，及时去购买所需产品。（4）进行提示。广告中的回邮赠券、宣传册子等可以有效地提示消费者。（5）合法性。能够在权威媒体上登载公司广告本身就足可证明公司及其产品的合法性。

二、公共关系

定位理念的创始人艾·里斯在《公关第一广告第二》里阐述了他的论点：公共关系的核心就是品牌塑造，广告缺乏创建品牌的关键因素——可信度，只有公共关系才能提供这种可信度，广告只用于维护通过公共关系创建起来的品牌。对于企业而言，协调与其他组织的关系，树立和维护良好的公众形象以及应对突发事件的危机处理，最有效的策略就是公共关系传播了。公共关系具有一定的管理职能，是围绕着公众而展开的一系列活动，以赢得人们的关注和支持，通过协调其政策与措施，做出有计划的信息传播，以铸造强势品牌。一个品牌能否迅速占领市场，能否快速树立品牌形象，光有高质量还不够，还需要一系列的策划，公关活动是其中不可缺少的一部分。

在品牌传播中，可以采用的公共关系形式是很多的，诸如新闻发布会、展览会、社会赞助等较为普遍的公共关系活动方式。台湾奥美广告公司对著名的零售品牌7-11（Seven -Eleven）超市的策划就完美地运用了公共关系进行品牌传播。在奥美的帮助下，7-11 迅速确定传播的主题为"扮演消费者生活节奏的鸣笛者"，在这个策略的指引下，与包括政府、媒体、社区、供应商等策略执行伙伴密切配合，结合中西方节日、民俗、热点事件、天气等元素不断为消费者吹响生活的笛声，提醒消费者跟上生活的脚步。仅仅半年时间，7-11 就举行了 8 场记者会，开展了话费代收、对话火鸡大同盟、饥饿募捐、贩卖肠病药皂、近 20 次投资活动，累计回函上百万封，取得了极佳的业务绩效，也为 7-11 创造了极高的媒体爆光率。品牌的公共关系传播形式必须切合企业自身资源状况，切合目标消费群体的喜好和心理特征的需求，使公共关系传播本身具有一个较整体的骨架，从而形成品牌自身的传播特色，贯穿品牌成长的过程，使得消费者对你的记忆历久常新。

与其他传播工具相比，公共关系有以下三个明显特征：（1）高度可信性。新闻故事和特写对消费者来说要比广告更可靠、更可信。（2）消除防卫。很多潜在顾客能接受宣传，但回避推销人员和广告。作为新闻的方式将信息传递给购买者要比销售导向的信息传播为好。（3）戏剧化。公共宣传，像广告那样，有一种能使公司或产品惹人注目的潜能。

营销人员倾向于少用公共关系，或把它用作事后的思考。然而现在企业越发认识到，公共关系不但在应对销售危机和品牌危机时显得价值连城，而且日益在日常营销活动中发挥巨大的作用。一个深思熟虑的公共关系活动同其他促销组合因素协调起来能取得极大的效果。

案例 9-1

麦当劳巧用公关活动

麦当劳每天在广告上的投入约100万美元，同时开展折扣、赠送、开奖等形形色色的促销策略。为了庆祝"巨无霸"25周年，麦当劳除了基本的广告和促销手段以外，还集中在一段时间里开展了全面的"巨无霸媒体出击"活动：

（1）发动当地、全国及世界范围内的媒体介绍"巨无霸"的起源和发展。

（2）在"巨无霸"的故乡匹兹堡开展周年庆联欢活动。

（3）美国各大广播和电视媒体普遍报道匹兹堡的联欢活动，对麦当劳代表的采访，展示过去和现在的"巨无霸"广告等。

麦当劳的调查指出，此次媒体出击活动带来了3亿次左右的公共形象展示（报纸60%，电视30%，广播10%）。通过周年庆，消费者对麦当劳品牌的偏好程度也上升了119%，与往年同期相比，"巨无霸"的销量增长了13%。

三、人际传播

这是指两个或两个以上的人之间借助语言和非语言符号互通信息、交流思想感情的活动。人际传播是传播者与受传者之间的信息互动过程，是人际关系得以建立、维持和发展的润滑剂。人际传播可以是面对面的交流，如交谈、交往、约谈、讨论、对话等，也可以是借助传播媒介进行交流，如写信、打电话、发传真等。人际传播的主要特点是：第一，传播者与接受者之间的深层传播处于"熟人圈"中，他们彼此熟悉，时有往来；第二，传播以单个的面对面的传播形式为主；第三，信息的交流性强，信息反馈直接、快速、及时、集中，因此传受双方都可以现场把握信息的流向、流量和清晰度、准确度；第四，适用于在较短的时间内改变接受者的态度和行为。它的基本功能是协调人际关系、交流思想感情、统一社会态度和支配他人的行动等。在今天，大量的广告信息充斥着现代媒体，人际传播所表现出的人际之间的互动性以及现实感，在传达品牌品质与形象上有得天独厚的优势，给人一种信赖的亲切感，对于品牌信息传播所起的作用与影响是巨大的。

第五节

品牌整合传播

一、品牌整合传播的含义

随着信息技术全球化和顾客力量的大大增强，传统单独的说服性营销传播模式已经不能获得竞争优势。企业需要与顾客建立新的营销传播模式，考虑顾客和企业的双向需求，才能更有效地创造价值，强化与顾客间的关系。20世纪末，一种新的营销传播模式——整合营销传播诞生。

整合传播概念是1993年美国唐·舒尔茨首次提出来的。

整合营销传播（integrated marketing communication，IMC），是指把品牌等与企业的所有接触点都作为信息传达渠道，以直接影响消费者的购买行为为目标，从消费者出发，运用所有手段进行有力传播的过程。它将战略、财务和营销传播合到一起管理，以实现价值最大化。

这个概念有两层含义。其一，不同沟通手段所传递的信息是一致的，共享品牌最核心的含义，清晰地将品牌定位传递给品牌利益相关者；其二，不同的沟通手段要能相互补充，优势彼此衬托，劣势互相弥补。

二、品牌整合营销传播的特点和作用

（一）品牌整合营销传播的特点

1. 传播目标明确

品牌整合传播的目标非常明确，它并不是针对所有的消费者，而是根据特定时期和一定区域的消费者的需求特点，采取措施将品牌传播给消费者的过程。虽然品牌整合营销传播也能影响或辐射到潜在的消费者，但不会偏离其明确的目标消费者。

2. 互动交流性强

品牌整合营销传播旨在运用各种手段建立企业与消费者的良好沟通关系。它绝不是企业向消费者的单向宣传，而是通过不断地反馈和交流，实现企业与消费者之间良好有效的互动，以建立品牌与消费者之间的亲密关系，使品牌更贴近消费者的心灵，为消费者所接纳、喜爱，进而产生购买和忠诚。

3. 统一性

在传统营销传播理论的指导下，企业的广告、公关、促销、人员推销等行为都是由各部门独立实施的。这会造成资源的重复需要和浪费，甚至还会因为不同部门的观点和传播的信息不一致，在消费者心目中留下一个混乱的品牌形象，影响了最终的传播效果。

而品牌整合营销传播致力于对企业资源进行合理配置，并按照统一的目标和策略将营销的各种传播方式有机地结合起来，表现同一个主题和统一的品牌形象，使企业的品牌传播活动形成强大的合力，推动企业品牌的发展。

4. 连续性

品牌整合营销传播是一个长期持续的过程，通过不同媒体对同一个主题和统一的品牌形象的反复宣传，可以强化消费者对企业品牌形象的记忆。

5. 动态性

品牌整合营销传播改变了以往静态分析市场的做法，强调要以动态的观念主动去适应市场，明确企业与市场之间的互动关系和影响，积极主动地去创造新的市场。

（二）品牌整合营销传播的作用

将传统的品牌传播方式整合起来，将分散传播的品牌特点整合传播，可以给目标受众以完整的品牌印象、更强的品牌亲和力。具体表现为以下几方面：

1. 提升企业品牌形象

品牌整合营销传播从目标消费者需求出发，满足消费者的利益，极大地引发了消费者的兴趣和关注。其明确的针对目标消费者的传播，会在目标消费者头脑中留下深刻的印象。与目标消费者有效的双向沟通，增强了消费者对企业价值、品牌的认同。因此，与目标消费者良好互动的关系，可以有效提升企业的品牌形象。

2. 节约经营成本

品牌整合营销传播可以使企业的各种资源得到有效的整合和优化，避免重复使用和浪费，从而大大减少企业的经营成本。

3. 提高企业盈利能力

传播效果的增强和企业经营成本的节约，大大提高了企业的盈利能力，同时，企业与消费者良好关系的建立，消费者对产品、服务的重复消费也大大推动了企业产品的销售，提高了企业的销售额。

三、整合营销传播的程序

整合营销传播既是一种理论，也是指导传播实践的方法。菲利普·科特勒认为，成功的整合营销传播必须经历八大步骤：确定目标传播受众、确定传播目标、设计信息、选择传播渠道、编制总促销预算、决定促销组合、衡量促销成果、管理和协调整合营销传播过程。

1. 确定目标传播受众

品牌信息的传播者必须一开始就要有明确的目标受众。他们是公司产品的潜在购买者、目前使用者、决策者还是影响者，他们是个人、小组、特殊公众还是一般公众，一开始就是十分明确的。明确了目标受众企业才能决策传播的具体内容、传播的时间、地点和具体的传播者等。

2. 确定传播目标

当确定了目标受众及其特点后，品牌信息传播者接下来要确定传播的具体目标。在消费者进行购买决策的长期过程中，品牌传播者需要将目标受众从他们目前的位置向购买决定阶段不断推进，直到最后购买。这其中的每一步推进，都可以是具体的某一阶段的传播目标。

3. 设计信息

确定具体的传播目标以后，下来就要制定一则有效的信息。该信息要能够引起消费者注意、提起消费者兴趣、唤起消费者的购买欲望、导致消费者的购买行动。

4. 选择传播渠道

信息传播者需要选择有效的信息传播渠道来传递信息。在不同的情况下应采取不同的渠道。在不同的阶段采用不同的信息传播渠道或者渠道组合。总之，选择的传播渠道或渠道组合以能够最有效地将信息传递到目标受众为宜。

5. 编制总促销预算

公司面临的最困难的营销决策之一是在促销方面应投入多少费用，促销预算与销售额之间保持怎样的比例才能达到利润最优，短期利益与长期利益如何权衡取舍等问题。

6. 决定促销组合

每种促销工具都有其特性和成本。营销人员要根据行业特色、经费预算以及传播目标来进行选择。一般，经营消费品的公司会把大部分资金用于广告，然后是销售促进、人员推销和公共关系；而经营工业品的公司则把大部分资金用于人员推销，然后是销售促进、广告和公共关系。一般来说，人员推销适合于昂贵的、有风险的商品以及少数大卖主市场。

7. 衡量促销结果

在促销活动执行后，信息传播者需要衡量这次活动对目标受众产生的影响。可采用定量和定性测量的方法，前者可统计销售额的变化，这是衡量促销效果最直观的方式；后者可采用访谈法，询问目标受众是否识别和记住这一信息，他们记住了哪些信息，他们看到这些信息的次数，他们对信息的感觉如何以及他们对产品和公司态度的变化等。

8. 管理和协调整合营销传播过程

品牌机构根据所制定的品牌战略和动态更新的品牌资产报告，对整合营销传播的每一环节、每一种方式都全面跟进，以确保品牌利益相关者得到一致、完整的品牌信息。为了确保品牌信息的一致性，很多品牌机构通过制定品牌使用手册来统一传播品牌的核心价值与定位。

总之，整合营销传播将各种营销传播的手段整合到一起，以求品牌信息更经济高效地传达给目标消费者和潜在顾客。它既是一种新的理论，更是一种高效率的营销传播实践。

本章小结

所谓品牌传播，是指品牌制造者找到自己满足消费者的优势价值，利用各种媒介将品牌信息有计划地与公众进行交流沟通的活动，以此促进消费者的理解、认可、信任和体验，产生再次购买的愿望，不断维护对该品牌的好感的过程。品牌传播的特点有：信息的聚合性、受众的目标性、媒体的多元性、操作的系统性、传播的艺术性。传播对品牌的塑造起着关键性的作用。

"五 W 模式"是品牌传播的基本模式，包括：品牌传播主体"WHO"，品牌传播对象"WHOM"，品牌传播内容"WHAT"，品牌传播渠道"WHICH CHANNEL"，品牌传播效果"WHAT EFFECT"五方面的要素。品牌传播的原则表现为主动性原则、持续性原则、统一性原则、相关性原则。

品牌传播媒介有广义和狭义之分。广义的媒介指一切能使双方发生关联的人或事物；狭义的媒介专指大众传媒（报纸、广播、电视、网络等）。具体来说主要有以下几类：传统大众媒介，包括电子类和印刷类；以互联网为代表的新兴媒体；直邮媒介；户外媒介和售点媒介。影响媒介选择的因素有：1. 目标沟通对象的媒介习惯；2. 产品特性；3. 信息类型；4. 成本。

品牌传播的主要手段有：广告、公共关系、人际传播。其中，广告是塑造品牌知名度的重要手段，公共关系是塑造品牌美誉度的重要方式，人际传播可以有效地提高人们的忠诚度。

整合传播（IMC）概念是 1993 年美国唐·舒尔茨首次提出来的。品牌整合营销传播是指把品牌等与企业的所有接触点都作为信息传达渠道，以直接影响消费者的购买行为为目标，从消费者出发，运用所有手段进行有力传播的过程。它将战略、财务和营销传播合到一起管理，以实现价值最大化。品牌整合营销传播的特点有：传播目标明确、互动交流性强、统一性。品牌整合营销传播的作用为：提升企业品牌形象；节约经营成本；提高企业盈利能力。整合营销传播的程序为：确定目标传播受众、确定传播目标、设计信息、选择传播渠道、编制总促销预算、决定促销组合、衡量促销结果、管理和协调整合营销传播过程。

基本概念

品牌传播　品牌传播媒介　品牌整合传播

复习思考题

1. 品牌传播的特点是什么，有什么作用？
2. 品牌传播的"五 W"模式的内容有哪些？品牌传播应遵循的原则。
3. 品牌传播的媒介有哪些，各自有何特点？
4. 品牌传播的常用手段有哪些？
5. 品牌整合传播的含义及特点。

课后案例

动感地带整合营销传播全案分析

动感地带在全国始于2003年3月，中国移动将动感地带的目标人群定位为年轻人群。尽管这一人群喜欢追新求异，见异思迁，忠诚度不高，并且由于没有收入来源，购买力也有限。但从长远来看，中国父母对独生子女"补贴收入"递增使得年轻人群正成为一支不可小觑的消费力量，并且恰恰是这部分人群的追新求异，才会让他们勇于涉足新业务。更重要的是，年轻人群是未来主力消费的生力军，在长期潜移默化的熏陶中培养他们对中国移动的品牌情感，也大有裨益。

经过一番利弊权衡的反复思量，中国移动终于做出了自己的战略抉择：将动感地带作为集团与全球通和神州行并行的第三大子品牌，以全球通为利润品牌，神州行为大路品牌，动感地带为狙击和种子品牌。中国移动启动动感地带，可以用低价的优势网罗低端人群，给竞争者釜底抽薪式的打击，同时，作为一个未来的战略业务增长点，动感地带弥补了中国移动品牌架构的空缺，为高端品牌全球通打通了一条强劲的输血管道，促使全球通由"明星业务"快速向"金牛业务"转型。

一、品牌调性系统分解

（一）以品牌内涵为轴的横向解剖

1. 品牌属性

品牌属性包括品牌的名称、LOGO等视觉化的标志。动感地带的品牌名称是"M-ZONE"，LOGO是动感地带和M-ZONE的合成体，主色是充满朝气和活力的橙色。

2. 品牌个性

品牌个性好比一个人的言行举止。动感地带的品牌个性定位是：时尚、好玩、探索；补充描述是：创新、个性、归属感。

3. 品牌文化

品牌文化可比作一个人的内在气质。动感地带的文化定位是年轻人的通信自治区,社区文化倡导流行、前卫、另类、新潮。

4. 品牌利益/价值

"生活因你而精彩",动感地带用一句话将品牌利益/价值和盘托出。但要清晰地描画品牌的利益和价值点,必须借助于产品功能、品牌情感或两者的结合来进行支撑。

动感地带产品功能支撑点:"四大特权"——话费节约、业务任选、联盟优惠、手机常新;动感地带品牌情感支撑点:新新人类的族群归属感。

5. 品牌使用者

动感地带品牌核心人群的DNA描述是:年龄在15~25岁及以上,追求时尚,崇尚个性,乐于接受新事物,容易相互影响,涉足新事物,有成长性,是未来高端客户的生力军。

(二)以业务推广为轴的纵向解剖

1. 进一步细分的子卡规划

动感地带是中国移动品牌架构下的一个子品牌,但为了将年轻人群进一步细分以深度聚焦,动感地带在业务套餐和资费类型上进行了多元化设置,光套餐就有学生套餐、娱乐套餐和时尚办公套餐三种各有优惠侧重的套餐选择。此外,动感地带还发行有一种情侣卡,也不外乎是针对年轻人群的再度聚焦。

2. 聚焦目标人群的套餐业务细分

在每一个以人群为线的子卡规划下,动感地带还以产品业务为线对业务进行了套餐细分。动感地带的基本业务是语音通话、短信收发、移动梦网、全新业务和会员服务。为了将这些有着浓厚技术色彩的基本业务通俗地告知成长于"读图时代"的年轻人群,动感地带将各种基本业务进行了细分包装,推出了诸如"语音杂志"一类的打包业务。

3. 个别业务推广的诉求点规划

不管是打包业务还是个别业务,在推广中都不能沿用传统的技术术语,这样会加大沟通的障碍。一种有效可行的方式是,根据品牌的总体调性,给这些业务设计出既符合品牌整体调性大局,又能体现产品业务特色的卖点。

短信业务——"从传纸条到发短信,我们做了N年同学"。

彩信业务——"发个鬼脸,给他点颜色看看"。

WAP无线上网——"早上晚上路上床上,我的手机都在网上"。

语音杂志——"一本用耳朵倾听的杂志"。

二、品牌传播"兵器谱"

(一)远程战略性武器——大众/分众媒体传媒组合。动感地带上市时,其媒体轰炸可以用"铺天盖地"来形容。在短短时间内,包括电视、广播、报纸、杂志等传统媒体,以及一些户外路牌静态广告和车体流动广告等,甚至一些新兴的楼宇电视广告,只要可能与15~25岁的年轻人群发生关系,并且有效到达率可观,都一一被动感地带所利用。

（二）中程战术性武器——事件和公关等活动营销

与大众/分众等动感地带投放的硬广告相比，事件营销和公关活动所产生的舆论效应更能吸引目标消费者的眼球，并且推广预算更省。比如，中国移动聘请周杰伦为动感地带的品牌形象代言人，并且在后续的周杰伦演唱会和主题活动策划中动感地带的舆论衔接都非常有效果。除此之外，动感地带的事件营销策划和简单的活动营销可谓是一波连着一波，如赞助华语音乐榜和在年轻人中享有盛誉的时代广告金犊奖，寻找"M-ZONE人"系列活动以及万名大学生街舞表演等，都有效地将舆论推至了最高潮。

（三）近程攻击性武器——促销活动的设计和布置等的终端生动化。终端与消费者的距离是咫尺之间，这也就难怪人们将终端之争比喻为消费者的"最后一米"。中国移动的终端体系是由营业厅、动感地带品牌店、自助服务店、加盟店、授权销售点和标准卡类直供零售点等直控和他控的体系构成的，但不管是直控还是他控，中国移动对动感地带品牌形象输出信息的统一和各终端生动化营造上都有严格的监控和评估。它的促销活动的设计，绝对应服从阶段内动感地带整体品牌发布主题统一的大局，不允许有任何冲突。

（四）短兵肉搏性武器——以DM、电话和网站为主的直复营销。为了推广动感地带品牌，中移动专门开通了动感地带专线，并针对年轻人的特点重新设计和规划了相应的服务流程和操作接待方式。动感地带的网站并非传统的单项发布性网站，而是一个互动娱乐的年轻人交流和沟通社区，里面丰富多彩的主题讨论、游戏空间以及定期的会员活动，吸引了很大一批线下用户的长期驻足。

当然，以有限直投为主的《动感地带》杂志无疑是DM营销的一个亮点。《动感地带》采用半商业媒体的运作方式，除了不接纳联盟外产品发布之外，其他的诸如稿件征用、编辑等，与商业杂志的操作并无差异，这在很大程度上也吸引了一批年轻"好笔"人士的青睐。

三、"体验式"参与

任何一个品牌传播工具，都可以加入"体验"的成分。为了让年轻人能够清晰地体验到动感地带作为年轻人社区的好玩、时尚和探索，动感地带将品牌的传播与周杰伦本人的一些个唱等商业活动连接起来，让动感地带人能够最先听到周杰伦的歌声，最优惠地买到周杰伦演唱会的门票，并亲身参与周杰伦的互动。而且，中国移动还将周杰伦本身的各种举止和装束加以"动感地带化"的形象设计，并在这些年轻人群中扩散传播，将周杰伦的"星光"利用到了极致。

动感地带的万名大学生街舞表演，动感地带的动漫展和寻找M-ZONE等，都是动感地带"体验式"展示的最好表现。

四、忠诚计划

忠诚计划实施的最终目的无非是加大用户的转移成本，让用户对自己的品牌提供的价值产生依赖感。动感地带为了让用户有一种难以舍弃的依赖，在享受业务的黏着性上加大了投入。它与麦当劳基于品牌文化的契合和目标对象的一致结成了战略联盟，双方合作的"动感套餐"无疑让年轻人在麦当劳有了一份真正"自己做主"的感觉。

五、分兵布阵，组合工具

（一）分阶段设定传播主题

第一阶段是2003年3月15日到4月15日，主要是集合各种大众传播工具对市场进行广泛告知，推广主题是："动感地带全面上市"。这阶段是品牌名称和粗线条的概念告知阶段，产品和业务的推介是其次。

第二阶段是2003年4月15日到9月15日，动感地带在这个阶段推出了品牌代言人，推广主题是：玩转年轻人通讯自治区。主要是由周杰伦示范动感地带业务的各种利益点，深度细致的产品推介是其次。

第三阶段是2003年9月15日到2004年7月，推广主题是：亮出特权身份，就在动感地带。这一阶段是业务（四大特权）深度推介阶段和品牌文化纵深传播阶段，目的是要让动感地带目标对象产生一种品牌的自我认同和身份识别，明显地感觉到"哦，原来我就是M-ZONE人"，因此这一时期的"寻找M-ZONE"活动也是按照这个目的来设计的。

第四阶段是2004年7月以后，推广主题是：扩张我的地盘。在经历了第一阶段总的主题"我的地盘，我做主"的利益认知识别之后，为了配合市场推广的进一步深入，动感地带在第四阶段将市场推广目标直接作为了品牌推广的主题。并且，这个阶段的动感地带品牌文化宣导在原有基础上也开始有了些微的调整和转移，它将原来单纯的"玩"细化到了"有积极追求的创业理想"上，因为这部分人群不会因为玩物丧志而丢失成长为高价值客户的可能。

（二）"统分结合"进行地域推进

动感地带虽然是一个全国性品牌，但针对各个地区的品牌推广和价值设置上，却是各有不同。由于每个地区年轻人群的结构比例和营销推广的深入发展程度有所差别，动感地带的整体品牌推广也应因地制宜，依照地域的情况区别对待。

在一些年轻人群结构比例较高，也就是高校密集的地区，品牌推广应该以学生为主；在高校稀少的地区，则以社会青年为主。动感地带在北京、上海、武汉等高校聚集区，针对大学生的营销策略丰富多彩。

资料来源：http://www.youren.com。

案例讨论题：

1. 中国移动推出的动感地带目标顾客群是哪些？试描述该群体的特征。
2. 针对其目标顾客群动感地带是怎样进行整合营销的？

实训题

某公司新推出一种智能锁产品，当前市场上尚无主导性品牌，试为该公司设计一套品牌传播方案？

在现有品牌名称或现有品牌的某个版本之下，你还能推出其他产品吗？显然，如果你可以用同一品牌名称销售多种产品，那就是真正的市场效率的体现，因为你可以节省时间和金钱，还可以获得更多的利润。

——唐·舒尔茨

【本章重点】

- 品牌延伸的含义、动因和原则
- 品牌延伸策略
- 品牌延伸的风险及规避

【引例】

品牌延伸塑"美的"辉煌

创业于1968年的美的集团，是一家以家电业为主的大型综合性企业集团，是中国最具规模的白色家电生产基地和出口基地。1980年，美的正式进入家电业，1981年开始使用"美的"品牌。美的集团主要产品有家用空调、商用空调、大型中央空调、冰箱、洗衣机、电饭煲、饮水机、微波炉、洗碗机、电磁炉、风扇、电暖器、热水器、灶具、吸油烟机、消毒柜、电火锅、电烤箱、吸尘器等家电产品和压缩机、电机、磁控管、变压器等家电配件产品，拥有中国最大最完整的空调产业链和微波炉产业链，拥有中国最大最完整的小家电产品群和厨房家电产品群，其中绝大多数品牌都采用的是"美的"。2007年，美的集团整体实现销售收入达750亿元，同比增长30%，其中出口额31.2亿美元，增长40%，在"2012年中国最有价值品牌"的评定中，美的品牌价值跃升到611亿元，位居全国最有价值品牌第五位。这些数据说明，就目前的情况来看，在家电领域，"美的"的品牌延伸是成功的。

资料来源：美的集团官方网站（http://www.midea.com.cn），2008年9月1日。

第一节 品牌延伸概述

品牌延伸作为企业经营实践策略，在 20 世纪初就得到了广泛运用，当时如 GE、奔驰等品牌已经在利用自身的优势不断推出新的产品。但作为一种系统化理论，近年来才开始得到深入的研究。

一、品牌延伸的含义

理论界，众多学者对品牌延伸的定义提出了不同的看法。在颇具权威的营销学词典《营销术语的概念、解释及其他》中，品牌延伸指"将已被市场接受的品牌延伸使用到公司其他品牌上，目的是改变原有品牌（产品）的形象，但这种策略必须和其他营销策略配合使用才能具有较好的效果。"菲利普·科特勒认为，品牌延伸是指"把一个现有的品牌名称使用到一个新类别的产品上"；卢泰鸿认为，品牌延伸是指借助原有的已建立的品牌地位，将原有品牌转移使用于新进入市场的其他产品或服务（包括同类的和异类的），以及运用于新的细分市场中，达到以更少的营销成本占领更大的市场份额的目的。而企业通过品牌延伸进入新市场包括两种情况，一是进入原地域的新的细分市场，二是利用原品牌的强大影响进入新的地域市场。以上定义从不同角度、不同视野阐述了品牌延伸的内涵。

从以上学者的定义不难看出，品牌延伸是指在已经确立品牌地位的基础上，将原有品牌运用到新的产品或服务中，从而期望减少新产品进入市场的风险，以更低的营销成本获得更高的市场回报。在品牌延伸的具体操作中，不只是简单地借用原有品牌的名称，而是整个品牌资产的策略性使用。

二、品牌延伸的动因

一项针对消费品生产商及品牌的调查发现，89%是同品牌、同类别的新产品，6%是同品牌不同类别的新产品，只有 5%是真正新品牌下的新产品。另一项针对美国超级市场快速流通商品的研究显示，过去十年来的成功品牌中有 2/3 属于品牌延伸的结果。具体说来，品牌延伸的动因如下：

（一）晕轮效应是品牌延伸的消费心理基础

从消费行为学的角度来看，品牌延伸符合消费者的消费心理。消费者在体验某个品牌的产品或服务后，如果感到满意，就会对该品牌留下良好的印象，形成一种品牌的"晕轮效应"，从而影响他的消费行为，去接受该品牌的其他产品。例如，如果消费者购买了海尔的冰箱，对海尔的冰箱和服务感到非常满意，就会对海尔品牌产生好感，进而对海尔旗下其他产品如洗衣机、电脑等也产生好感，认为它们会和海尔冰箱一样质量可靠、服务周到，值得信赖，最终形成购买行为。

（二）品牌延伸可以降低营销成本，节省新产品推广费用

品牌经营者用在市场上已经非常强劲的品牌来推出新产品，可以很快获得消费者识别，大大节省使消费者熟悉新品牌的所有广告费。同时，品牌延伸特别是产品线内的品牌延伸还可共享企业的渠道资源，节省渠道再建成本。例如娃哈哈的纯净水、茶饮料和非常可乐就可在同渠道销售，延伸出的茶饮料、非常可乐加入到原来的售水渠道中，可将渠道的效能发挥至最大，同样投入的每年几亿元的网络维护费由于卖的产品多了，分摊后单位产品的费用相应降低。况且延伸品的成功让渠道成员赚到更多的利润，更易于维护其对厂家的忠诚。正如乐百氏一位营销经理曾经说过："推广新品牌的投资很大，再把一个新品牌培育成全国性品牌，一年没有 2 亿元的营销和广告预算是不可能的。"因此，利用品牌延伸可以有效降低营销成本。

（三）品牌延伸可以提高品牌忠诚度，防止老顾客流失

顾客在不断推陈出新的产品世界里，难免会喜新厌旧地转换产品，一个公司如果只有单一品牌、单一产品，其吸引力就会大大降低，顾客流失的风险就高。为了防止这种不利情形发生，防止这些老顾客流失，品牌延伸是行之有效的方法。通过品牌延伸提供多种品牌和产品，可以极大地丰富消费者的选择对象，满足消费者的多种需求，同时也能为生产商争取到更多的货架面积，增加了

零售商对生产商品牌的依赖程度，提升品牌的竞争优势。

（四）品牌延伸可以迅速扩大企业规模，增强企业竞争力

一般说来，企业的发展是通过自身积累扩大规模、负债经营扩大规模和资本运营扩大规模等途径来实现。其中，靠自身积累扩大规模，靠自存资金或利润来扩建增产，发展速度会相当慢。品牌延伸可以迅速地帮助新产品得到客户辨识、认同和接受，从而提高盈利能力、增强综合实力。同时，品牌延伸也可以迅速扩大企业规模，相应促进企业技术开发能力、市场开拓能力、产品质量和服务体系的提升和完善。此外，企业通过品牌延伸进入一个利润率高的行业并取得优势地位，可以很好地维护公司财务上的稳定，延伸行业的利润可以为企业最终在市场竞争的"持久战"中胜出提供财力后盾。许多跨国公司敢夸口"为了占领市场，前期准备亏损几亿美元"，是因为他们品牌大树的其他枝干为其汲取了滚滚财源，其竞争力自然比那些刚刚成长的品牌要强得多。

（五）品牌延伸可以强化品牌形象资本，提升品牌价值

首先，品牌延伸可以最大限度地利用品牌优势树立品牌形象。知名品牌的创立是一个企业在经过产品开发创新、营销努力、质量严格控制、广告巨额投放、企业制度革新等努力之后才实现的，这中间演绎过许多动人的故事。利用品牌延伸可以借助主品牌的知名度和美誉度来开发新的产品或进军新的行业，将品牌资源充分挖掘，以获取更多的收益。其次，品牌延伸可以在竞争领域捍卫主品牌形象。竞争企业进入市场时，往往采取低价渗透策略，以相当低的价格去抢占领导品牌的市场份额。处于领导地位的主导品牌适时对应地进行品牌延伸，不仅可以抵挡竞争品牌的进攻，而且可以捍卫主品牌形象。其三，品牌延伸在品牌老化或衰落时可以挽救或激活主品牌。随着市场竞争的加剧或企业对大环境判断的失误，导致品牌有退出市场或萎缩的危险，这时企业可以采取品牌延伸占领来维护、挽救和激活主品牌。其四，品牌延伸的成功可为主品牌注入新的元素，提升核心品牌的形象，增强品牌价值积累。

案例 10-1

茅台品牌延伸带来的问题

"国酒"茅台将品牌延伸到啤酒、葡萄酒，然而在消费者看来，茅台品牌的尊贵、历史、厚重、权力、嫡传的内涵很难同西洋、现代的啤酒、葡萄酒联系起来，所以茅台啤酒、茅台葡萄酒的销售业绩一直不理想。茅台啤酒在征战全国市场的时候，可谓屡战屡败，最终不得不龟缩到贵州当地市场。2005年，在茅台酒39亿元的销售额中，茅台啤酒、茅台葡萄酒以及其他浓香型产品，总共销售额还不到2亿元。从品牌形象上来看，茅台一开始就定位于高端市场，通过多年的培育，已将品牌高贵的特殊形象牢牢地注入了消费者的头脑中，这也注定了茅台品牌只能是少部分消费群体的专利。正宗、传承、历史、高贵是国酒品牌与生俱来的联想层面，但是现在茅台在传播茅台品牌时，明显地违背品牌传播的协调性、系统性和连贯性等要求。茅台身居"国酒"地位，却不去坚持和挖掘这宝贵的资源，反倒又提出"茅台要走平民化道路"这个理念，要把茅台从高高在上的"神坛"上拉下来，这无异于"自毁长城"。茅台之所以拥有那么大的忠诚度，还不是因为茅台"国酒"至高无上、充满神秘的、令人向往的品牌形象吗？但是茅台的低端产品毫无疑问损害了原先高贵的品牌形象。那些原本以喝茅台彰显其身份和地位的人一旦发现大街小巷到处都在"品茅台"

时，他们必然要考虑转向五粮液等其他高档品牌。此时，茅台靠什么来维系原先的品牌忠诚度呢？当高不成、低不就时，茅台会不会觉得很尴尬？茅台之前并没有认真考虑其特殊的实际情况是否允许它肆意地进行品牌延伸，长此以往，新延伸的产品必将给茅台品牌带来很大的伤害。

资料来源：中国营销传播网（http://www.emkt.com.cn），2007 年 1 月 4 日。

三、品牌延伸的原则

品牌延伸能给企业带来很多益处，但如果延伸失误，也会给企业带来重大损失。因此，品牌延伸需要遵循一定的原则，以减少不恰当的品牌延伸给企业带来的风险。

（一）有共同的主要成分

指延伸商品的价格档次、品牌定位、目标市场等与核心产品保持一致，两者的共同成分越多，品牌延伸的效果就越好。目标消费者一看到延伸产品就能知道这个品牌有什么个性，他们会将对原有品牌的认知和联想潜移默化到延伸品牌上来。若延伸商品与核心产品的共同成分太少，延伸的效果就会大打折扣，而且还可能给主力产品的品牌带来负面影响。如派克笔是高档产品，是象征体面身份的品牌，但彼得森上任后热衷于品牌延伸，将"派克"这一金子般的品牌用于每支售价在 3 美元以下的钢笔上，与原有品牌定位差距太大，于是，派克笔作为"钢笔之王"的形象和声誉大大受损。这给竞争对手克罗斯公司提供了机会，他们趁机大举进攻高档笔市场。结果，派克公司不仅没有顺利打入低档笔市场，反而使高档笔市场的占有率下降 20%，销售额只及克罗斯公司的 50%左右。

（二）有相同的服务系统

服务系统相同是指延伸产品与核心产品的服务系统应该完全一致，使消费者产生安全感和信赖，这样延伸品牌就不会伤害核心品牌的定位。如果延伸品牌的服务系统明显不如核心品牌的服务系统，这不但会使消费者对延伸产品失去兴趣，而且还会导致消费者对核心品牌的原有价值产生质疑。如巨人集团从汉卡延伸到营养品（巨人脑黄金），蓝宝石集团从手表延伸到生命红景天（营养保健品），饮食行业和机械行业之间在服务体系上难以找到相同部分；而雅戈尔从衬衣延伸到西服，香脆饼干延伸到宜人月饼，由于营销和服务存在相同之处，品牌延伸就大获成功。因此，企业经营者在进行品牌延伸决策之前，必须对延伸品牌的目标市场进行调查，以确定延伸产品的服务系统与核心产品的服务系统高度一致，甚至可以共用一个服务系统，否则就不宜进行品牌延伸。

（三）技术上密切相关

延伸产品与核心产品在技术上的相关度是影响延伸成败的又一重要因素。新产品与核心产品如果技术相近，则容易使人产生信任感，而乐于接受其新产品；但如果两者在技术上相差悬殊，消费者就会对产品质量产生质疑，而不会轻易尝试其新产品，延伸则可能失败。如三菱重工在制冷技术方面非常优秀，将"三菱"冰箱延伸到三菱空调上顺理成章，而春兰空调与"春兰虎"、"春兰豹"摩托车在技术上相关度低，这种延伸就没有太大意义。

（四）相似的使用者形象

使用者在同一消费层面和背景下，品牌延伸也易于成功。比如三笑牙刷到三笑牙膏，大宝化妆品到大宝洗面奶，都是面对同一消费群，就能够成功；同理，金利来从领带到腰带、衬衣、皮包，都紧紧围绕白领和绅士阶层进行延伸，自然也成功了。

（五）质量档次相当

质量是品牌的生命，是赢得消费者的核心。延伸产品的质量应相当于或高于原名牌产品的质量，超越消费者的预期，则容易得到广大消费者认同和赞赏，并且还能提升原名牌的"价值"。相反，如果新开发的产品质量低劣，顶多只会骗取消费者一次上当，最终会被市场遗弃。

（六）回避已高度定位的品牌

若某品牌已成为这种产品的代名词，在消费者心目中已经根深蒂固，就不且将它延伸到其他产品上。比如好莱坞已经成为美国电影城的代表，则不宜将它延伸使用到饭店、家电等其他产品上，否则会影响消费者对它的认知和情感，稀释消费者对它的印象。同理，SONY 公司的产品系列化相当完整，成了家电视听产品的代名词，SONY 公司经营几十年来，从未渗透到其他行业和领域，其做法值得借鉴。

四、品牌延伸的种类

（一）根据消费者对品牌延伸的认知划分为：浅度延伸、深度延伸和跨度延伸。浅度延伸是指延伸产品与核心产品在外观上有相似之处，如从娃哈哈矿泉水延伸到娃哈哈饮料等；深度延伸是指使用相同技术，如从海尔冰箱到海尔空调；跨度延伸，是指二者在外观与技术上没有相同点，相同点在品牌价值和风格上，如从万宝路香烟到万宝路服饰品。

一般而言，浅度延伸和深度延伸的产品相似性较高，易于被消费者认知和接受，而跨度延伸的产品几乎没有什么相似性，被消费者认知和接受的难度最大。要实现跨度延伸，必须从品牌本质抓起，以确立起消费者心目中的价值形象及风格。所以，产品质量、产品可靠性等功能价值在品牌跨度延伸中体现较弱，而品牌个性、品牌文化等情感价值在品牌跨度延伸中体现较为明显。在这方面，奢侈品品牌具有较强优势。

（二）根据主品牌所涵盖的商品是否处于同一行业划分为：同类延伸和跨类延伸。

同类延伸指主品牌所涵盖商品均属同行业或者延伸产品与核心产品同属一个行业。具体又可分为两种。

（1）满足共同需求的同类延伸。其产品是配套产品或者是可替代产品。这种延伸有利于形成良好的企业形象，产品之间的相关性使品牌延伸战略很容易实施，原品牌的形象很容易被传递到新产品中去，能减少相当一部分推广费用。如"雷达"品牌从蚊香加热器、电蚊香片到蚊香水、防咬水等的延伸等就属于这种情况。

（2）满足不同需求的同类延伸。延伸产品在满足消费者的具体需求上有差别。如伊利从牛奶延伸到雪糕，虽然同属奶制品，但具体功能有所不同；再如耐克从运动鞋延伸到其他体育用品，也属这种情况。这种延伸可以很容易地推出新产品，促销总费用可以摊低，营销渠道也能够比较容易合作，可以帮助企业在总成本领先方面取得优势。

跨类延伸是指延伸产品跨越核心产品所属行业，能够满足消费者不同的需求。这种战略模式通常被一些大公司采用。如日本的三菱既开银行，又生产车辆和家用电器；雅马哈涉足摩托车、钢琴、吉他，甚至还生产计算机的声卡。这些企业产品虽然众多，但都使用同一个品牌。另外，国内不少家电企业转战 IT 行业时，也是采用跨类品牌延伸战略。

（三）按新产品是否使用原品牌名划分为：直接冠名、间接冠名或主副品牌。将核心产品的品牌名称直接使用到延伸产品上，就是直接冠名。这是品牌延伸最常见的方式，又称同一品牌策略。新产品的特性与核心产品的内涵相吻合时较为适用。这种方式最节省成本，产品导入市场的速度也最快，较容易形成品牌声势，但要防止产生株连效应或品牌稀释。间接冠名是指为延伸产品重新取名或部分使用原品牌名称，以减小品牌延伸对原有品牌形象产生的影响。这种方式可以大大拓展品牌延伸的幅度和空间，对原品牌的负面影响较小，但是原品牌对新产品的市场支持力度也相对较弱。主副品牌是指在延伸产品上同时使用一主一副两个品牌名称。主品牌即核心产品的品牌，副品牌则是为这个延伸产品新取的名称，副品牌要求能够突出这种产品的个性形象。主副品牌策略有利于企业最大限度地利用已有的成功品牌资源，节省新产品的推广与营销费用，为众多企业所采用。

（四）根据产品档次的延伸方向划分为：水平延伸和垂直延伸。水平延伸是指原产品与新产品处于同一档次。这是最容易成功并容易实施的品牌延伸方式。垂直延伸是指原产品与新产品处于不同的档次。具体分为高档品牌向下延伸、低档品牌向上延伸或中档品牌向两头延伸三种方式。详见第二节介绍。

第二节　品牌延伸策略

一、产品线延伸

是指将现有品牌延伸使用到改进新产品（包括口味、包装、容量、颜色、形状、档次的变化）之上的行为，但新产品在工艺、技术和结构上与原产品仍是相同的。产品线延伸是企业常用的产品策略，这一方面是可以增加消费者的选择范围，另一方面也可以争夺销售现场的展示空间。产品线延伸有以下三种具体形式。

1. 低档品牌向上延伸

低档品牌向上延伸指原品牌定位于低档产品，延伸产品为中高档产品。由低档品牌向上延伸的难度极大，要求新产品在技术上或性能上有重大的突破，而且营销费用也相当高。但这种延伸一旦成功，企业的品牌形象和效益将大大提高。因此，采用低档品牌向上延伸策略，应有过硬的技术优势来保障，能够挑战该行业技术的制高点，设计难度大的产品，这样才可能在市场竞争中脱颖而出，赢得竞争优势。此外，由低档品牌向上延伸的跨度太大，其技术能力和产品质量等容易引起消费者的怀疑，所以应该给延伸产品另取名字，以弱化消费者产生不利的品牌联想。如蒙牛牛奶延伸出特仑苏，就是向上延伸的成功典范。

2. 高档品牌向下延伸

高档品牌向下延伸指原品牌定位于高档产品，延伸产品为中低档产品。高档品牌在消费者心目中已经被定位为高档的东西，可以体现人们的身份地位，成为象征性品牌。如果降低质量标准或降价来进行品牌扩展是相当危险的。虽然可以利用高档品牌产品的声誉，吸引大量购买力水平较低的顾客，慕名购买这一"品牌"中的低档廉价产品，可以抢占一部分低端市场，但此举会使原有的高端品牌形象大大贬值，刺伤原有客户对该品牌的情感和尊严，而失去这部分市场。而且，竞争对手也可能会因为受到刺激而进入高端市场进行反击。此外，企业的经销商也有可能不愿意或者没有能力经营市场低端产品，因为这些产品价低利微，并且有可能损害经销商的形象。因此，采用向下延伸策略要相当谨慎，仔细权衡利弊后再决定。当初派克笔和皮尔·卡丹品牌延伸的失败就是个深刻的教训。高档品牌向下延伸要获得成功，建议部分使用原品牌名或是原品牌名中的标志或企业名。

3. 中档产品双向延伸

中档产品双向延伸即由中档产品向两端延伸。也就是原定位于中档产品的企业在掌握了市场优势之后，一方面增加高档产品的生产，另一方面增加低档产品的生产，全面抢占市场。如日本精工表在20世纪70年代后期就采用了这种策略，当时正逐渐形成高精度、低价格的数字式手表的需求市场，它以脉冲星为品牌推出了系列低价表，同时收购了一家瑞士公司，连续推出了一系列高档表，向上渗透到高价和豪华手表市场，其中一种售价高达5000美元的超薄型手表进入最高档手表市场。

二、主副品牌策略

一般是同一产品使用一主一副两个品牌，主品牌涵盖企业的系列产品，副品牌突出产品的个性形象。其基本特征如下。

1. 广告主宣传的中心是主品牌，副品牌处于从属地位

这是由于企业必须最大限度地利用已有的成功品牌，这跟品牌延伸的初衷一致。广告受众识别、记忆以及对产品品牌认可、信赖和忠诚的主体也是主品牌，因此，企业必须最大限度地利用已有成功品牌的形象资源，来大大缩小推出新产品的难度。比如"海尔—神童"洗衣机，其副品牌"神童"传神地表达了该洗衣机"电脑全自动"、"智慧型"等产品特点和优势，但消费者对"海尔—神童"的认可、信赖及至决定购买，主要原因还是对海尔的信赖。因为海尔作为一个综合性家电品牌，已拥有很高的知名度和美誉度，若在市场上没有把"海尔"作为主品牌推广，而是以"神童"为主品牌，那将是十分困难的，一个新品牌要被消费者广为认可，至少需要几年的努力。

2. 副品牌具有口语化、通俗化的特点

副品牌为了能生动形象地表达产品特点，体现产品的个性，在品牌名称上大多选择内涵丰富，而又生动风趣、朗朗上口的通俗化语言来表达。如"康佳—画王"、"TCL—巡洋舰"、"海尔—小小神童"等均有这一特点。生动贴切的副品牌往往具有很强的市场促销力量。

3. 副品牌从不单独对外宣传，不需要额外增加广告预算

采用副品牌后，广告主广告宣传的中心仍是主品牌，副品牌从不单独对外宣传，都是依附于主品牌联合进行广告活动。这样，一方面能尽显主品牌的影响力，另一方面，副品牌识别性强、传播面广，可以张扬产品的个性形象。

三、品牌授权策略

品牌授权又称品牌许可，是指品牌的所有者通过有关协议，允许被授权者使用授权者的品牌生产销售某种产品或提供某种服务的一种经营方式。被授权者按合同规定从事经营活动，并向授权者支付相应的费用；授权者则给予人员培训、组织设计、经营管理等方面的指导与协助。

这种策略在企业界应用相当广泛。其中最为成功的当数美国迪斯尼公司，它在全球已拥有

4000 多家品牌授权企业，其产品包括从最普通的圆珠笔，到价值 2 万美元一块的手表应有尽有；可口可乐在上海南京路开设了"可口可乐专门店"，主要销售一些服饰配件、礼品、文具和家居用品等；法拉利则在北京崇光百货开设了法拉利专卖店，主要销售形形色色的法拉利跑车模型、玩具、瓷水杯、皮带、领带、烟灰缸、手套、饰品、钥匙扣、袖扣、头巾等相关产品，令人目不暇接，一件展售的法拉利纪念 T 恤，标价就高达 1700 元，原因仅仅是它是法拉利，并且全北京城仅此一件。

第三节　品牌延伸的风险与规避

品牌延伸对企业而言，既可能是一本万利的好事，也可能是前进中万劫不复的深渊。不符合理性决策和操作不够科学稳健的品牌延伸也是危险的。

一、品牌延伸的风险

（一）损害原有品牌的高品质形象

这主要指高端品牌向下延伸。原本代表高品质、高品位，象征身份、地位的高档品牌，如果向下延伸到一个大众产品行列，虽然短期内会带来销量的猛增，但长远来看，会逐渐损害其高品质形象。即使那些一贯品质优异的品牌，延伸产品中出现的任何小小缺憾也会损害其主品牌形象。所以很多世界名车在新车上市并使用后，一旦发现其生产系统有任何小毛病，都会不惜成本召回并免费为消费者更换部件。

（二）淡化主品牌内涵

如果主品牌延伸的广度和深度过大，必然会淡化主品牌已然在消费者心目中的形象，稀释消费者对该品牌的原有认知。如海尔近几年将品牌延伸到保险、电脑等行业，致使其家电品牌的形象相应淡化了。这种主品牌的淡化如果是企业发展战略的需要，让其品牌从产品型上升为理念型，以期将来更广阔的发展，并且其主品牌能够在新行业获得成功，这将是企业品牌形象的完美提升；但是若不成功，则会大大降低主品牌的价值。

（三）让消费者造成心理冲突

品牌如若延伸到一个与核心产品相对立的产品或行业上，则会对消费者造成心理冲突。例如，娃哈哈如果延伸到酒业，由于消费者对娃哈哈纯净水的高度认知，会给消费者造成"娃哈哈造的酒会不会掺水"的心理冲突；同理，如果活力 28 进入饮用水行列，人们心理就会泛起"掺了洗衣粉的饮用水"的联想，这些都是不利于甚至损害品牌形象的延伸。

案例 10-2

三九集团的品牌延伸

三九集团是1991年经国家经贸委批准，以南方药厂为核心组建的大型企业集团。三九集团以

"999"胃泰起家，企业品牌经营非常成功，以至于消费者把"999"视为胃药的代名词，这也是品牌定位所追求的最高境界。随后三九集团进行品牌延伸。1995年年初，三九集团并购了石家庄啤酒厂，成立石家庄三九啤酒有限公司，并开始在该啤酒厂实行以厂长全权负责为特征的"三九机制"。1995年4月，三九集团投资1800万元，以控股51%为方式兼并了哈尔滨龙滨酒厂。如果说三九集团把"999"延伸到感冒灵，消费者尚可接受的话，那么把"999"延伸到啤酒就让消费者不可理解。虽然广告"九九九冰啤酒，四季伴君好享受"，但是消费者一拿起"999"牌啤酒，第一反应容易联想到"999"胃泰，喝带有"心理药味"的酒，自然不是一种享受。如果进一步联想到饮酒过量会伤胃，"999"冰啤还会有好销路吗？

资料来源：姜向阳，《品牌延伸应遵循的原则》，《企业研究》，2006年第1期。

（四）延伸新品有可能抢占原产品的市场份额

对于产品线延伸而言，延伸出来的新产品与原核心产品的目标市场可能一致，新产品销量上去了，原产品的销量会下来，也就是说，新产品抢占的是自己原产品的市场。例如，家庭大号装的洗衣粉，因量大实惠引来许多家庭主妇的购买，相应的这些主妇就会减少对小包装的购买。这种情况司空见惯。

（五）跷跷板效应

品牌延伸到另一类别的产品时，会发生新品销量上去了，原品牌产品的市场份额却被竞争对手占领了，就像跷跷板一样，一边跷起，另一边就落下，这就是"跷跷板效应"。这种情况主要是因为主品牌地位尚未牢固，或者是因为太过专注于延伸产品而忽视竞争对手造成的。因此，企业如果不具备"两线作战"的能力，不要倾力去做品牌延伸，即使具备了延伸的时机和能力，也要守好原有阵地，警惕竞争对手"乘虚而入"。

案例 10-3

不恰当的品牌延伸使阿迪达斯受挫

1949年，安道夫创办了阿迪达斯公司。在极富创新意识的安道夫的指挥下，阿迪达斯公司青云直上，"阿迪达斯"品牌越来越响，备受世界各国运动员，特别是体育明星的青睐。1976年，在蒙特利尔奥运会上，82.8%的个人项目金牌得主都穿"阿迪达斯"运动装和运动鞋。公司借此良机，大力延伸市场，在全世界各地大批建立分公司，市场覆盖率很快达到80%，产品销售到世界各个角落。正当这时，另一个强有力的竞争对手正在成长壮大。1972年，耐克公司出现，以其强大的实力在短短10年时间里，取代了原德国"阿迪达斯"而成为美国运动鞋市场上的新霸主。表面上看来，"阿迪达斯"在市场竞争中受挫，其直接原因是"耐克"的强有力的直面冲击，而事实上，更深层次的原因是阿达斯品牌延伸的速度过快、过宽，创新能力相对降低造成的。由此可见，品牌延伸虽然重要，但并非越多越好。如果力所不及，勉为其难，常常疲于奔命，久而久之，弱点必然在竞争对手面前暴露无遗，给竞争对手留下机会。

二、品牌延伸风险的规避

成功的品牌延伸能够壮大品牌资产，使品牌形象得到提升。但品牌延伸中也蕴藏着种种风险，企业必须从长远发展的战略高度审视品牌延伸，认清品牌延伸的负面影响，理智权衡得失，采取一些措施来降低甚至避免品牌延伸的风险，以确保品牌延伸获得成功。

1. 正确评估原品牌实力

在品牌延伸之前，需要准确评估原品牌的实力，这是确保品牌延伸成功的基础。拟延伸的品牌必须具有较高知名度和美誉度，在消费者心目中有很高地位，才适宜做品牌延伸。相反，如果自身尚不具备延伸优势而强行被拉长、拉宽，结果必然适得其反。如巨人集团当初在电脑行业还没有取得较大的品牌优势时，过高地估计了其品牌实力，贸然进军生物保健品市场和房地产市场，结果使企业陷入重重危机，最终巨人不再。所以，正确认识自身品牌的实力，确定自身品牌的知名度和美誉度够高，才能使品牌延伸顺利进行，从而提升品牌的价值。

2. 谨慎延伸个性强的品牌

如果一个品牌的个性极强，在消费者心目中已经形成固有的鲜明形象，甚至已成为某一种（或某一类）产品的代名词，这种情况最好不要进行品牌延伸。否则无疑是最快捷的自我销毁。如可口可乐几乎成为可乐饮料的代名词，该公司数百年来没有进行品牌延伸，实践证明这是非常正确的。事实上，每一个知名品牌都有自己独特的个性，这是由品牌下属的核心产品的特性决定的，也是品牌在消费者心里形成的思维定势。"奔驰"就是汽车，它与豪华、昂贵、富有、成就相关；"万宝路"就是香烟，它是勇敢、强壮、拼搏的象征（真正的男人世界）。若将奔驰延伸到夏利这样档次的汽车上，消费者将难以接受，因为，从延伸产品上根本找不到原有"奔驰"的崇高形象了，也就敬慕不起来了，以至于影响原有真正的"奔驰"汽车的销售。所以，为了不使品牌延伸落入陷阱，确保延伸成功，对个性较强的品牌更要注意形象的统一，使新延伸的品牌与原品牌具有一致的形象。

3. 关注产品的市场生命周期

产品的市场生命周期理论揭示了产品更新换代是市场竞争的必然结果。随着科技水平的提高、消费者需求的改变以及市场竞争的加剧，产品市场生命周期大有缩短之势。如果拟延伸产品已进入产品市场生命周期的成熟期后期甚至是衰退期，就没有必要再进行品牌延伸。因此，进行品牌延伸时，要考虑新延伸产品的市场生命周期。当然，我们也可以采用新材料、新工艺、新管理方式等创新活动来提高原产品的质量与服务水平，或者实施产品地域转移，放弃已经饱和的市场，转向有需求的新市场，来延长产品的市场生命周期。

4. 采取给延伸产品取个新名字的策略

为了避免品牌延伸对原品牌的消极影响，通常的做法是在保持原品牌名不变的情况下，再为新产品起个名字，即副品牌。这样不仅可以引导消费者突破原有观念接受和认可新产品，而且能迅速地将对主品牌的信赖、忠诚转移到新产品上来，从而有效地减少了"株连"的危险性。如红豆集团在成功地做活"红豆"品牌后，并未将其延伸到新产品摩托车上，而是给摩托车起了一个新名字——"赤兔马"。"赤兔马"是人们耳熟能详的宝马，与摩托车这一新产品属性相当吻合，因此，"赤兔马"这一品牌只在短短 2 年时间之内便跃入中国摩托车十强的行列。此外，副品牌大多轻松活泼、灵性十足、直白通俗、有效地弥补稳健、持重的主品牌在此方面的缺陷，因而在媒体传播上快捷广泛，易于形成市场影响力。再如，"可口可乐"是碳酸饮料的代名词，可口可乐的其他饮料都不使用 Coco-cola，而是冠以"Sprite"、"Fanta"等名称。事实证明，这种做法是行之有效的。

5. 与企业的长远规划相一致

品牌延伸战略可能会影响企业开创新品牌，因此必须要遵循企业长远规划，及时分析企业内部资源和外部营销环境的变化，结合新品牌的开发而全面发展企业的品牌战略。如健力宝集团推出强力芒果汁就是在健力宝品牌延伸到适当的程度后，审时度势，成功地扩展品牌范围，同时又突破了原来以电解质碳酸饮料为主要定位的品牌形象。

总地说来，品牌要立足于不败之地，发展是硬道理。要把品牌延伸作为产品向新领域和市场开拓的手段，唯有如此，企业的影响力才会不断上升，品牌才会保持永久的吸引力。

本章小结

品牌延伸是指在已经确立品牌地位的基础上，将原有品牌运用到新的产品或服务中，从而期望减少新产品进入市场的风险，以更低的营销成本获得更高的市场回报。在品牌延伸的具体操作中，不只是简单地借用原有品牌的名称，而是整个品牌资产的策略性使用。品牌延伸的动因有：晕轮效应是品牌延伸的消费心理基础；品牌延伸可以降低营销成本，节省新产品推广费用；品牌延伸可以提高品牌忠诚度，防止老顾客流失；品牌延伸可以迅速扩大企业规模，增强企业竞争力；品牌延伸可以强化品牌形象资本，提升品牌价值。

品牌延伸有以下原则：有共同的主要成分、有相同的服务系统、技术上密切相关、相似的使用者形象、质量档次相当、回避已高度定位的品牌。品牌延伸可以从以下角度进行分类：根据消费者对品牌延伸的认知划分为浅度延伸、深度延伸和跨度延伸；根据主品牌所涵盖的商品是否处于同一行业划分为同类延伸和跨类延伸；根据产品档次的延伸方向划分为水平延伸和垂直延伸；按新产品是否使用原品牌名划分为直接冠名、间接冠名或主副品牌。

品牌延伸策略有三种：产品线延伸，包括低档品牌向上延伸、高档品牌向下延伸和中档产品双向延伸；主副品牌策略；品牌授权策略。

品牌延伸也存在风险，常见的有：1. 损害原有品牌的高品质形象；2. 淡化主品牌内涵；3. 让消费者造成心理冲突；4. 延伸新品有可能抢占原产品的市场份额；5. 跷跷板效应等。因此，需要做好品牌延伸风险的规避，如正确评估原品牌实力、谨慎延伸个性强的品牌、关注产品的市场生命周期、采取给延伸品牌取个新名字的策略、与企业的长远规划相一致等措施，可以有效地规避品牌延伸带来的风险，从而有效地维护好品牌。

基本概念

品牌延伸　产品线延伸　品牌向上延伸　品牌向下延伸　主副品牌策略
品牌授权

复习思考题

1. 什么是品牌延伸，品牌延伸的意义是什么？
2. 品牌延伸应遵循什么原则？
3. 对比分析品牌向上延伸和向下延伸各有何优缺点，并举例说明。
4. 以某品牌为例，思考如何对其进行恰当的品牌延伸。

课后案例

海尔的品牌延伸

海尔集团是在引进德国利勃海尔电冰箱生产技术的基础上发展起来的，从1984年到1991年的7年时间里，只生产一种产品——电冰箱。经过多年的努力，在业界树立了高质量、优质服务的品牌形象，并成为当时中国家电产业唯一的驰名商标，后来开始逐步推行品牌延伸策略。自1992年到1995年，海尔品牌逐步延伸到洗衣机、电冰柜、空调等家电产品。1998年海尔进军黑色家电领域。1999年海尔品牌电脑成功上市。如今的海尔集团已成为拥有包括白色家电、黑色家电、米色家电在内的多规格、多品种家电群，几乎涵盖所有家电产品，在消费者心目中树立了海尔家电王国的形象。

海尔品牌延伸策略的巨大成功并非偶然，首先，海尔用了7年的时间，在消费者心目中树立了优良的品牌形象，积累了一定的品牌资产后，便开始逐步实施品牌延伸策略。海尔公司成立之初，在资金、技术、人才等方面实力并不雄厚，于是集中发展企业核心品牌，扩大市场份额，增强企业实力；在企业规模逐渐扩大，积累了多年的管理经验、资金、人才储备与核心技术的情况下，1992年起开始进行相关产品的多元化生产经营，此时，海尔采用了品牌延伸策略，避开品牌外延数量扩张，营造品牌内涵的实质延伸，形成了清晰单一的品牌形象。而且，海尔家电领域产品的延伸，可以利用原有的全国性销售与服务网络，避免了重新筹建分销和服务网络的巨额投入，集中了资源配置。

在进行宣传时，海尔先是打出"海尔，中国造"的广告，在特定时期激发了中国人的民族感情，体现了海尔振兴民族品牌的决心。但"中国造"表明海尔此时的诉求中心仍是立足于产品本身，而后来其宣传口号转变为"海尔，真诚到永远"，由产品诉求转向了服务诉求，站到了更高的利益点上。使海尔品牌具有虚化的趋势，海尔不再单纯代表冰箱或洗衣机等某种产品，而是从更深层次挖掘品牌的文化内涵，从而提高了品牌延伸能力。

同一品牌的新产品，有利于消费者认识到企业品牌不断在创新，而非保守老化，这种创新认识会强化品牌的良性认知，可以为原品牌带来新鲜感与成长感，有利于发展品牌意义，使后继产品成为原品牌传播的载体，使品牌蕴含的意义更加丰满。因此，海尔品牌每一次成功的延伸，都会使其产品相互呼应，从而进一步壮大、强化了原有品牌的形象。

海尔把洗衣机等行业比作一个"蛋糕",海尔不是在原有的"蛋糕"上挖一块,而是要把"蛋糕"做得更大。夏天人们天天洗衣服,需要一种小容量的洗衣机,于是海尔开发出了"小神童"、"小小神童"洗衣机。因此,企业在应用品牌延伸策略时,通过分析市场需求,开发针对细分市场的产品,成功的概率提高了许多。

海尔公司在品牌延伸的实际操作中,灵活采用了不同手段,如采用品牌输出方式实现延伸。1998年海尔进入黑色家电领域,其"海尔"牌大屏幕彩电出产于杭州海尔电器公司。这家公司是海尔集团与西湖电子集团共同创建的,利用西湖电视的生产线进行生产,产品一投放市场就获得了成功,北京、天津等地甚至出现脱销。另外,海尔集团在推出新产品时,往往采用副品牌策略,如外形俊朗、功能先进的冰箱叫"帅王子",小冰箱叫"小小王子";新一代变频空调用"帅英才"来表达产品智能变频控制,技术超前的小洗衣机叫"小小神童",惟妙惟肖地体现了产品的魅力。在费用一定的情况下,集中力量宣传一个品牌较之分散宣传多个品牌更容易提高品牌的知名度与价值。因此,母品牌"海尔"得到了足够多的资源持续支持,子品牌也因母品牌的强势地位顺利进入市场,同时,子品牌能够直接表现产品特点及个性形象,也便于消费者选择购买。

然而同是海尔公司,虽然在家电范畴内,无论产品延伸到哪里都非常成功,但当海尔把触角伸向医药、房地产时,尽管也运用了屡试不爽的强大宣传攻势,打出亚健康概念,却没有得到市场认同,这主要是因为多年来海尔在家电领域的不断成功延伸,强化了海尔作为家电品牌的形象,而医药、房地产与原有品牌不具有相似性,属于不同的产业领域。而且海尔在家电领域的核心竞争力如人才、工作流程、管理模式、市场渠道等,在面对崭新的产业领域时可被移植、转移的部分很少,可以说在这两个竞争激烈的产业中,海尔并不具有优势,最后的结局可想而知。

资料来源:王弋,《企业品牌延伸策略研究》,南京理工大学硕士论文,2005年6月。

案例讨论题:

1. 你认为海尔公司将海尔品牌延伸到医药、房地产行业是成功的吗?为什么?
2. 你认为海尔在家电行业品牌延伸成功的关键是什么?

实训题

分析评价《2012,我们的品牌》中哪些品牌的延伸是成功的,哪些品牌的延伸存在不足,为什么?

第十一章 | 品牌维护与品牌创新

管理品牌是一项终生的事业。品牌其实是很脆弱的。你不得不承认，星巴克或任何一种品牌的成功都不是一种一次性授予的封号和爵位，它必须通过每一天的努力才能获得保持和维护。

——星巴克创始人霍华德·舒尔茨

【本章重点】

- 品牌维护的意义和方法
- 品牌创新的含义、特征和原则

【引例】

三星保护品牌注册 470 个 CN 域名

继松下、大众疯狂注册上百个CN域名之后，国际手机巨头三星公司通过海外注册机构狂注CN域名，一次性注册了470个CN域名，几乎成了目前CN域名注册量最大的一个企业。

我国域名注册管理机构中国互联网络信息中心（CNNIC）的Whois查询系统显示，三星早在1997年就注册了samsung.com.cn并作为主域名使用，而在2005年4月25日，三星一口气注册了470个与其品牌相关的地级CN域名，注册期限为两年，域名类别涉及三大方面：其一，与企业品牌samsung相关的地级域名，如samsung.zj.cn；其二，与公司领导人相关的CN域名，如韩国三星集团董事长李健熙的CN域名 leekunhee.bj.cn；另外，还包括含有敌对性词汇的CN域名如：antisamsung.bj.cn、nosamsung.bj.cn、stopsamsung.bj.cn等地级域名。

运用域名保护战略来斩断仿冒者的企图已经成为欧美日韩知名企业实施品牌保护的重要措施。跨国企业的网上品牌保护意识比较强，它们不仅广泛地将与自身商标、商号、行业属性等一切可能与自身形象发生关联的衍生形式域名注册下来，甚至为此不惜诉之公堂，不给"李鬼"形式的域名有可乘之机，做到"防患于未然"。因此，也就出现了企业一口气注册了几百个域名的情况。

资料来源：http://net.chinabyte.com/240/2007240.shtml。

第一节 | 品牌维护

一、品牌维护的意义

在瞬息万变的商海中，品牌资产总处于变化不定当中。品牌维护是企业获得成功的重要保证，也是企业的重要职责之一。品牌特别是知名品牌，很容易被侵权或是受到不正当竞争行为的损害，使品牌的无形资产流失、品牌价值降低。因此，每个品牌所有者都应树立起品牌保护意识。

（一）品牌维护的含义

品牌维护是指对品牌的商标、专利、商业秘密、域名等品牌资产进行维护管理，是一种维权行为。

品牌维护不仅关系着企业的生存发展，而且对企业所在的省市甚至一个国家都有举足轻重的作用，事实上，一国拥有国际名牌的数量直接影响着其国际竞争力以及国际经济地位。此外，品牌维护也关系着消费者的利益，品牌所代表的产品的质量，直接影响着它带给消费者的价值满足程度。其实，消费者时常对产品提出的问题和建议，对促进产品的改进也的确起到了重要作用。因此，品牌维护需要企业、政府和消费者三方共同努力来实现。

政府一般通过法律法规来维护品牌；企业除了使用法律工具外，还会辅以传播手段对品牌进行日常维护；而消费者一旦发现假冒伪劣产品，则会通过投诉或诉讼的手段，为企业品牌敲响警钟。

因此，品牌维护是企业在产品品牌基础上通过运用企业内外部的可利用资源，对品牌进行管理，以确保其保值增值的过程，对于企业品牌的可持续发展具有重要的现实意义。企业是品牌维护的主体，而政府和消费者是进行品牌维护的重要力量。

（二）品牌维护的重要性

品牌维护是品牌运行的一个关键环节。保护商标权、专利权、商业秘密权、域名权等知识产权，是保护品牌的核心。具体表现如下。

第一，从法律角度看，品牌维护可以防止竞争对手的大量仿冒。有了专利保护和商标保护的相关法律法规，有了专利申请和商业秘密来保护企业研发的重要科技成果，便可以有效防止竞争对手的仿冒，避免造成巨大的经济损失。品牌的知名度是保持品牌市场竞争力的重要条件，但品牌一旦有了知名度后，他人便会群起仿冒。因此，利用商标、域名等知识产权法律制度保护品牌，可以避免不法经营者随意仿冒。

第二，从市场的角度看，品牌维护可以保持品牌的竞争力。品牌的美誉度是品牌的关键，产品的高质量是保障，企业需要不断进行技术开发和创新来保证产品的高质量，否则极易被市场淘汰。同时，企业需要应用整合营销传播来对品牌进行全面推广，"酒香不怕巷子深"的观念早已经过时，因此企业应该在重视产品质量的同时，运用各种市场推广策略，以提高品牌的竞争力，为品牌编织一张全面的保护网。

因此，品牌维护无论对企业还是政府来说都是重要的。必须运用好法律和市场传播手段，加强品牌维护，防微杜渐，抵御侵权，提高企业和地方的竞争力。

（三）品牌维护的现状

近年来，随着我国国民的法律意识逐渐提高，我国企业的品牌保护意识也逐渐增强。据我国商标局的统计数据，2012年国内受理商标注册申请164.8万件，商标累计申请量达1136万件，继续保持世界第一。据国家知识产权局的统计数据，2012年共受理专利申请1.9926万件，较上年增长14%。可见，我国品牌拥有者越来越重视用法律来保护自己的合法权益，从品牌附加值中获取更大的经济利益。

但是，我国品牌保护的总体情况不容乐观，在对外贸易和高科技等领域，我国品牌管理者的品牌保护意识普遍还比较薄弱，曾有过诸如传统工艺秘密被窃、商标被抢注等惨痛教训。比如，康佳商标在美国被抢注，科龙商标在新加坡被抢注，东林电子旗下的"萤火虫"商标被西门子旗下的欧司朗公司在德国抢注，"五粮液"在韩国被抢注，"红塔山"在菲律宾被抢注，"同仁堂"在日本被抢注，"康佳"在美国被抢注，"杜康"在日本被抢注，"阿诗玛"在菲律宾被抢注，上海冠生园食品总厂的"大白兔"商标在日本、菲律宾、印度尼西亚、美国和英国都曾被抢注。更多被抢注的品牌如："Hisense"在德国被抢注，"英雄"在日本被抢注，"大宝"在美国、英国、荷兰、比利时被抢注，"红星"在欧盟、英国被抢注，等等。据有关数据统计，约有 15%的内地知名商标在境外被抢注。抢注行为对无形资产造成了重大损失，也为这些企业开拓国际市场带来了严重障碍。要么花巨资向抢注人购买商标使用权，要么放弃在这些地区的商品销售，这样会严重影响这个品牌的国际化发展，甚至使该品牌彻底失去国际市场。虽然这些事件并不完全是被他国恶意抢注，但却深刻地说明了我国不少品牌在进入国际市场时并没有重视知识产权的保护，忽视了品牌保护问题。

据统计，目前在我国高科技领域已经申请商标的多数为国外企业，他们申请的大量专利，大都不是目前市场上热销的技术产品，而是争占未来市场的技术产品。对此，我国的相关企业应予以高度警惕，万不可重蹈覆辙。

案例 11-1

古驰（Gucci）品牌的维护

创建于1923年的意大利古奇品牌古驰主要有服装、香水、鞋、包、箱及玻璃器皿等产品。古驰时装定位于高收入、崇尚奢华的消费群体，以高档豪华而闻名于世。但在1993年，公司销售额才2.3亿美元，亏损了2200万美元。

1994年，古驰被Investcorp收购，古驰的家族掌权制度不复存在。汤姆·福特被提升为首席设计师。要彻底扭转业务面貌，就必须进行全面改革，管理业务的多梅尼克·德索尔力排众议，坚持把古驰定位为一个品牌而不是零售商，这是品牌得以维系与振兴的关键。

福特使古驰品牌的时装大为改观，使该品牌的风格不断深得高级时装精髓且极具时尚感。一方面使得原有的高档品牌线产品保持奢华雅致的贵族品位；另一方面致力于新系列的开发，将传统的贵族戏剧化元素与现代生活的真实感受相结合，使原先的奢侈荣耀的象征成为一种必需的时尚。人们喜欢福特设计的20世纪60年代的复古款式。另外，还增加了产品系列的色彩变化和成衣种类，并多次举办成衣展。

到1995年，公司销售额达到5亿美元，利润850万美元。这时古驰的新决策是花2亿美元收回特许经济权，开设新的专卖店，并对旧的商店进行装潢。这有利于公司掌控建立强势品牌的两个必备要素——经营控制权和品牌的统一性。

古驰现在已成为全世界最受欢迎的品牌之一，品牌价值也巨幅提高，2000年品牌价值为52亿美元（世界最有价值品牌排名第44位），同时，它也成为一些宏伟收购计划所瞄准的对象。

古驰成功的品牌维护可以概括为：坚定的高档品牌定位；高品质和不断更新的优质产品；焕然一新的公司面貌；广泛而合适的广告宣传；高度统一的品牌管理。

二、法律对品牌的维护

（一）商标权

根据世界知识产权组织的定义，商标是用来区别某一工业或商业企业或这种企业集团的商品的标志。我国对商标的定义更为详细。商标是指生产者、经营者为使自己的商品或服务与他人的商品或服务相区别，而使用在商品及其包装上或服务标记上的由文字、图形、字母、数字、三维标志和颜色组合，以及上述要素的组合所构成的一种可视性标志。

我国现在使用的《商标法》是全国人民代表大会常务委员会于 2001 年 10 月 27 日进行了第二次修正的《商标法》。此次修正加大了商标专用权的保护力度，并强调诚实信用，遏制抢注商标行为，使我国的商标保护更加有效。

1. 商标权的含义及基本特征

商标权是商标使用人对其商标所依法享有的权利，包括商标的独占使用权、续展权、禁用权、转让权和使用许可权等，其中独占使用权是基础和核心。商标经注册后，商标权人对其注册的商标享有所有权，即享有排他的支配权，可以被继承、转让、独占使用，可以质押或许可他人使用，并通过对商标权的利用获得利益。

商标权不仅具有独占性、时间性和地域性等知识产权拥有的共同特征，还因其独特的经济利益而必须通过注册由国家依法授予。因此，商标权具有以下四个基本特征：（1）独占性。注册商标的所有权人有权对核定的商品使用其注册商标，同时可以禁止其他人在未经许可的情况下在相同或相似的商品上使用该注册商标。（2）时间性。我国的商标法规定的有效期为 10 年，但商标权人可以按法定程序在有效期满前对商标进行续展。（3）地域性。在一国核准注册的商标，只在该国领域内有效，对其他国家不发生效力。因此国际品牌需要在商品输出国逐一注册或进行国际注册，以进行有效的品牌维护。（4）商标权的取得必须通过注册，由国家依法授予。即仅完成对商标的设计和使用是无法取得商标权的。

2. 商标注册的原则

（1）先申请原则。即在投入生产前申请注册。我国商标注册同大多数国家一样采取先申请原则而非先使用原则。先申请原则是避免风险和纠纷的必要手段。

（2）宽类别注册原则。即企业在申请注册时，不应局限于某一类产品，而应同时在很多类商品上注册。以防止竞争对手使用相同商标生产经营其他类别的商品，影响企业品牌形象。

（3）防御注册原则，包括宽类别注册和联合注册。后者是在同一商品上申请注册除正商标以外的多个近似商标的行为。但是一般只有驰名商标才能注册防御商标。

（4）宽地域注册原则。即商标注册不应局限在某一国或地区，而应同时在多个国家和地区注册。目前到国外注册商标有两个途径：一是通过《商标国际注册马德里协定》办理国际注册。马德里商标国际注册有很多优点，经济、方便、快捷，只需填写一份申请书就可以在指定的多个成员国国家进行商标注册。截至 2012 年 12 月 12 日，《马德里协定》已有 88 个成员国（大多数是欧亚地区的国家）。在非成员国，再逐一申请注册。二是逐国申请注册。即企业分别向不同的国家逐一提出商标注册申请，办理商标注册。

（5）及时注册互联网域名。域名是互联网时代一个企业与外部社会交流的身份证，它不但是企业的网上名称、网上商标，也是客户与企业双向交流的高速入口。注册域名是企业进入互联网世界从而进一步实施电子商务的第一步，一个好的域名能帮助企业建立形象，在宣传时起到事半功倍的效果，也可以使企业在互联网世界里获取无限潜在商业机会，赢取最大的经济利润。

3. 商标注册的条件及程序，如图 11-1 所示。

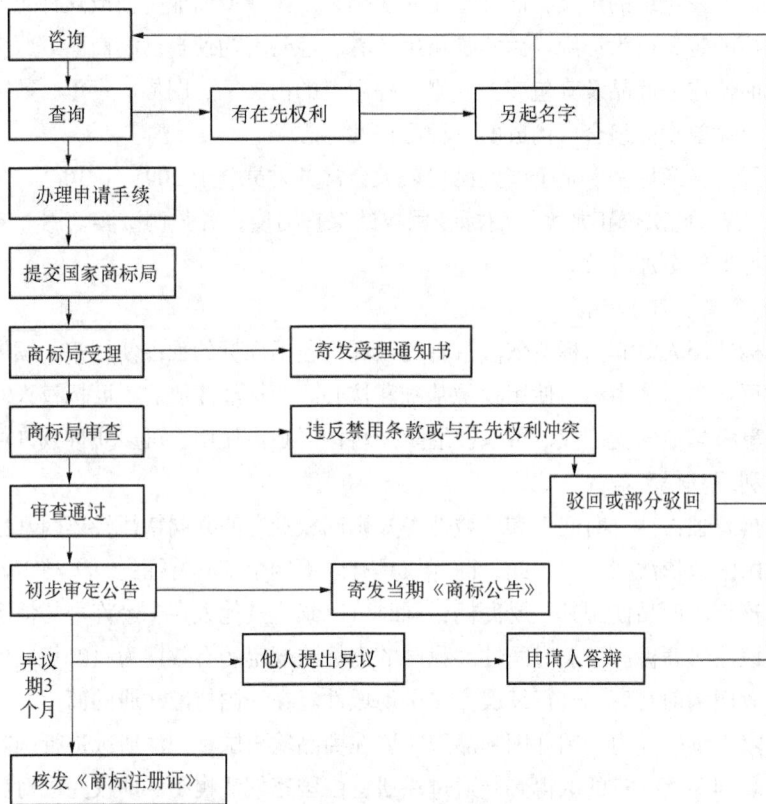

注：1. 从申请书件提交国家商标局到收到《受理通知书》的时间大约为 1.5～2 个月；
    2. 从申请书件提交国家商标局到核发《商标注册证》的时间大约为 15～18 个月。

图 11-1　商标注册流程

资料来源：中国知识产权在线，http://www.ipsoon.com/zhishi/HTML/20502.shtml。

（二）专利权

我国专利权是在 1984 年 3 月 12 日由第六届全国人民代表大会常务委员会第四次会议通过，根据 1992 年 9 月 4 日第七届全国人民代表大会常务委员会第二十七次会议《关于修改中华人民共和国专利法的决定》第一次修正，根据 2000 年 8 月 25 日第九届全国人民代表大会常务委员会第十七次会议《关于修改中华人民共和国专利法的决定》第二次修正的。专利法能够有效保护产品中的科技成果。

申请人通过申请，依法被授予专利权后，即可获得专利保护，专利权人对此技术成果拥有专有权，未经专利人许可，任何单位和个人都不得使用该专利。世界上许多著名企业都重视利用专利来提高企业和品牌的竞争力。

1. 专利权的含义及其基本特征

专利是受法律保护的发明创造，这是指一项发明创造向国家审批机关提出专利申请，经依法审查合格后向专利申请人授予的在规定时间内由该项发明创造享有的专有权。

专利和商标一样,具有独占性、时间性、地域性,以及必须通过注册由国家依法授予的特征。根据我国《专利法》的规定,发明的有效期为 20 年,实用新型和外观设计专利的有效期为 10 年。与商标不同的是,专利到期不能续展。

2. 专利权的授予条件

我国《专利法》第二章规定了授予专利权的条件。授予专利权的发明和实用新型,应当具备新颖性、创造性和实用性。

新颖性,是指在申请日以前没有同样的发明或者实用新型在国内外出版物上公开发表过、在国内公开使用过或者以其他方式为公众所知,也没有同样的发明或者实用新型由他人向国务院专利行政部门提出过申请并且记载在申请日以后公布的专利申请文件中。但在申请日以前 6 个月内,有下列情形之一的,不丧失新颖性:在中国政府主办或者承认的国际展览会上首次展出的;在规定的学术会议或者技术会议上首次发表的;他人未经申请人同意而泄露其内容的。创造性是指同申请日以前已有的技术相比,该发明有突出的实质性特点和显著的进步,该实用新型有实质性特点和进步。实用性是指该发明或者实用新型能够制造或者使用,并且能够产生积极效果。

另外,《专利法》第 25 条对下列各项不授予专利权:

(1)科学发现;

(2)智力活动的规律和方法;

(3)疾病的诊断和治疗方法;

(4)动物和植物的品种;

(5)用原子核变换方法获得的物质。

但对前款第 4 项所列产品的生产方法,可以依规定授予专利权。

3. 专利权获得的程序

与商标注册一样,专利权的获得要经过申请、审查和批准三步程序。《专利法》的第三章和第四章对其作了详细说明。

申请发明或者实用新型专利的,应当提交请求书、说明书及其摘要和权利要求书等文件。申请外观设计专利的,应当提交请求书以及该外观设计的图片或者照片等文件,并且应当写明使用该外观设计的产品及其所属的类别。

国务院专利行政部门收到专利申请文件之日为申请日。如果申请文件是邮寄的,以寄出的邮戳日为申请日。申请人自发明或者实用新型在外国第一次提出专利申请之日起 12 个月内,或者自外观设计在外国第一次提出专利申请之日起 6 个月内,又在中国就相同主题提出专利申请的,依照该外国同中国签订的协议或者共同参加的国际条约,或者依照相互承认优先权的原则,可以享有优先权。申请人自发明或者实用新型在中国第一次提出专利申请之日起 12 个月内,又向国务院专利行政部门就相同主题提出专利申请的,可以享有优先权。

一件发明或者实用新型专利申请应当限于一项发明或者实用新型。属于一个总的发明构思的两项以上的发明或者实用新型,可以作为一件申请提出。

申请人可以对其专利申请文件进行修改,但是,对发明和实用新型专利申请文件的修改不得超出原说明书和权利要求书记载的范围,对外观设计专利申请文件的修改不得超出原图片或者照片表示的范围。

（三）商业秘密

我国《反不正当竞争法》第八条第 3 款规定："商业秘密是指不为公众所熟悉，能为权利人带来经济利益，具有实用性并经权利人采取保密措施的技术信息和经营信息。"技术信息是指人们从生产实践经验或者技艺中得来的具有实用性的技术知识，如设计图纸、研究成果和研究报告、有关某种产品的普遍有效的图表和计算结果、工艺流程、生产数据、产品配方、公式和方案、操作技巧、制造技术、测试方法等。技术信息作为一种处于保密状态的技术，既可以表现为具有信息载体的技术成果，也可以存在于科技人员的头脑之中；既可以是文件性载体，也可以是实物性载体。经营信息是指一切与企业营销活动有关的具有秘密性质的经营管理方法和与经营管理方法密切相关的信息及情报，如管理方法、管理诀窍、产销策略、客户名单、货源情报、投标价格、广告宣传、产品配方、制作工艺、制作方法等。

1. 商业秘密的构成

商业秘密必须具备下列要件才能构成。

（1）与其他商业行为相比具有可保护的秘密性；

（2）权利人的商业行为具有保密性的措施；

（3）实用性，即为权利人带来经济利益；

（4）新颖性，即在同行业中须有一定的独特方面，具有他人不易发现、不易总结、更不易使用的新颖性；

（5）合法性，即商业秘密必须通过合法的方式原始取得或继受取得，诸如自己总结研究、合法许可、继承、转让、赠与等。

2. 侵犯商业秘密的表现形式

根据我国《反不正当竞争法》第十条规定，侵犯商业秘密进行不正当竞争行为的形式主要有以下几种：

（1）以盗窃、利诱、胁迫或者其他不正当手段获取权利人的商业秘密。

（2）恶意披露、使用或者允许他人使用以不正当手段获取的权利人的商业秘密。

（3）违反约定或者违反权利人有关保守商业秘密的要求，披露、使用或者允许他人使用其所掌握的商业秘密。

（4）第三人明知或应知他人以不正当手段侵犯了权利人的商业秘密，而予以获取、使用或者披露该商业秘密的，也视为侵犯商业秘密。

（5）侵犯商业秘密罪。侵犯商业秘密是指行为人通过不正当手段获取、使用或转予他人使用以及公开他人使用权利的商业秘密，并给商业秘密权利人造成重大经济损失的行为。侵犯商业秘密罪的主体，即可以是自然人，也可以是单位组织。侵犯商业秘密罪的客体是商业秘密的权利人对商业秘密的保护权。侵犯商业秘密罪的主观表现是故意，行为人明智或者应是商业秘密却以不正当的手段获取、使用、披露人使用。根据我国有关法律规定，过失不构成此罪。侵犯商业秘密罪的客体表现是侵犯他人商业秘密给权利人造成重大损失的行为。

3. 商业秘密的法律保护

经济领域是侵犯商业秘密行为的多发地带，尤其以竞争行业或领域为多，因此我国立法都要通过《反不正当竞争法》《企业秘密法》《民法》《刑法》或《商法》等对侵犯者加以制裁。下面是针对我国法律对商业秘密所进行的保护。

（1）民法保护。侵犯商业秘密的行为有很多是发生在民法领域，主要有通过违约和侵权等方式对商业秘密构成侵犯。我国《民法》规定的侵权人民事赔偿责任范围表现为两个部分。

其一是被侵害人的实际损失或侵权人因侵权所获得的利润。我国《技术引进合同管理条例》第七条规定："受方应当按照双方商定的范围和期限，对供方提供的技术中尚未公开的秘密部分，承担保密义务"；第三十九条规定："非专利技术转让合同的转让方和受让方应承担合同约定的保密义务"；第四十条和第四十一条分别规定了转让方和受让方违反合同约定的保密义务，应支付违约金或者赔偿损失的内容。《劳动法》第二十二条规定：劳动合同当事人可以在劳动合同中约定保守用人单位商业秘密的有关事项；第一百零二条规定：劳动者违反劳动合同中的保密事项，对用人单位造成经济损失的，应承担赔偿责任等。《民法通则》第一百一十八条规定："公民、法人的著作权（版权）、专利权、商标专用权、发现权、发明权和其他科技成果受到窃取、篡改、假冒等侵权时，有权要求停止侵害、消除影响、赔偿损失。"

其二是补偿权利人因侵权人的行为而花费的其他合理费用。这种赔偿责任是承担民事责任的最关键、最实质的方式。《反不正当竞争法》第二十条规定："经营者违反本法规定，给受到侵害的经营者造成损害的，应承担损害赔偿责任，受到分割的经营者的损失难以计算的，赔偿额为侵权人在侵权期间因侵权所获得的利润；并应当承担被分割的经营者因调查该经营者分割其合法权益的不正当部分行为所支付的合理的费用。"因此，企业应充分利用法律赋予自己的权利，有效地保护自己的商业秘密。

（2）行政法保护侵犯商业秘密行为大多是不正当竞争行为，不符合公平竞争的市场经济规则。所以，我国在行政立法和行政管制方面都对商业秘密予以大力保护。《反不正当竞争法》第二十五条规定："侵犯商业秘密的，监督检察部门应当责令停止违法行为，可以根据情节处以一万元以上十万元以下的罚款。"

另外，工商行政管理部门还需要按规定依法对侵犯商业秘密的处罚立法。国家工商行政管理局《关于禁止侵犯商业秘密行为的若干规定》也明确规定了职工违反合同约定或保密条款，侵犯商业秘密给用人单位造成经济损害的要承担赔偿责任。

（3）刑法保护。我国《刑法》第二百一十九条规定："有下列侵犯商业秘密行为之一，给商业秘密的权利人造成重大损失的，处三年以下有期徒刑或者拘役，并处或者单处罚金；造成特别严重后果的，处三年以上七年以下有期徒刑，并处罚金。"具体分为三个条款：

①以盗窃、利诱、胁迫或者其他不正当手段获取权利人的商业秘密的；

②披露、使用或者允许他人使用以前项手段获取的权利人的商业秘密的；

③违反约定或者违反权利人有关保护商业秘密的要求，披露、使用或者允许他人使用其所掌握的商业秘密的。

另外，《刑法》还特别规定："明知或者应知前款所列行为，获取、使用或者披露他人的商业秘密的，以侵犯商业秘密论。"

三、政府对品牌的维护

政府在品牌维护方面起着举足轻重的作用。通过正当积极的保护措施，政府能够从不同的角度保护品牌不受侵犯。政府对品牌的维护体现在以下方面。

1. 制定有利于品牌发展的政策,做好规划。政府的政策规划,在引导企业和社会关注品牌发展上发挥了重要的作用。这在总体上提供了一个自由正当的投资软环境,规范竞争,有效扼杀品牌侵犯事件,有利于本土品牌的良好发展,而且能够吸引国际品牌进入地方,以竞争促进本土品牌的提升。

2. 为企业创造、推广、维系品牌提供物质的和精神的支持与帮助。政府应该在一定范围内,为企业提供物质上的支持,扶持本土品牌的发展,为该地区的经济发展产生促进的效应。另外,在企业文化的倡导方面,政府可以鼓励企业实施品牌战略,实现可持续的发展,并强调以核心技术和质量为主的核心竞争力,更好地促进企业品牌的维护。

3. 加强监督力度,依法处理侵权行为。侵权行为的应付是一项长期的工程,防止假冒伪劣产品对品牌的损害是品牌维系的一个重要方面。政府应该加强监督力度,严厉打击假冒伪劣行为,以保护品牌的健康发展。

四、企业对品牌的维护

（一）企业的日常品牌维护

任何企业都必须从最为琐屑的日常小事做起,以体现企业理念,烘托企业形象,打动消费者的心。具体来说,包括产品质量保证、技术领先和广告宣传等方面。

1. 产品质量保证

产品质量是品牌的生命和基石,"以质取胜"是永不过时的真理。企业要制定切实可行的质量发展目标,积极采用国际国内先进质量标准,运用系统的理论和方法来研究质量问题,组织全体员工参与并综合运用各种科学手段和方法,对产品的设计、制造、销售和使用等全过程进行严格全面的质量管理。形成一批高质量、高档次的名优产品,提高名牌产品的市场占有率和消费者的信任度,突出品牌形象。

2. 保密品牌技术

品牌技术是指生产经营品牌商品的技术秘密、诀窍、配方和特殊工艺等,这些因素正是支撑品牌长盛不衰的奥秘所在,是企业在长期生产经营活动中积累而成的宝贵财富。可口可乐如此,同仁堂也是如此,都有其品牌核心技术。这些技术一旦泄露,将会给企业、乃至国家和民族带来不可估量的损失。

3. 坚持广告宣传的长期化

在很多企业的发展中,广告是翅膀,它能在较短的时间内将品牌信息传递给消费者。著名广告学家大卫·奥格威说,"每个广告都是对品牌印象的长期投资。"用合理的费用开支、合理的媒体选择进行有效的广告创意及发布能够不断重复品牌在消费者心中的印象,引导消费者在品牌选择中建立品牌偏好,逐步形成品牌忠诚。

广告作为引导消费者购物的重要手段,应注意以下几点。

第一,不断强化品牌声誉。公众舆论的集体效力、专家学者的权威效力对品牌声誉的树立和强化都很有作用。

第二,应加大广告宣传力度,使产品有形而且有"声"。通过广告品牌促进产品销售,通过产品销售提升品牌市场地位。

第三，应坚持广告宣传的长期化。广告宣传出来的品牌只是知名度较高的准品牌，其市场地位仍然非常脆弱，要巩固其品牌地位还需要从产品质量上、管理上下工夫，并辅以持续的广告宣传。

第四，现代广告注重把品牌形象放在醒目的位置，而不是重点介绍产品的功能。因为同类产品太多，不同产品可能具有同种功能或类似功能，如果只注重产品广告而忽视品牌宣传，就可能使你为他人做了嫁衣。

此外，赠送样品、促销、公关活动、业务会议和贸易展览、寻求权威支持等都是企业用于日常维护品牌的常用宣传方式。对于企业而言，品牌的日常维护是一个长期的过程，它需要从每一件具体的业务和细节做起，日积月累，才能在人们心中树立牢固的品牌形象，稍有不慎则可能全盘皆输。所以，企业的日常品牌维护必须从小事情认真做起，从每一天努力做起。

（二）打击假冒侵权行为

假冒侵权行为对品牌具有很大的负面影响，据有关方面测算，近年来，中国年均假冒产品的产值在 1300 亿元左右，对品牌产生了极大的负面影响。品牌的无形资产被侵害，市场被挤占，利润连连下降，有的甚至危及生存。比如，1915 年即获得马拿马博览会金奖的名牌产品杏花村汾酒，受山西朔州假酒案的连累，销售量曾一度下降了一半多，多年盈利的企业一下子出现亏损。

据有关方面对 146 家被假冒产品侵害企业的调查，其中 23 家假冒产品的销售额占真品销售额的 50% 以上，有 11 家超过了 60%，最严重的一家，其假冒产品销售额是真品销售额的 568 倍。

品牌所有者面对如此猖狂的假冒者，不得不采取各种方法应对，常用策略有：

1. 利用高科技，提高自身防伪能力

将高科技防伪技术应用在产品上，可以在一定程度上提高产品的“免疫力”。目前，最新的防伪技术有以下几种：（1）滴水消失新型防伪技术，其印刷图案在滴水后使光的折射及透射发生变化，鉴别时只需一滴水在标识上涂抹，图案即消失，将水分擦干，图案立即恢复。（2）记忆型功能防伪技术，即热敏防伪技术，使用 50℃ 热源接触标识，图案会由无色转为有色状态；在特定状态下有色状态可恢复到无色状态并可通过荧光灯对无色的图案进行检测。（3）货币版纹防伪技术，是将防伪图案实线条化、复杂化、美观化，使线条的位置、长短、粗细变化多端，令假冒者无法仿造，它适用于各种证书、证件、票据防伪，也可直接印刷在包装上。（4）电话数码防伪技术，它是将每一个商品赋予一串数码，通过电话对产品真伪进行查证，具有一一对应的效果。此外，还有激光全息防伪、语音音乐瓶盖防伪等技术，但几乎每一种防伪都有弱点，因此，需要综合运用多种防伪技术，才能使产品获得很好的防伪效果。

2. 利用法律武器，借助工商管理部门的力量，合力打击假冒侵权行为

仅仅依靠产品自身的防伪标志是不足以遏制假冒行为的，打击假冒行为还需要拿起法律武器。高举《商标法》《专利法》《反不正当竞争法》和《刑法》等武器，积极收集有关制假线索，配合工商管理部门的工作，共同打击假冒侵权行为。

第二节

品牌创新

在现代社会，科技日新月异，市场需求变化无常，竞争日趋激烈，政府方针政策不断调整。无论是一般品牌还是知名品牌，如果不能适应变化的环境，就会被市场残酷无情地淘汰，这是商界的

生存法则。品牌要不断得到发展壮大，最有效的手段就是创新。即竞争中的赢家必定是那些最先认识到新思想并付诸实践的品牌所有者。实践多次证明，任何一个世界知名品牌都是长期积淀和艰苦创新的结果。

一、品牌创新的含义

国内外学者对品牌创新的定义有 10 多种。例如，法国学者让·诺尔·卡菲勒认为："品牌革新是在维护品牌特性的基础上实行品牌现代化。"叶明海认为："品牌创新是指企业针对市场变化，创造新的品牌，创造品牌新的应用，引进和转让品牌资产来实现品牌的管理活动，也是指企业要通过创造出竞争对手所不具备的先进技术和手段，提供比竞争对手更加全面完善的服务，满足顾客更新更高的需求来保持和发展品牌的一种全新的经济活动。"王永龙认为："品牌创新是企业依据市场变化和顾客需求，综合运用各种先进技术和手段，创造新的品牌、创造品牌新的应用、提供更加完善全面的服务，从而保持和发展品牌品质或品牌竞争力的一种经济或管理活动。"

因此，品牌创新是指企业以市场为导向，以培育和发展竞争力强的知名自主品牌为目标，根据国家发展战略、市场竞争压力和自身持续发展的需要，在维护品牌特性的基础上创造新的品牌、创造品牌新的应用，以实现品牌价值增值的管理过程。主要包括：品牌观念创新，品牌表征（即名称、术语、标记、符号、设计、包装或其组合）创新，品牌基础（产品，服务，技术）创新，品牌价值创新，品牌传播创新，品牌管理创新等。

二、品牌创新的特征

（一）市场性

即品牌创新要始终以市场为导向。市场是品牌产生的土壤，是品牌价值实现的场所，是品牌竞争的赛场。品牌脱离了市场，就像庄稼脱离了土壤，就像鱼离开了水，就像运动员离开了运动场。品牌创新只有面向市场，以市场为导向，扎根市场，才能实现创新目标，才有意义。

（二）多元性

一是品牌创新主体的多元性。品牌创新主体不是单一的，而是多元的。从企业与外部环境的联系来看，品牌创新主体有企业、用户、供应商、高校、独立的科研机构，其中企业是核心主体。从企业内部来看，品牌创新主体有企业家、技术人员、管理人员、普通员工，其中企业家是核心主体。二是品牌创新对象的多元性。品牌创新对象有品牌内涵、品牌传播、品牌基础。具体来说，有品牌名称、品牌含义、品牌定位、品牌个性、品牌文化、品牌管理、品牌包装、品牌广告、品牌促销、品牌产品、品牌服务、品牌技术、品牌战略等多方面的创新，既不只是品牌技术的创新，也不只是品牌形象的创新。三是品牌创新效应的多元性。通过品牌创新，既要获得良好的经济效应，也要获得良好的社会效应，还要努力获得良好的生态效应。品牌创新如果只考虑经济效应，目光就是短浅的，容易步入短期经济利益的陷阱。只有考虑多元效应的整合性，才可能获得持续的发展。

（三）开放性

企业是一个开放系统，不断与外界发生物质、能量、信息交换；企业是一个生态系统，与其生存环境之间及内部组织之间在长期密切联系和相互作用过程中，形成了相生相克、环环相扣的生态链。因而品牌创新能否成为一种持续行为，取决于其是否具备开放性特征。创新，并不意味着闭关自守、对外部创新成果的拒绝。适当地与外部环境中的其他主体合作创新，引进、借鉴外部品牌技术、管理、制度等方面的经验为我所用，有利于推动品牌创新活动。开放性也意味着品牌创新活动要适应外部环境。

（四）整体性

品牌创新是一个系统工程，需要以企业为核心的各方面的密切配合，追求 1+1 > 2 的整体效应。品牌是经济与文化的统一体，规定着品牌创新过程中科技创新与经济效益实现的融合。品牌是企业整体实力的集中体现，品牌创新能力是企业整体创新能力的集中体现，很大程度上决定着企业整体竞争力。

（五）风险性

创新过程中外部环境尤其是市场具有不确定性，创新主体的理性是有限的，创新成败也有不确定性，决定了创新是一项具有风险的活动。就品牌创新而言，风险就更大。因为企业的资金投入大，人力投入多，创新后品牌的市场接受程度又具有高度不确定性。

三、品牌创新的一般动力

经济全球化、市场化、信息化的发展，政府方针政策的变化，消费需求的复杂化、多变性，使品牌的市场寿命周期越来越短，品牌忠诚度越来越低。企业本身也会在战略重点或经营方向上采取各种行动或做出各种改变，它们也可能对品牌推向市场的方式进行或大或小的调整。品牌要顺应这些变化，每天进步，才能富有活力。墨守成规、停滞不前的品牌会失去生命力。因而需要品牌不断创新。具体来说，品牌创新的动力主要表现在：

（一）市场竞争的压力

市场竞争归根到底是品牌的竞争。根据迈克尔·波特分析行业竞争的"五力模型"，企业面临的竞争力量表现为：进入威胁、替代威胁、买方议价能力、供方议价能力、现有竞争对手的竞争。这也是同行业品牌将会面临的竞争。而且，当今时代是全球一体化时代，品牌面临的这些竞争力量不限于国内市场，而是来源于全球。"物竞天择，适者生存"，既是自然规律，也是社会规律。竞争的焦点是争夺顾客，划分市场势力范围，各方都力图瓜分到尽可能大的市场。竞争的结果必然是优胜劣汰。任何企业，无论规模多大、技术基础多好、现有品牌的知名度多高、竞争优势多明显，都不能保证其现有竞争地位的稳定，都有被其他企业超越的可能性。市场竞争是一种胁迫力，迫使竞争各方研发和采用先进的科技成果，创建和创新自主品牌，以谋求生存空间或扩大竞争优势。而市场竞争强度和公平性不同，将会导致企业品牌创新动力的大小不同。为了保证竞争压力有效逼近企业的品牌创新行为，必须强调竞争的适度性与规范性。竞争强度要么不足以激发创新行为，要么会使企业无力创新。不正当、不公平、不规范的竞争，会引导企业通过争取特权而不是创新活动取得市场垄断地位和竞争优势，使多数企业对品牌创新活动难以形成信心、勇气和热情。

（二）科技变革的推力

科学技术是生产力，是生产方式中最活跃、最革命的因素。科学技术总是在不断地运动和发展，不断应用于生产，成为失去生产基础变革的强大动力。科技之所以能够成为失去品牌创新的动力，是由科技的特性决定的。当科技成果积累到一定程度，会出现主动创造需求的情形，从而失去创新主体利用技术成果完成创新活动。科技系统具有自我淘汰、更替的特质，到一定程度新科技会取代旧科技。科技进步推动创新的途径主要有新科技思路诱导、技术轨道、技术预期、输入失去。技术推动力的作用效果好坏很大程度上取决于创新主体对技术的选择。因为技术应用是有风险的，技术只有与市场匹配，才会获利丰厚，否则，则会使创新活动失败。

（三）市场需求的拉力

市场是生产者和消费者之间交换关系的总和，是品牌创新得以最终实现的场所。市场需求则是品牌创新活动的导向器，是品牌创新活动的起点和归宿。需求可以拉动品牌创新的基本原因在于品牌及其物化和商品化形式，是满足人们需求的基本手段。这里的需求是广义的需求，既包括居民和集团的消费需求，也包括生产需求；既包括现实需求，也包括潜在需求。新旧需求的更替及需求规模的增加都可能拉动并维持品牌创新，创新满足需求的同时诱发新的需求，从而拉动新一轮创新，循环往复，使得需求拉动成为品牌创新的持续动力。

（四）企业利益的原动力

企业家和企业员工对企业利润持续增长、企业持续发展及自身物质利益、精神利益的追求是品牌创新的原动力。马克思说："人们奋斗所争取的一切，都同他们的利益有关，离开了利益，思想就要出丑。"说明利益是人类社会活动的归结点。不同社会形态主要表现为利益分配不同，追求利益是社会发展的原动力，也是创新的原动力。实践证明，西方国家知名品牌之所以能够不断获得创新的动能，根本的奥秘就在于：善于操纵物质利益杠杆，驱动企业相关利益者投入到创建品牌的活动之中，从而形成品牌创新的强大力量。要保持这种动力的持久性和强大，必须把企业利润增长、企业持续发展与企业家和员工的切身利益紧密联系起来，形成品牌创新的企业家和员工的利益驱动。具体实现形式是全面薪酬战略的制定与实施。

四、品牌创新的原则

企业开展品牌创新活动，提高品牌创新能力，宜遵循以下七条原则：

（一）灵魂原则

品牌创新所需投入多、风险大、见效慢，运行中的艰辛多。贴牌生产见效快，销路畅，短期经济效益好，企业日子过得比较舒坦。如果没有实业兴国、自立、自强的精神，就不会选择自主创新的道路。如果每个企业这样局限于眼前利益、局部利益，久而久之，国家经济体系的命脉就掌握在外资手上。只有一部分企业具有强烈的自主自强精神，坚定的品牌兴国信念，才可能有自主的、持续的品牌创新能力，国家的经济命脉才能真正掌握在自己手中。人是要有一点精神的。品牌创新道路的选择、战略的制定与实施，需要有民族精神、创新精神的企业家作为精神领袖，也需要企业全员的主动参与精神、忠实执行精神作为保证。

（二）远见原则

选择品牌创新道路就表明了企业和企业家的远见卓识。品牌创新精神的养成，品牌创新能力的提升，需要一个较长时期的实践，不可能一蹴而就。自主品牌的成长壮大，需要持续不断地进行品牌创新。这需要企业放眼长远，去除急功近利心理。品牌创新过程中，有各种各样的障碍，会遇到意想不到的突发事件；也可能会有一些或大或小的诱惑，使企业产生放弃自主创新、追逐短期利益的念头；更有甚者，花费了大量的人力、财力、物力之后，品牌创新失败了，给企业重大打击。这些，都需要企业有长远的眼光、坚韧的毅力，视眼前的不顺、小利为过眼烟云，不被其左右，始终朝前努力，坚信胜利的曙光在前方。

（三）取舍原则

每个企业的资源、能力既是有限的，又是各不相同的，每个企业的生产经营范围也不同，因而它们在具体的品牌创新战略选择与实施过程中，根据自身的优势和不足，有所为有所不为。不能为了获得国家的一些政策优惠，或者看到某个行业一时利润丰厚，就不顾自身创新能力大小，盲目搞多元化经营，这样往往得不偿失，甚至给企业造成致命打击。品牌创新的取舍，重点是品牌创新方向、创新模式、创新资金来源、创新管理制度等方面。例如，品牌技术自主创新方向，需要从技术的产业布局、技术使用用途和技术含量三个方面认真考虑后做出取舍；品牌创新模式，需要从企业的历史、企业所处的市场地位、企业的技术力量等方面综合衡量后做出选择。

（四）差异原则

不同国家的企业、不同行业的企业、同一行业的各个企业，由于其所处具体环境、行业性质、历史沿革、文化积累、技术要求、生产经营的产品（服务）品类等方面不同，决定了各个具体企业的品牌创新活动有其自身特色。总体而言，目前我国企业的品牌创新活动的特色应主要体现在：民族资本控股的企业是品牌创新的核心主体，是品牌创新的核心投入主体、决策主体、组织实施主体、成果受益和保护主体；品牌创新体现企业自主的发展战略意图，由企业掌握创新活动的主导权；品牌创新具体实施时，一定时期内不是遍地开花，而是重点跨越；各个企业的品牌创新活动的突破口，可能是企业的强项，也可能是企业的薄弱环节，或者是企业所在行业某个有良好发展前景的项目。就各个企业而言，品牌创新战略的路径选择要因企业制宜，充分体现各个企业的具体情况。

（五）协同原则

提高品牌创新能力，实现品牌创新目标，放大品牌创新效益，需要品牌创新的主体、对象、时空、环境、效应各自内部及相互之间的协同。其中，主体协同是根本，对象协同是基础，时空协同是形式，环境协同是前提，效应协同是目标，主体，对象，环境、时空、效应之间的协同是纽带。目前重点要实现品牌创新的环境协同（即政府、中介组织、高校、独立的科研机构之间的协同），企业与环境的协同（突出表现为企业与政府、企业与竞争对手、企业与消费者的协同）、品牌创新活动中企业内部各子系统的协同（特别是企业内部品牌自主创新的各个主体之间、各个环节之间的协同）及经济与文化的协同。

（六）控制原则

品牌创新与控制是一个矛盾统一体，它们相互依存、相互制约、相互促进。提高品牌创新能力，实现品牌创新目标，放大品牌创新效益，都离不开控制。在品牌创新活动中控制原则具体体现在：品牌创新要尊重客观规律，遵守法律法规，信守道德规范，不超越企业自身能力；要努力形成品牌创新制度和文化，以此指导品牌创新行为；在品牌创新过程中，要采取有效措施防范、规避创新风险，纠正创新活动偏差；要通过申请专利、参与乃至主持标准制定、运用法律手段等途径保护品牌创新成果。

（七）务实原则

企业开展品牌创新是为了提升企业竞争力，获取超过社会平均水平的收益，获得持续发展，是一项实实在在的战略、一种实实在在的行为。品牌创新不是赶时髦，不能贴标签，不能搞形式，必须坚持不懈地努力，必须踏踏实实地行动。品牌创新是手段，不是目的，不能为了创新而创新，而是必须为了企业持续发展而创新。品牌创新要进行成本与收益分析，不能不惜一切代价。只有当品牌创新的收益大于品牌自主创新的成本时，品牌创新才是成功的，也才有意义。当然，这种成本与收益分析，不是从一时一事来衡量的，而是从一个较长时期来考察的。

本章小结

品牌维护是企业在产品品牌基础上通过运用企业内外部的可利用资源，对品牌进行管理，以确保其保值增值的过程，对于企业品牌的可持续发展具有重要的现实意义。第一，从法律角度看，品牌维护可以防止竞争对手的大量仿冒。第二，从市场的角度看，品牌维护可以保持品牌的竞争力。然而，我国企业品牌维护的现状不容乐观，大量国内优秀品牌纷纷在国外被抢注，为国内品牌走向国际市场布满了雷区。因此，国内企业加强品牌维护刻不容缓。企业、政府和消费者三方合力，共同为我国企业品牌维护努力。

法律对品牌的维护主要体现在三个方面：商标权、专利权和商业秘密。商标权是商标使用人对其商标所依法享有的权利，包括商标的独占使用权、续展权、禁用权、转让权和使用许可权等，其中独占使用权是基础和核心。专利权是申请人通过申请，依法被授予专利权后，即可获得专利保护，专利权人对此技术成果拥有专有权，未经专利许可，任何单位和个人都不得使用该专利。商业秘密是指不为公众所熟悉，能为权利人带来经济利益，具有实用性并经权利人采取保密措施的技术信息和经营信息。

政府对品牌的维护主要体现在：第一，制定有利于品牌发展的政策，做好规划。第二，为企业创造、推广、维系品牌提供物质的和精神的支持与帮助。第三，加强监督力度，依法处理侵权行为。

企业对品牌的维护主要体现在：

（1）企业的日常品牌维护。包括产品质量保证、保持技术领先、坚持广告宣传的长期化等方面；

（2）打击假冒侵权行为。包括①利用高科技，提高自身防伪能力。②利用法律武器，借助工商管理部门的力量，合力打击假冒侵权行为等。

品牌创新是指企业以市场为导向，以培育和发展竞争力强的知名自主品牌为目标，根据国家发展战略、市场竞争压力和自身持续发展的需要，在维护品牌特性的基础上创造新的品牌、创造品牌新的应用，以实现品牌价值增值的管理过程。主要包括：品牌观念创新，品牌表征（即名称、术语、标记、符号、设计、包装或其组合）创新，品牌基础创新（产品、服务、技术）创新，品牌价值创新，品牌传播创新，品牌管理创新等。

品牌创新有市场性、多元性、开放性、整体性、风险性等特征；品牌创新的一般动力有市场竞争的压力、科技变革的推力、市场需求的拉力和企业利益的原动力；品牌创新的原则有灵魂原则、远见原则、取舍原则、差异原则、协同原则、控制原则和务实原则。

基本概念

品牌维护 商标权 专利权 商业秘密 品牌创新

复习思考题

1. 品牌维护的必要性有哪些？品牌维护应从哪些方面去做？
2. 如何理解品牌创新是品牌维护的最好方式？
3. 为什么要进行品牌创新？是不是所有的品牌都有创新的必要？为什么？
4. 注意一下你身边的品牌，想想哪些是品牌创新的成功典范，它们是如何做的？

课后案例

角逐——从品牌创新开始

2007年4月24日，中国家电行业著名品牌"老板"在其创新发布会上，正式对外宣布变更其品牌标识。新的标识在设计中体现了"老板"品牌领先、品质、人本的生命元素，视觉识别和情绪感染力更强，国际化程度更高。这一举措，无疑透露出"老板"欲摆脱本土品牌局限的决心，也为其他还没有意识到品牌创新重要性的企业敲响了警钟。

消费者对于品牌的忠诚度，是未来竞争中企业盈利的重要保障。因此，"老板"将品牌定位于"懂得生活品位的家电创新家"，并以此传递给消费者其商品所能达到的最大价值。

纵观进入全球100强的品牌，无一不在品牌经营上有着强烈的创新意识和建树。具体来说，就是品牌定位准确，品牌核心价值清晰，品牌个性鲜明，品牌气质独特。这些正是国内品牌所欠缺的地方。

老板家电品牌总监蒋晓清在发表品牌宣言时曾说："老板是一个对生活有着深刻见解、追求自信、有情调并以此诠释成功生活体验的人。用品位和睿智不断创新、开拓生活美学的真谛。在他的人生中，创新是唯一的态度、睿智是唯一的才华、品位是唯一的标准和信仰。他深知，只有睿智、执着、坚强、投入、内敛才能达成一生的成功。"

他对老板这一段诠释，足以说明成功的品牌应该具有鲜明、丰满的个性，这不仅是定位高端的前提，也是为消费者提供全方位优质服务的保证。

目前国内的许多企业都在谈创新，究竟该博采众长还是独树一帜恐怕不是可以简单定论的问题。但是有一点可以肯定，品牌创新是为了让消费者更清晰、准确地认识其本身与产品的契合度，从而达到喜爱甚至是忠诚，而提升产品所带来的附加价值则是加大与消费者契合度的关键之处，也是品牌在创新时所必须考虑的要素。

事实证明，成功品牌都已经摆脱了过去只为顾客提供硬件的思维模式，转而向消费者提供更加体贴周到的服务，追求给消费者提供商品价值以外的附加值。摩托罗拉品牌增值18%，靠的正是这一模式；而2006年全球最有价值100品牌中位居41位的IKEA（宜家），就是商品配套齐全，家居产品"一站式购物"营销的最杰出代表品牌之一。

随着中国人民物质生活的富足，人们迫切需要在消费的同时得到更多的精神享受，此时，企业品牌定位的高度就决定了消费者选择的结果。以家电行业为例，人们在消费时除了要得到家电产品，也需要得到个性化的装修指导，还需要得到符合品牌核心内涵的服务。也就是说，如果你选择"老板家电"，那说明你在购买优质产品的同时，还希望得到一种超值的心理满足感，一种睿智、有品位的成功人士的优越感。

不断地创新品牌，以满足消费者的心理，将成为今后所有中国品牌迈向世界品牌的必经之路。

资料来源：http://money.163.com/07/0731/18/3KOIP8MG00251GCH.html。

海尔，成就源自品牌创新

创新是品牌活力的源泉。海尔品牌之所以能够成为中国乃至世界的强势品牌，根本原因在于海尔一直坚持自主创牌战略（Own Branding and anufacturing，OBM），而不是贴牌生产（Original Equipment Manufacturing，OEM）。

思想支配行动。企业创新意识及认识决定创新成败，海尔前进的主导力量是在理念及理论实践上不断创新。正是"锲而不舍，目标如一，千万遍不厌其烦地重复正确"使海尔成为全球最知名的中国企业之一。每当国人在纽约、东京闹市上林立的广告中，豁然看到海尔广告，都会油然升起一股自豪之感。

一、海尔对创新和创牌的理解

（一）海尔对创新的理解

（1）海尔人的劳动就是创新。有了创新劳动，才会有海尔品位、品格、品质、品德的海尔品牌。

（2）佛教禅宗有句话：凡墙都是门。只要肯创新，凡墙都是门。不创新，门也是墙。

（3）创新的目的就是创造有价值订单；创新的本质是创造性破坏；创新的途径是创造性模仿、借鉴、整合。

（4）企业要进行全方位、全过程的自主创新，真正成为自主创新主体，才不会受制于人，才会有良性的持续发展。

（二）海尔对创牌的理解

海尔创牌道路，本质上就是品牌和顾客之间关系的不懈创新，不断提高顾客满意度和忠诚度的过程。"海尔，真诚到永远"、"顾客永远是对的"等口号很好地解释了海尔对创牌的理解。

（1）一个品牌最持久的含义应是它的价值、文化和个性。仅有好的产品，还不能成为品牌，有了好的公司才能成为品牌。

（2）创新不是创利，只有满足客户需求的创新才是高层次创新。用户需求是市场的指南针，少了用户需求，企业创新就找不到"北"。

（3）只有淡季的思想，没有淡季的市场。从小处做起，在小处追求不同，在临近市场需求点上下工夫。

（4）来自终端客户的渴望，是我们开发超前新产品的创意之源。一方面是把用户渴望转化为技术开发的创意；另一方面，就是通过整合一切资源转化为用户满意的产品技术，并继续把客户的满意与不满意转化成新的创意，这才能使竞争力在良性循环中得到发展。

二、海尔商业模式创新

20世纪末，在国内家电市场已处于恶劣竞争环境和消费者需求不足的情势下，海尔开始大力推进国际化战略，以"缝隙产品"进入美国这个世界最大的家电市场。时至今日，海尔已成为美国消费者认可的家电品牌，中国自主品牌的新形象。

海尔集团2008年总结暨2009年战略方针解读动员大会的主题是"为客户创新"，明确提出海尔创新思维的四大重点，即机制创新（建立充满活力，让每位员工干部在创造市场价值的同时，体现个人价值的自主经营体的机制）、网络创新（打造满足虚拟柜台、虚拟超市需求的供应链）、商业模式创新（创建零库存下即需即供模式）、战略转型（从过去以产品为中心的制造商，转为具有第一竞争力的美好住房生活解决方案的提供商）。下面，以美国市场上海尔的商业模式创新为例。

（一）摸准了"营消"单元生态基础，抓准了生活方式演进的大致路径

每个企业同它的客户群是一个鱼水相连——经营者与消费者生死与共的，营销者与消费者融为一体的"营消"单元。最初，海尔家电出口到美国市场时发现，在美国160立升以下的市场需求量不大，像GE、惠而浦这样的国际公司都没有投入多少精力去开发这个市场。海尔经过深入的市场调研发现了这一商机——消费客户群的消费方式正在悄悄逆转。由于美国家庭人口正在变少，小型冰箱日益受到欢迎；同时，小冰箱更受到独身者和留学生的喜爱，可这小型冰箱正是现有世界级品牌打造者们不生产的"缝隙产品"。海尔摸准了这一脉动，开始集中优势兵力打"歼灭战"，把火力多集中到160立升以下，向全局市场开火。海尔冰箱上市后很快风靡美国大学校园，并迅速占到美国市场50%的份额。事实最终证明海尔冰箱靠这种源自生活、需求本身的市场细分之差异化战略，赢得了美国新生代的许可，直到第一批大学生参军后仍然点名购买海尔冰箱。

（二）扣准了营销"核心用户对象"的需求脉搏，抓准了具体的目标客户群

这就是说，海尔从实实在在的生活底蕴视角上建立起了同美国年轻一代息息相通的企客互动的融合关系。

（1）他们自身生活习惯倾向于"用小不用大"。在美国社会中，有许多独身者和留学生，从他们的生活习惯来讲，在冰箱的容量上并没有太大的需求。由于是一个人，也就没有太多的食物需要储放；对于留学生来讲，他们多半住在学生公寓里，需求更趋向于既方便又实用的小型冰箱，因此对大冰箱并不"感冒"。

（2）尚未形成对大冰箱的观念性依赖。对于年轻一代来讲，他们刚开始有自己的第一个公寓或者正在建立自己的第一个家，买自己的第一台电冰箱，对家电还没有形成固化的购买使用模式，在此当口进入其新型消费理念比较容易。由此，海尔冰箱定位于年轻人的战略不仅顺利地赢得了市场，并进而成为美国新生代的首选品牌。

（3）GE、惠而浦等并不重视他们。由于长期受2∶8定律惯性思维的影响，在美国市场上，主

流产品大多盯着160立升以上的冰箱，对于GE、惠而浦这样的大牌家电企业来讲，它们看重的是主流产品带来的庞大利润。然而，也正因为在它们并不太在意的情况下，海尔发现并有效地抓住了它们忽视的环节——新的客户群、新的市场，并逐步由此发展成为国际知名度较高的中国自主品牌，打造出了美国年轻消费者的首选品牌。

（三）本土化"营消"价值链形成

在南卡设厂，打造价值链，形成美国海尔的最彻底本土化"营消"体制。海尔冰箱并不满足于在缝隙中求生存，而是在美国努力开拓出独有市场的同时，科学有效地打造出了三位一体的本土化海尔冰箱品牌。其实，海尔冰箱从出口那天开始，就坚持以自有品牌出口的方针。通过在海外与高手过招，不断提升自身素质。1998年，海尔在美国洛杉矶、硅谷设立了自己的设计分部和信息中心。一年后，成立了美国海尔贸易有限公司，接着选定南卡州建厂，最终完成了集"设计中心、营销中心和制造中心"为一体的登陆北美的"三位一体"战略布局，成为一个非常有竞争力的，具备在当地融资、融智功能的本土化海尔。

（四）向高端"营消"进军

历经多年本土化锻造的艰辛、磨炼和拼搏，海尔终于在2007年世界著名的美国国际厨房及浴室设备博览会（KBIS）上推出了冰箱业最高端的超级空间法式对开门、美式变温对开门冰箱，引起了当地主流品牌的极大关注，被美国主流媒体《今日美国》誉为"走进变温时代"的旗帜性产品。美国南卡罗来纳州政府官员获悉海尔法式对开门冰箱，美式对开门三门、四门冰箱受到欧美客商的称赞已经成为南卡州政府招商引资时的"招牌"，在南卡州政府看来，海尔冰箱已经成为美国人自己的优秀品牌了。海尔的自主原创研发能力、海尔直接为美国消费者创造需求的崭新营销模式已开始让欧美老牌家电厂商感到威胁，这标示着海尔在美国本土化商业模式创新的成功。

案例讨论题：

1. 为什么创新是品牌活力的源泉？

2. 为什么说"海尔创牌道路，本质上就是品牌与顾客之间关系的不懈创新，不断提高顾客满意度和忠诚度的过程"？

3. 搜集相关资料，比较海尔中国商业模式与其美国商业模式有何不同。

实训题

如果你是某大型企业负责人，你会采取哪些方法应对假冒侵权行为？

参 考 文 献

[1] 年小山. 品牌学[M]. 北京：清华大学出版社，2003.

[2] 余明阳. 品牌学[M]. 合肥：安徽人民出版社，2004.

[3] 大卫·艾格. 品牌经营法则——如何创建强势品牌[M]. 沈云骢，汤宗勋，译. 呼和浩特：内蒙古人民出版社，1998.

[4] 约翰·菲利普·琼斯. 强势品牌的背后：从广告战略到广告攻势[M]. 范秀成，等译. 北京：机械工业出版社，2001.

[5] 赵琛. 品牌学[M]. 长沙：湖南美术出版社，2003.

[6] 白光. 品牌文化——中外品牌案例[M]. 北京：中国时代经济出版社，2002.

[7] 李光斗. 品牌竞争力[M]. 北京：中国人民大学出版社，2004.

[8] 韩光军. 打造名牌——卓越品牌的培育与提升[M]. 北京：首都经贸大学出版社，2002.

[9] 大卫·艾格. 品牌领导[M]. 北京：新华出版社，2001.

[10] 宋永高. 品牌战略与管理[M]. 杭州：浙江大学出版社，2003.

[11] 雷恩·爱尔伍德. 品牌必读[M]. 张天艳，等译. 北京：新华出版社，2003.

[12] 薛可. 品牌扩张：延伸与创新[M]. 北京：北京大学出版社，2004.

[13] 何佳讯. 品牌形象策划[M]. 上海：复旦大学出版社，2000.

[14] 赵琛. 中国品牌年鉴[M]. 北京：中国城市出版社，2004.

[15] 祝合良. 品牌解读[J]. 中国质量与品牌，2005（10）：66-68.

[16] 王丰国. 品牌定位系统浅析[J]. 企业经济，2004（5）：55-56.

[17] 赵军. 论品牌定位的形成机制[J]. 河北学刊，2004（5）：202-204.

[18] 邱红彬. 论品牌定位系统及其应用[J]. 重庆商学院学报，2001（4）：73-75.

[19] 王春鹏. 品牌营销（BM）中的品牌个性之研究[J]. 企业改革与发展，2004（7）：158-159.

[20] 殷俊. CIS 与品牌战略[J]. 江苏理工大学学报，2000（1）：23-25.

[21] 卢泰宏，谢飚. 品牌延伸评估模型[J]. 中山大学学报，1997：8-13.

[22] 潘成云. 品牌生命周期论[J]. 商业经济与管理，2000（9）：20-21.

[23] 黄嘉涛，胡劲. 基于品牌生命周期的品牌战略[J]. 商业时代，2004（27）：41-43.

[24] 杨子云. 产业品牌化和品牌产业化[OL]. 中国形象管理网，2005-10-17.

[25] 吴自然. 品牌之道[OL]. 中国营销传播网，2003-01-14.

[26] 叶茂中，顾小君. 品牌之旅[OL]. 整合营销传播策划网，2004-02-10.

[27] 范秀成. 品牌策略的选择与应用[OL]. 外贸精英网，2004-03-03.

[28] 胡纲. 品牌定位：于未战而未胜一筹[OL]. 中国管理传播网，2003-03-25.

[29] 叶正刚. 定位——行销、广告和公关的成功关键[OL]. 全球品牌网，2004-08-18.

[30] 曾朝晖. 如何塑造品牌个性[OL]. 整合营销传播策划网，2004-02-10.

[31] YILI. 视觉识别（VI）设计[OL]. 名正品牌在线，2004-06-17.

[32] 涂红. 品牌命名[OL]. 整合营销传播策划网，2004-05-24.

[33] 沈优君. 品牌营销的圆心在哪里——品牌核心价值实战论[OL]. 全球品牌网，2005-01-28.

[34] 刘胜. 品牌价值与价值品牌[OL]. 全球品牌网，2004-012-05.

[35] 罗志伟. 品牌延伸战略研究[D]. 武汉大学硕士论文，2005.

[36] 余明阳，韩红星. 品牌学概论[M]. 广州：华南理工大学出版社，2008.

[37] 余明阳，杨芳平. 品牌学教程[M]. 上海：复旦大学出版社，2007.

[38] 宋永高. 品牌战略与管理[M]. 杭州：浙江大学出版社，2003.

[39] 黄静. 品牌营销[M]. 北京：北京大学出版社，2008.

[40] 朱立. 品牌管理[M]. 北京：高等教育出版社，2008.

[41] 周云. 品牌学原理与实务[M]. 北京：清华大学出版社，2008.

[42] 郭洪. 品牌营销学[M]. 四川：西南财经大学出版社，2011.

[43] 菲利普·科特勒. 营销管理[M]. 梅汝和，等译. 北京：中国人民大学出版社，2001.

[44] 何建民. 西方品牌理论述评[J]. 上海商业，2001（12）：12-15.

[45] 大卫·阿诺. 品牌保姆手册[K]. 林碧霞，李桂芬，译. 台北：时报文化出版企业有限公司，1995：11-13.

[46] 大卫·奥格威. 一个广告人的自白[M]. 林桦，译. 北京：中国友谊出版社，1991.

[47] 威廉·麦克尤恩. 与品牌联姻[M]. 方晓光，译. 北京：中国社会科学出版社，2010.

[48] 约翰·菲利普·琼斯. 强势品牌的背后[M]. 范秀成，等译. 北京：机械工业出版社，2002.

[49] 莱斯利·德·彻纳东尼. 品牌制胜：从品牌展望到品牌评估[M]. 蔡晓煦，等译. 北京：中信出版社，2002.

[50] Heinz-Joachim Simon. 品牌的奥秘[M]. 陈兆，等译. 上海：文汇出版社，2003.

[51] 何君，厉戟. 新品牌：品牌识别经营原理[M]. 北京：中央民族大学出版社，1999.

[52] 张飞龙. 中国古代漆器款识研究[J]. 中国生漆，2007(1).

[53] 由国庆. 与古人一起读广告[M]. 新星出版社，2006:110.

[54] 由国庆. 与古人一起读广告[M]. 新星出版社，2006:25.

[55] （宋）孟元老著，王永宽译. 东京梦华录[M]. 上海古典文学出版社，1956：39-40.

[56] 谢国桢. 明清笔记谈丛（韵鹤轩杂记篇）. 上海书店出版社，2004.